新媒体与博物馆发展研究

刘 洋著

燕山大学出版社
·秦皇岛·

图书在版编目（CIP）数据

新媒体与博物馆发展研究 / 刘洋著 . -- 秦皇岛 :
燕山大学出版社 , 2025. 3. -- ISBN 978-7-5761-0718-0
Ⅰ . G269.27
中国国家版本馆 CIP 数据核字第 2024RJ1404 号

新媒体与博物馆发展研究
XINMEITI YU BOWUGUAN FAZHAN YANJIU
刘洋　著

出 版 人：陈　玉
责任编辑：张岳洪
责任印制：吴　波　　封面设计：李　波
出版发行：燕山大学出版社　　电　　话：0335-8387555
地　　址：河北省秦皇岛市河北大街西段 438 号　　邮政编码：066004
印　　刷：文畅阁印刷有限公司　　经　　销：全国新华书店

开　　本：787mm×1092mm 1/16　　印　　张：14
版　　次：2025 年 3 月第 1 版　　印　　次：2025 年 3 月第 1 次印刷
书　　号：ISBN 978-7-5761-0718-0　　字　　数：240 千字
定　　价：78.00 元

前　言

2022年8月，中共中央办公厅、国务院办公厅印发了《“十四五”文化发展规划》。《规划》锚定建成文化强国的远景目标，为新时期文博事业提出了全新的理论和思考。当下，利用新媒体进行数字化改革已成为我国博物馆发展的新路径，移动化和融合化成为中国新媒体发展与变革的主旋律。新媒体的出现改变了博物馆传统传播方式和媒介生态，实现了新媒体与文化传播的相互融合。在现代社会中，博物馆作为一种文化资源，推动其与新媒体大力结合，有助于文化创新和文化产业的可持续发展。新媒体是博物馆传播公共文化服务信息的新途径，有助于文化创新和博物馆自身功能提升，对推动文化产业的可持续发展具有实际意义。当下，运用新媒体技术改变博物馆传统传播方式和媒介生态是博物馆创新发展的核心问题。经理论和实践证明，传统的博物馆传播模式已不能适应当下社会发展的需求，应充分认识新媒体技术在当代社会的重要性，要利用新媒体技术促进博物馆的文化建设，要将新媒体技术在博物馆文化传播等方面的应用价值最大化，更新博物馆的展览和服务功能，提升公共文化服务新效能。

本书是一本研究和探讨新媒体与博物馆融合创新发展的著作，共计分为九个章节，在撰写中参考、借鉴了国内外学者大量相关研究的观点和思想，综述了新媒体、博物馆等相关概念，结合国内外新媒体与博物馆发展热点，综合运用新媒体传播学、文化传播学、艺术营销学、艺术创意学和博物馆管理学等理论方法，分析了新媒体融入博物馆发展的模式与路径。探究了新媒体在博物馆各项工作中的实际应用，结合研究成果，提出了新媒体与博物馆融合发展对策、建议与创新策略。同时，本书还是天津市艺术科学规划项目“博物馆文化衍生产品的开发及品牌策略研究”“新中国天津地区博物馆史研究”的重要成果。在编写过程中，查阅、收集了大量文献资料，我曾就书中的学术思想与博物馆管理者、校内外的同行及实践工作者，进行了讨论、交流和印证，从中受益良多。在此，特向臧天杰、王欣、陈剑文、王潇等专家学者的鼎力帮助与大力支持，致以衷心的感谢。由于本人研究水平的局限性，书中的观点、内容、思考问题的角度以及一些研究结论等，难免存在缺憾和不当之处，恳切希望各位读者对本书可能存在的错误与疏漏给予批评指正。

目　录

第一章
新媒体的概述

第一节　新媒体的界定

在全书的开始，我们有必要对“媒体”和“媒介”这两个经常混用的概念做一下说明。两个词语均来自英文单词中的“media/medium”，并无概念上的本质区别，只是在使用习惯上有细微的差别。一般来说，媒介是整体的抽象名词，媒体则是个体的具象名词；也有的学者认为媒介指的是语言、文字、声音、图像等内容信息，而媒体指的是书本、报纸、杂志、广播、电视等传播媒介及其机构。在本书中，“媒介”与“媒体”以及“新媒介”与“新媒体”的概念等同，未做区分。近年来，随着新媒体在我国的迅猛发展，“新媒体”一词也成为国内业界和学界炙手可热的新词语，越来越多的媒体从业者、IT 人士和学者开始关注、探讨新媒体。尽管如此，对于新媒体的许多基本问题，比如界定问题，国内研究者们众说纷纭，各执一词，并未形成较为统一的认识。新媒体是一个历史的、相对的、流动的概念，其含义要视特定历史时期的阶段性传播科技而定，不同时期的新媒体其内涵不同。

对此本书认为，从严格意义上说，新媒体并非一个科学的概念，因为“新”是相对于“旧”来说的，任何事物在诞生之始都是以新面目出现，但随着时间的流逝，“新”“旧”之间的界限会逐渐模糊，直至消失。鉴于此，本书试图从时间和技术两个维度来对新媒体做出相对客观的界定。

首先，“新媒体”是一个时间性概念。我们知道，媒体作为一种工具，其物质形态是随着技术的发展而不断演变的。从最早的口口相传、结绳记事到文字的诞生、印刷术的发明，从书籍的广泛普及再到近代新闻报业的崛起、广播电视等电子媒体的壮大，直至当前以数字和网络技术为支撑的一系列新媒体的兴盛，媒介形态始终处于一个不断发展、演化的过程之中。所以所谓“新媒体”，只是在与“旧媒体”的对照中所产生的时间性、历史性概念。例如，广播、电视相对于印刷媒体是“新媒体”，但相对于网络媒体便是“旧媒体”了。在媒介发展史上，每一次媒介技术的变革都会带来所谓的“新媒体”，特别是在知识爆炸、技术更新迅速的今天，各类新媒体层出不穷，新媒体的外延更是不断被拓展。仅以社交类媒体为例，在短短几年中，微博、微信、移动办公平台等新媒体形态纷纷冒了出来。在信息时代，不仅是新的技术变革和物质形态的变化可以产生新媒体，新的软件开发、新的信息服务方式的推出都可称为一种新媒体的诞生。可以预期的是，今日的新媒体在未来同样会被归入“旧媒体”的范畴。从这一角度说，本书所界定的新媒体立足于当下，指的是相对于报刊、广播、电影、电视等传统媒体而言的新的媒体形态。

其次，“新媒体”是一个技术性概念。当下的新媒体指的是依托数字技术、网络技术、移动通信技术、智能技术等基础技术或新兴科技而产生的向用户提供信息服务的一系列新的工具或手段，在“万物皆媒”条件下，其种类仍在急剧扩充。其中有的属于新的媒体形式，有的则属于新的媒体硬件、新的媒体软件或新的信息服务方式。从传播学视角看，它们又可以分为两类：一类可以称作新兴媒体，是新媒体的典型形态，以桌面互联网媒体、移动互联网媒体、智能媒体、互动电视媒体为代表。它们依托全新的传播技术，以改变传播形态为主要诉求，强调体验和互动，内容生产日趋分散化和个性化。另一类则可以称作新型媒体，包括户外彩屏、楼宇电视和车载移动电视等。它是在传统媒体基础上依托新技术衍生而来的，其传播形态并未发生根本性改变，但是信息质量得以有效提高，传播范围更加宽广，达到了以前无法覆盖的区域。

综上所述，我们对“新媒体”这一概念作广义和狭义两种界定。广义上的“新媒体”，是利用数字技术、网络技术、移动通信技术和智能技术，通过互联网、宽带局域网、无线通信网和卫星等渠道，以电视、电脑和移动终端等为主要输出终端，向用户提供视频、音频、语音数据服务，社交服务，休闲游戏，远程办公，在线教育等集成信息和娱乐服务的所有新的传播手段或传播形式的总称，包括“新兴媒体”，也包括“新型媒体”；而狭义上的“新媒体”则专指“新兴媒体”。行业专家及专业组织对新媒体也给予了不同的定义，如表 1 所示。

表 1 行业专家及专业组织对新媒体的定义

来源	新媒体定义
新传媒产业联盟秘书长王斌	以数字信息技术为基础，以互动传播为特点、具有创新形态的媒体
美国《连线》杂志	所有人对所有人的传播
联合国教科文组织	以数字技术为基础，以网络为载体进行信息传播的媒介
清华大学新闻与传播学院彭兰教授	主要指基于数字技术、网络技术及其他现代信息技术或通信技术，具有互动性、融合性的媒介形态和平台

第二节　新媒体的特征

一、数字化

数字化是新媒体的基本特点。从博物馆的自身发展来看，新媒体的“加盟”使博物馆的传统功能和角色定位发生了较大的变化，它主要解决了博物馆展品展示的局限性，打破了时间和空间的限制，也改变了文博场馆的服务模式和观众的参与方式，利用“云端”发布馆藏、介绍展览、开设网上展厅等，使观众了解更多的文化知识，获得愉悦的学习体验，充实了人们的文化生活。

二、多媒体

多媒体技术是具有集成性、实时性和交互性的计算机综合处理声音、图片、信息的技术，是多种媒体的综合运用。如今，随着人工智能、5G 技术等新兴技术的快速发展，博物馆充分利用现代多媒体技术，将传统文化精华进行深入挖掘和全面展示，为观众带来更为新颖、更加全面、更加直观的参观体验，得到了观众的青睐。

三、交互性

交互性也是新媒体在博物馆应用中较为重要的特点，从真正意义上来说，建立了与观众之间的联系，对提升博物馆的社会影响力、提高观众的参与度等起到了不可估量的作用。从博物馆发展的角度出发，新媒体的交互性开拓了博物馆的发展路径，它的进一步发展也需要听到社会各界的不同声音。博物馆为了提高自身的社会知名度与影响力，让更多的观众前来参观体验，需要使用微博、微信公众号、博物馆主页等新媒体平台与观众进行分享交流，观众在参观博物馆之后在各类新媒体平台分享参观体验，形成了良性循环，激发观众对未知领域产生浓厚兴趣，实现了博物馆的知识传播与教育功能，使博物馆获得了较好的口碑。

第三节　新媒体的类型

一、按传播途径进行分类

（一）基于互联网的新媒体

基于互联网的新媒体包括博客、电子杂志、网络视频、播客、群组和网络社区等。

（二）基于数字广播网络的新媒体

基于数字广播网络的新媒体包括数字电视和移动电视等。

（三）基于无线网络的新媒体

基于无线网络的新媒体包括手机电视、手机报、手机视频、手机短信或彩信等。

（四）基于融合网络的新媒体

基于融合网络的新媒体包括基于 IP 协议的电视广播服务（IPTV）、楼宇电视等。

二、按传播媒介进行分类

（一）网络新媒体

网络新媒体包括门户网站、搜索引擎、虚拟社区，以及电子邮件、即时通信、对话链、博客、播客、微博等信息交流分享类应用，还有维客、网络文学、网络动画、网络游戏、网络杂志、网络广播、网络电视，另外还有掘客、印客、换客、威客、沃客等。

（二）新型电视媒体

新型电视媒体包括数字电视、IPTV、移动电视、楼宇电视等。

（三）手机新媒体

手机新媒体包括用于信息通信的手机短信、彩信；承载内容资讯的手机报纸以及数字化出版内容；提供音视频服务的手机电视、广播；带来娱乐体验的手机游戏；还有集成各类功能的手机 App 及移动网络客户端等。

（四）其他新媒体

其他新媒体包括隧道媒体、路边新媒体、信息查询媒体及其他跨越时代的新媒体等。

三、按传播形态进行分类

（一）社交互动传播形态

微博：基于用户关系，通过关注机制分享简短实时信息的广播式社交媒体、网络平台，用户可通过多种移动终端接入，以文字、图片、视频等多媒体形式实现即时分享、传播互动。

QQ：腾讯公司开发的基于 Internet 的即时通信软件，支持在线聊天、视频通话、共享文件等多种功能，可与多种通信终端相连，用户间能进行实时互动交流。

微信：面向智能终端的即时通信软件，提供聊天、朋友圈、微信支付等功能，兼具社交互动与生活服务功能，用户能便捷地交流沟通和分享生活。

（二）实时直播传播形态

网络直播：借助互联网及相关直播软件，将即时的现场环境发布到互联网，清晰呈现给用户，特别是网络互动直播，互动性强，能实时交流。

（三）短视频传播形态

短视频：在互联网新媒体上传播的时长在 1 分钟以内的视频，凭借短平快的特点，契合大流量传播需求，深受各大平台、粉丝和资本青睐。

（四）新闻资讯传播形态

移动新闻客户端：传统报业与移动互联网结合的媒体形式，依靠移动互联网，以多种符号传播新闻信息，接收设备为智能手机、平板电脑等移动终端。

（五）自主内容传播形态

自媒体：以现代化、电子化手段，向不特定或特定个人传递规范性及非规范性信息的新媒体总称，个人可自主生产和传播内容。

（六）电视类融合传播形态

数字电视、交互式网络电视：数字电视通过数字信号传输节目，交互式网络电视结合互联网与电视功能，用户可按需获取内容。

（七）移动场景传播形态

车载移动电视：安装在车辆上，为乘客提供资讯和娱乐内容，满足移动场景下的信息接收需求。

（八）公共场所展示传播形态

楼宇电视以及户外显示屏系统：分布在楼宇、户外等公共场所，播放广告、资讯等内容，吸引过往人群关注。

综上所述，新媒体以其方便快捷、成本低廉、用户人群广泛等优势，改变了人类信息的接收和传播方式。新媒体服务只是新媒体的一种形态和应用，对人们的生活方式造成了极大的冲击，移动互联网的飞速发展和持续创新，加剧了新媒体的飞速发展态势。笔者总结了新媒体的特征、类别、要素、优势等方面与传统媒体的区别，如图 1 所示。

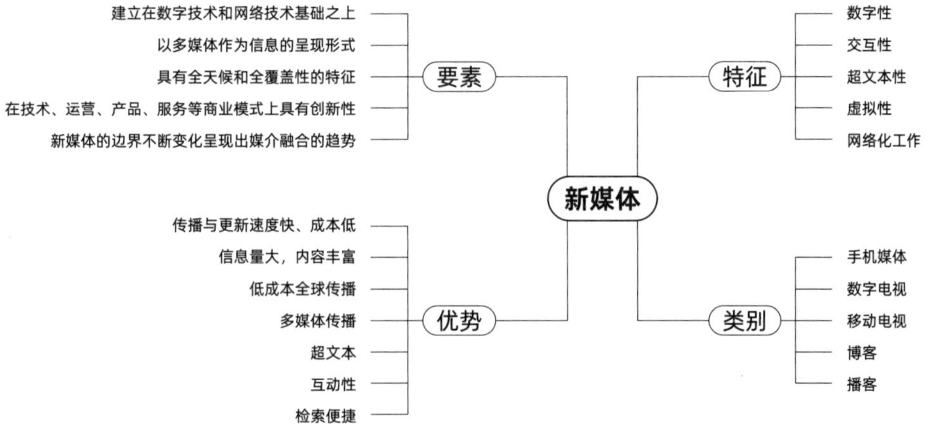

图 1　新媒体概述

第四节　新媒体产业及发展概况

我国新媒体产业在网络协同和数据智能的双重驱动下，用户数量、产业规模、应用和服务的数量与质量都得到了快速发展，而互联网巨头是我国新媒体产业的主导力量和促进新媒体产业进一步发展的核心力量。5G、区块链、海外布局等都将进一步促进我国新媒体产业的大发展。互联网基础设施不断完善，互联网用户数量快速增加，互联网产品和服务极其丰富，在此基础上新媒体产业也成为传媒业的主导力量，且新媒体产业正在借助大数据、人工智能等新技术赋能其他产业，互联网巨头也在大力布局产业互联网，这也给新媒体产业带来了新机遇。

一、新技术与新基建将促进新媒体进一步快速发展

（一）5G、区块链等新技术将进一步拓展新媒体产业

5G 开始商用，作为新一代移动通信技术，将与物联网、虚拟现实技术（VR）、4K 等新技术一起决定着新媒体产业的新蓝图；区块链有可能成为未来的社会操作系统，正在对新媒体产业产生革命性影响。

第一，5G 移动通信技术决定新媒体产业新蓝图。2019 年 6 月 6 日工信部宣布，正式为中国移动、中国联通、中国电信和中国广电四家企业发放 5G 牌照，这标志着我国 5G 正式开始商用，更标志着 2019 年是“5G 元年”。一方面，5G 能够打造万物互联的巨型生态系统。作为新一代移动通信技术，相比于此前的 2G、3G、4G，不仅带宽、网速等基础技术能力得到了大幅度提升，而且互联网化、IT 化、智能化、灵活性水平更高，能够给用户带来极致的用户体验。另一方面，短期内 5G 会带来诸多传媒业新机遇。一是现有媒介形态迭代优化与创新媒介形态。无论是现有的新闻客户端、微信、微博、视频，尤其是短视频，还是直播、游戏等，都能借助 5G 技术得到优化，激活 VR、车联网等潜力大的媒介，面向产业互联网的新媒介形态、基于物联网的智能家居都将会大量出现。二是连接指数级增长与极致体验。用户数量还有较大的增量空间，物联网将提供数以百亿计的新连接，虚实结合时代的用户体验会更为极致。三是市场规模急剧扩大。基于用户的传媒业市场规模还有较大的空间，VR、车联网等将构建新产业链，产业互联网潜力巨大。四是 5G 技术将彻底打破万事万物的边界，万物互联时代即将到来。

第二，区块链技术未来将重构新媒体产业。一方面，区块链核心优势明显。区块链具有高度去中心化、由对人的信任转变为对机器与算法的信任、价值传递、信息不可篡改性、隐私高度保护等五大特征。区块链的本质是能完成既定社会目标的信息分散决策机制，且区块链的核心优势在于能够更好地传递价值，能够更好地保护用户隐私和帮助用户获取更多的权利，改变互联网的生产关系。可以看出，作为底层技术的区块链将与互联网技术一样，有可能成为新一代信息基础设施和社会操作系统，而未来“区块链 +”将赋能传媒业，彻底重构传媒业。另一方面，基于区块链的传媒新生态将逐步形成。理论上讲，随着区块链技术的逐步成熟，区块链将成为整个社会的底层操作系统，“区块链 + 传媒业”将迎来新生

态，将在理念、生态系统、商业模式等方面取得重大创新，一是科技向善的理念将得到更好的落地；二是更大范围的自组织传媒生态系统将形成。

第三，人工智能技术更为系统化、中台化。在字节跳动、快手、阿里巴巴等整体人工智能技术更为先进的快速发展的示范下，互联网媒体公司开始通过人工智能技术进行系统化、中台化改造，打造更为智能的智媒体。

（二）基于网络协同和数据智能的新基建将为新媒体产业进一步赋能

随着大数据、人工智能技术的发展，互联网平台的网络协同和数据智能能力越来越强，在这种情况下，C2B（用户到企业）商业模式成为可能，网络协同和数据智能所代表的新基建也将为新媒体产业进一步赋能。

二、互联网巨头成为新媒体产业的主导力量和投资的核心力量

阿里巴巴、腾讯、百度、字节跳动、抖音等互联网巨头为了打造更为健康的生态系统，在新媒体产业积极投资，经过多年的投资布局，已经成为我国新媒体产业的主导力量和新媒体产业投资的核心力量。

三、互联网巨头积极进行海外布局

在国内市场增量空间越来越小和竞争日趋激烈的情况下，互联网巨头纷纷开启国际化进程，进行海外布局。目前，互联网巨头在海外布局时，为了降低时间成本，多采取并购海外标的的方式快速抢占国际市场。这样做，一方面互联网巨头可以快速获取市场，另一方面能够利用其先进技术为并购标的赋能。

第二章
博物馆的概述

第一节　博物馆的渊源及定义

一、博物馆的渊源

博物馆，是随着社会的发展、适应社会实践的需要而产生和发展的。博物馆虽然是近代兴起的社会文化事业，但是它有着悠久的历史渊源，西方和中国的博物馆都起源于公元前。公元前 3 世纪，埃及亚历山大城建立的亚历山大博学园中的缪斯神庙是西方最早的博物馆。缪斯神庙收藏着各种文化珍品，陈列着有关天文学、医学和文化艺术的展品，许多学者还聚集在这里从事着研究工作。西方博物馆一词起源于希腊语——Mouseion，意思是“供奉缪斯及从事研究的场所”。当时还不称博物馆，17 世纪后缪斯神庙才被称为亚历山大博物馆。

我国博物馆的历史渊源，应追溯到公元前 5 世纪，在山东曲阜孔子故居建立的孔子庙堂，可以说是中国最早的纪念性博物馆。孔子庙堂里陈列着孔子的衣冠、礼器、书籍和他所乘坐过的车，每年按一定的时间举行纪念活动，让人们参观瞻仰。这是中国纪念性博物馆的源头。它与古希腊特非尔·奥林帕斯神殿收藏室同时出现。它比托勒密·索托创建的亚历山大博物馆早 188 年左右。孔子庙堂经过历代的不断维修和扩建，到宋代已扩建为具有今日规模的古建筑群。可以说，曲阜孔庙是保存至今的世界最早的博物馆之一。

二、博物馆的定义

现在通行的国际博物馆协会对博物馆的定义为：博物馆是为社会及其发展服务的非营利的常设机构，它向大众开放，以研究、教育、欣赏为目的，征集、保护、研究、传播并展示人类及人类环境的见证物。以下从不同方面对该定义进行详细阐述。

（一）关于“非营利”机构

博物馆定义中的“非营利”机构可以从机构性质和实际运作两个角度加以理解。从机构性质的角度而言，“非营利”机构是博物馆的法律身份，强调的是博物馆的基本性质。一方面，“非营利”机构的工作经费和所需人力大多是政府资助或社会捐助的，提供资助的组织和个人并不在意经济报偿，而是更加关注组织行为的社会效益。因此，“非营利”机构没有向其资助者、管理者和组织成员分配经济收益的压力。另一方面，“非营利”机构多从事社会福利、教育、文化等方面的公益活动，其行为成效很难用经济收益标准加以评估。从上面两点可以看出，“非营利”机构是以其根本目的为导向的，即推进社会的积极变革和发展、提高公众素质、提供社会需要的物品和服务。对机构性质的说明和规定，有助于博物馆享受相关的优惠政策，更好地参与和其他相关机构的社会竞争。同时，也是对博物馆活动领域和运作方式的规范和制约。

从实际运作的角度来说，所谓“非营利”机构并不意味着博物馆“不应当营利”或“不能营利”，而是指它“不追求营利”或“不以营利为目的”。其实，近年来国内外的博物馆普遍存在着资金短缺的问题。虽然欧美国家博物馆的经费及其来源较我国更为充裕和广泛，它们不仅有国家拨款，而且还可以获得许多社会资助和捐赠，而我国则只能更多地依靠国家财政拨款，但是当它们面对日益庞杂的自身运作开销，藏品收购、维护、保险和陈列布展、进行科学研究所需的业务花销以及提高软硬件条件所需投入的资金等经费问题时，都难免显得捉襟见肘。在这种情况下，为了更好地发挥博物馆作为永久性社会公益机构的作用，国内外博物馆也都会积极采取诸如吸引更多观众、开办博物馆商店和餐厅、出租场地等措施来增加博物馆的收入，缓解财政压力。其间，许多经营有方的博物馆甚至还会出现盈利。但与企业经营所不同的是，博物馆的营利是维持自身生存和发展的必要手段，而不是经营的最终目的。博物馆的收入也不同于工商业收入，不会转为股票，也不能转为工作人员的工资，而只能投入博物馆的建设。

总之，对于博物馆定义中的“非营利”可以理解为：博物馆事业像其他文化事业一样，不能像企业那样把营利作为前提和终极目的。但并不排斥尽可能地结合本馆的性质和职能，在国家政策允许的范围内，有益于社会和观众，取得合理的经济效益，以促进自身的发展。当经济效益对社会效益的提高，起和谐、同步以至促进的作用时，它的存在就是合理的、积极的，它的生命力就是旺盛的。

（二）关于“为社会及其发展服务”

博物馆定义中所提出的“为社会及其发展服务”，标志着博物馆界终于开始正确认识到自己与社会的关系。第一，博物馆之所以历经数百年而不衰，其重要原因就在于它保存和管理着人类社会发展历程的见证，就在于它满足了不同时代人们通过历史呈现出来的对现实和未来的渴望。这便是社会对博物馆的基本需求。第二，博物馆的发展与社会政治、经济、文化的发展密切相关。近现代博物馆就是在文艺复兴、自然科学兴起、启蒙运动、资产阶级革命和工业革命等一系列社会变革的推动下发展起来的。可以说，正是社会的发展推动和促进着博物馆的发展。第三，近些年来，随着博物馆界对“人”与“物”关系认识的不断深化，加上社区博物馆、邻里博物馆的兴起，博物馆和社会的联系日益强化，博物馆正在逐渐成为社会文化中心。所有这些都要求博物馆明确自身的公共责任，积极参与社会活动，关注社会的现实和未来，了解社会和公众的需求，通过科学的运作和管理，努力发挥博物馆的功用，以创造最大的社会效益，真正做到“为社会及其发展服务”。概括地说，定义中的“为社会及其发展服务”，既可以看作是对长久以来博物馆社会化运动的总结，更是博物馆的根本使命和工作目标。

（三）关于“向大众开放”

定义中的“大众”主要强调的是博物馆服务对象的客观性和广泛性。所谓客观性就是指作为“大众”的社会公众不是以博物馆主观意愿而决定是否成为博物馆“大众”的，他们一直是客观存在的；广泛性是指博物馆的服务对象应该是构成社会的个人、团体和机构，不应因身体状况、文化差异、教育程度、社会地位等因素而受到不同的待遇。而定义中的“开放”，一方面，体现了博物馆的社会开放性和公益性，博物馆作为公共资源，其包括收藏和基础设施等在内的有形资源和科研、智力、文化氛围等无形资源都应当对社会公众开放，“大众”有权利使用这些公共社会资源；另一方面，这种“开放”应当是双向互动的，博物馆对“大众”开放的同时，“大众”也应当积极地向博物馆开放，并对博物馆积极地给予反馈。当然，这些反馈既可以是有形的，如资金和藏品的捐赠等；也可以是无形的，如为博物馆发展出谋划策、提供志愿和义务服务等。同时，还应当注意的是，博物馆既然将“为社会及其发展服务”作为其根本使命和工作目标，那么，所谓的“开放”就应当是平等互利的开放，而不能以“知识宝库”“学术精英”自诩，居高临下地俯视自己的服务对象。

总而言之，博物馆定义中提出的“向大众开放”，是博物馆的一个基本性质，不仅强调了博物馆作为公共社会资源的开放性和公益性，而且说明了博物馆与社会公众之间平等的双向互动关系。只有“向大众开放”，吸引更多的观众，才能更好地实现博物馆“为社会及其发展服务”的目标。

（四）关于“为研究、教育、欣赏之目的”

定义中“为研究、教育、欣赏之目的”的表述与“为社会及其发展服务”的目标并不矛盾。与作为根本使命和工作目标的“为社会及其发展服务”相比，“为研究、教育、欣赏之目的”则可以说是博物馆较低层面的目的，也可以看作是博物馆具体业务活动的指导观念和基本目的，研究和教育也一直是我国博物馆的基本性质，所以，对于将它们作为博物馆的目的，我们不难理解。在这里我们重点关注的是所谓“欣赏之目的”。其实，在欧美博物馆界“欣赏”早已被赋予了崇高的地位，是博物馆重要的目的之一。但是，长期以来，由于受到传统教育思想以及纲要性陈列体系的影响，我国博物馆界一直对此认识不足。一般而言，“欣赏”具有两种不同的形式，一种是专门用于欣赏的陈列或展览，另一种则泛指所有陈列的审美价值和可欣赏性，作为博物馆业务活动的基本目的，两者兼而有之。博物馆完全可以通过陈列、展览和艺术鉴赏等活动，使观众的情操得以陶冶、修养得以提升、思维得到发散、创造力得以激发，从而达到“欣赏之目的”。在理解博物馆“为研究、教育、欣赏之目的”的过程中，需要特别注意的是，这种表述很容易给人造成博物馆单方面要达到“研究、教育、欣赏之目的”的错觉，从而忽略了观众的主观能动性，忽视了观众自主学习、自发参与的特点。因此，我们应当将“为研究、教育、欣赏之目的”理解为：它虽然是博物馆业务活动的指导观念和基本目的，但却需要通过博物馆与观众的共同努力才能够得以实现。

（五）关于“征集、保护、研究、传播并展示”

一方面，博物馆在进行收藏保护、科学研究、陈列展览、争取更多的观众以及与观众交流互动的过程中，“征集、保护、研究、传播并展示”这些业务活动无不融入其中，发挥着不可替代的作用。另一方面，只有通过征集、保护、研究、传播和展示等这些具体的工作，才能够达到“研究、教育、欣赏之目的”，进而最终实现“为社会及其发展服务”的目标。因此，博物馆定义中的“征集、保护、研究、传播并展示”，既可以看作是对博物馆各个工作环节的抽象概括，也可以当作实现博物馆“研究、教育、欣赏之目的”的具体方法或手段。

（六）关于“人类及人类环境的见证物”

“人类及人类环境的见证物”其实就是博物馆的工作对象，这里所谓的“人类及人类环境的见证物”，既包括有形的或物质的人类和自然界的见证物，如出现在各国博物馆定义中的文物、自然标本、人工制品、物质遗产、物品、物证等；也包括无形的或非物质的人类社会和环境的见证物，即非物质文化遗产、电子信息技术生成的虚拟信息等。需要注意的是，在理解“人类及人类环境的见证物”的过程中，还应当突破我们传统的“以古是宝”“以稀为贵”的认识误区，努力做到不仅关注古老的、稀有的自然界和人类社会的见证物，同时也应关心现当代的、活的、日常的、大众的、具有代表性的见证物。最终，见证物能否成为博物馆的工作对象，关键还要取决于它是否具有证明人类活动及人类环境状况的能力。总之，博物馆定义中“人类及人类环境的见证物”的表述，不仅对博物馆的工作对象进行了高度概括，而且还正确地反映了现代博物馆与人类生存和发展的关系。

综上可知，现在通行的国际博物馆协会对博物馆的定义不仅明确指出了博物馆的性质，即博物馆是“非营利”的常设社会公益机构，而且指出了博物馆的根本使命和工作目标是“为社会及其发展服务”，基本目的是“研究、教育、欣赏”，它们可以通过对博物馆工作对象即“人类及人类环境的见证物”的“征集、保护、研究、传播并展示”而得以实现。此外，还可以从其基本目的和工作环节中看出博物馆具有收藏、研究、教育的基本功用。

我国对博物馆的理解和国际博物馆协会对博物馆的定义存在着一些差异。性质上，虽然博物馆具非营利和公益性，但在行政上与政府关联紧密，现正探索多元运营模式，淡化计划经济色彩，优化公益性。使命任务方面，博物馆旨在为科研和人民服务，与国际理念相通，如积极拓展与用户间的互动交流，突破局限。在功能上，博物馆重视收藏、教育、研究功能，也越发重视审美与娱乐功能。工作对象从聚焦文物标本，扩展到关注非物质文化遗产等各类见证物，理论界也在深入研讨界定。随着博物馆的发展，我国将逐步借鉴以往经验，未来有望制定出契合国情的博物馆定义。

第二节　博物馆的类型与功用

一、博物馆的类型

博物馆的类型，就是指一定数量的博物馆依据某种共同的标准相互联系所形成的类别。对博物馆进行类型划分，其实是博物馆事业发展到一定阶段才提出的问题。起初，由于博物馆的数量较少且形态也相对单一，再加上早期博物馆的藏品多以奇珍异宝和纪念性物品为主，因此，并不需要对博物馆进行分类。随着近代博物馆事业的兴盛，不仅博物馆的数量大幅增加，而且其藏品也日渐丰富、形态日益多样，传统的方法已经不能适应新兴博物馆的经营和管理。于是，在18世纪末，出现了最初的博物馆分类。当时，主要是按照藏品的不同学科性质，将博物馆分为美术、考古、历史、人种学和自然科学等各种专业博物馆。此后，博物馆事业又经过两个多世纪的发展，如今已经形成了一个涉及多种知识门类和社会生活领域、藏品丰富多彩、建筑形态和管理层次也多种多样的庞杂群体。与此同时，在全世界博物馆工作者的共同努力下，作为博物馆学和博物馆基本理论研究重要内容的博物馆类型研究也得以不断进步，并且取得了丰硕的成果。

（一）划分博物馆类型的意义

首先，对博物馆进行科学的类型划分，不仅在理论上有利于我们更好地认识和总结不同类型博物馆的特点和规律，明确各类博物馆的发展方向，而且在实践中也有利于不同类型博物馆的工作人员最大限度地发挥特长，更好地实现自身价值。博物馆的不同类型决定了它们在人才构成、组织管理、社会职能和经费来源等方面都不尽相同。因此，只有在对博物馆的类型及其特点有了正确清醒的认识之后，不同类型的博物馆才有可能切实有效地制定适合本馆的经营管理方针，其工作人员才有可能更加深刻地理解和把握自身工作的特点，明确自己的工作方向和目标，进而在各项业务活动中尽可能地扬长避短，最终为博物馆创造更大的社会和经济效益。其次，通过对博物馆类型的划分，不但能够看出一个国家或地区博物馆建设的基本格局，而且可以针对其薄弱环节，对现有博物馆进行调整，对未来发展进行规划，从而使该国家或地区博物馆的布局渐趋合理，进而推动该国家或地区博物馆事业的健康持续发展。最后，准确地划分博物馆类型，有益于国内外博物馆学术交流活动的开展。目前，伴随着博物馆事业在世界各地的蓬勃发展和博物馆学研究的日益兴盛，各国之间的博物馆学术交流活动也日渐频繁。其间，无论是对于国内外相同类型博物馆间深入、细致的对口交流，还是对于不同类型博物馆间的相互学习和借鉴而言，准确划分博物馆类型都显得十分重要。

由此可见，科学准确地划分博物馆的类型，认识和掌握各类博物馆的特点，对于博物馆的理论建设和实际工作都具有非常重要的意义。

（二）博物馆的类型及其特点

从不同角度选取不同的标准，便可以将博物馆划分为各具特色的不同类型。因此，可以说，博物馆的类型划分也同博物馆自身一样具有多样性。目前，国际博物馆学界大多是将藏品所反映内容的学科属性作为划分博物馆类型的主要标准。因为这个将藏品和科学学科相结合的划分标准，对于各国的博物馆而言都具有最普遍的适应性。所以，它也往往被认为是当代博物馆的主导性分类标准。依照这个标准，我们可以将现有博物馆较为宽泛地划分为历史、艺术、科学、综合和其他（特殊）五大类型。

1. 历史类博物馆

历史类博物馆就是指那些以文物藏品为基础，研究和反映与人类社会发展相关的各个方面情况的博物馆。这是一个庞杂的群体，主要包括历史博物馆、纪念馆、遗址博物馆、民俗博物馆、民族博物馆和人类学博物馆等。历史博物馆可以细分为国家历史博物馆、地方性历史博物馆和专题历史博物馆。国家历史博物馆通常能够概括一个民族或国家的主要发展历程。世界著名的国家历史博物馆主要有：中国国家博物馆、丹麦国家博物馆、匈牙利国家博物馆、俄罗斯国家历史博物馆、国立美国历史博物馆、东京国立博物馆和朝鲜国立中央历史博物馆等。地方性历史博物馆则指能够概括某个地区或城市发展历程的博物馆。例如，我国的上海市历史博物馆、丹佛自然历史博物馆和日本大阪历史博物馆等。专题历史博物馆就是指以某个专题的历史发展为主要内容的博物馆。我国的南京太平天国历史博物馆和美国弗吉尼亚州的奴隶制历史博物馆，就都属于典型的专题历史博物馆。总体而言，历史博物馆是历史类博物馆中数量较多的，我国尤甚。因为我国不仅有着悠久的历史和深厚的文化，而且长期以来，又有发展历史博物馆的传统，所以，历史博物馆的数量在全国各类博物馆中占据着较大的比例。历史博物馆一般都会根据自身的专业特点，搜集、整理和研究全国的、地方的或某一特定范围内的历史文物资料，通过组织通史、地方史或专题史的陈列，以达到传播知识、提高民族凝聚力和激发爱国热情的目的。

纪念馆就是纪念重要历史人物或事件的博物馆。这类博物馆所纪念的对象都是人类发展史上在不同方面不同程度推动着历史车轮前进的杰出人物和重大事件，它们大多是以所纪念历史人物的诞生地、居住地或主要活动场所以及所纪念历史事件发生的原址或遗址为基础兴建的，收藏和展出的也往往是与这些著名人物和重要事件相关的各种资料。迄今为止，全世界已经拥有为数众多的纪念馆。虽然它们通常规模都不太大，但其中的人物纪念馆就如同人类历史上社会精英的传记，能带给观众榜样式的激励；而事件纪念馆则似乎能够穿越时空的阻隔，使观众切身感受鲜活的历史。

遗址博物馆通常都是依托考古发掘或历史遗留下来的各种遗址、遗迹而建立的博物馆。对遗址、遗迹的原貌展示，藏品与展示环境的完美结合以及充斥其间的神秘传说是这类博物馆的优势，这也使得观众对此类博物馆总是兴趣盎然。例如，埃及的帝王谷遗址博物馆、英国的铁桥谷工业遗址博物馆、意大利的庞贝古城，以及我国的定陵博物馆、乾陵博物馆、周口店北京人遗址博物馆、西安半坡博物馆、大地湾博物馆、秦始皇兵马俑博物馆等，每年都吸引着数以万计的国内外游客和学者前往参观考察。

民俗博物馆更多关注的是地区性民众生活的文化特征，主要包括特有语言、生产方式、生活习惯、文化传统等民间风俗。目前，国内外已经建成了许多著名的民俗博物馆，为推动民俗学和博物馆事业的发展作出了重要贡献。其中就包括法国民间传统和艺术博物馆、韩国国立民俗博物馆和韩国民俗村，以及我国的天津民俗博物馆、安徽歙县民居博物馆等。

民族博物馆往往收藏有大量反映某个民族历史文化的丰富材料。充分研究和利用这些珍贵的实地走访所获得的第一手资料，不仅能够有效提高该民族的自信心和自豪感，而且许多民族博物馆也因此成为对该民族研究的重要学术基地。德国的柏林世界民族博物馆、日本国立民族学博物馆和我国的中国民族博物馆、云南民族博物馆、四川凉山彝族奴隶社会博物馆等，都是国内外知名的民族博物馆。

人类学博物馆是随着近代人类学的发展而发展起来的。同时，它产生之后也极大地推动了人类学研究，这类博物馆在国外起步较早，发展到现在，无论是包括专业人员等在内的软件还是包括建筑设备等在内的硬件都已经颇具规模。其中，比较著名的有加拿大国立人类学博物馆、墨西哥国立人类学博物馆和肯尼亚国立人类学博物馆等。虽然我国人类学的研究起步相对较晚，但经过多年的发展，现在也已经拥有了像厦门大学人类学博物馆和云南大学人类学博物馆这样的高水平人类学博物馆。需要指出的是，由于人类学兼具研究人类体质和社会文化的性质，因此，有时这类博物馆也被划入后面将要介绍的自然类博物馆中。

2. 艺术类博物馆

艺术类博物馆则是指那些收藏、研究和展示绘画、书法、摄影、雕塑、民间工艺、陶瓷、织绣、文学、音乐、舞蹈、戏剧、电影等资料的博物馆。当前比较常见的有文学博物馆、文化博物馆、音乐博物馆、电影博物馆、戏剧博物馆和美术博物馆等。

目前，在世界范围内已经建成了许多文学博物馆，以满足广大文学爱好者的需要。其中，既有包括莫斯科普希金博物馆、德国现代文学博物馆和日本镰仓文学馆等在内的国外文学博物馆，也有像中国现代文学馆和台南国立台湾文学馆这样的国内文学博物馆。

文化博物馆其实同我国博物馆分类中所说的专题性博物馆非常相似，它主要通过收藏、研究和展示某种主题的藏品，进而揭示其文化内涵。如今，这类博物馆在国内外都有较快发展。例如，加拿大文化博物馆、耶路撒冷《圣经》文化博物馆、法国消防员文化博物馆，以及我国的北京宣南文化博物馆、山东聊城中国运河文化博物馆和青海西宁藏医药文化博物馆等，都属于此类博物馆。

音乐博物馆承担着收藏、保护、展示和传承音乐文化的工作，是艺术类博物馆的重要组成部分。巴黎音乐博物馆、维也纳音乐博物馆和西雅图摇滚音乐博物馆都属于国际知名的音乐博物馆，我国也已经建成了黑龙江音乐博物馆，并且正在加快筹建国家音乐博物馆，以集中保藏中国丰富的音乐文化遗产。

电影博物馆和戏剧博物馆也是现代常见的艺术类博物馆。中国电影博物馆、巴黎电影博物馆、美国的乔治·伊斯曼国际摄影和电影博物馆以及德国电影博物馆等，都堪称国际知名的电影博物馆。而意大利米兰的拉斯卡拉戏剧博物馆、英国伦敦戏剧博物馆以及我国的北京人民艺术剧院戏剧博物馆、天津戏剧博物馆和上海戏剧博物馆等，则是戏剧博物馆的典型代表。这些博物馆对于电影和戏剧的发展都具有重要的指导和推动作用。

实际上，艺术类博物馆中绝大多数都是以收藏和展出包括书法、绘画、雕塑和装饰艺术品等在内的各种造型艺术作品为主的美术博物馆。它又可以被细分为两种类型，一类是艺术史博物馆，主要保存和展示历史上流传下来的各种美术作品。正因如此，有时它也被划入历史类博物馆的范畴。这类博物馆中比较著名的有法国的卢浮宫、意大利佛罗伦萨的乌菲齐美术馆、美国的大都会艺术博物馆、维也纳艺术史博物馆、圣彼得堡的冬宫博物馆和我国的故宫博物院、上海博物馆等。另外，像美国民间艺术博物馆、比利时安特卫普民间艺术博物馆和我国胡同张老北京民间艺术馆、河南安阳民间艺术博物馆这样的民间艺术博物馆往往也被划归此类。另一类则是保藏和展示现当代艺术家作品的美术馆。中国美术馆、法国巴黎的蓬皮杜艺术中心和美国纽约的古根海姆美术馆等，都属于世界闻名的当代美术馆。这些美术馆的收藏决策往往会受到流行美学判断标准、社会审美趣味和艺术品市场价格等因素的影响，而呈现出特殊的复杂性。同时，这些决策也会对艺术家的创作及社会审美起到一定的引导作用。总之，美术博物馆不仅是社会公众接受审美教育的重要场所，而且也是当代博物馆旅游的重要资源。

3. 科学类博物馆

科学类博物馆是指那些以自然界及人类认知、保护和适应自然界所需的科学技术为主要内容的博物馆。它又可以被细分为自然类博物馆和科学技术类博物馆两大部分。

自然类博物馆可以将自然界的一切作为收藏和研究的对象。它们往往会通过研究和展示包括天文、地理和生物等在内的各方面自然藏品，使人们更加深入地了解自然界发展的历史和规律。在国外多将此类博物馆称为自然科学博物馆或自然历史博物馆，而我国则习惯称之为自然博物馆。阿根廷的拉普拉塔自然科学博物馆、日本东京的国立科学博物馆、1881 年从不列颠博物馆中独立出来的英国自然历史博物馆、巴黎国立自然历史博物馆、美国自然历史博物馆、史密森尼学会下属的美国国立自然历史博物馆以及中国地质博物馆、北京自然博物馆、上海自然博物馆等，都是颇负盛名的自然类博物馆。此外，具有博物馆性质的天文馆、水族馆、动物园、植物园、自然保护区和国家公园等也都属于自然类博物馆。

科学技术类博物馆还可以被细分为科学技术史博物馆和科学技术博物馆。科学技术史博物馆往往会系统地收藏和介绍某种科学技术的发展历程。我国的四川自贡盐业史博物馆、江南造船博物馆、湖北黄石铜绿山炼铜遗址博物馆、江苏南通纺织博物馆和美国波士顿交通博物馆、英国曼彻斯特科学与工业博物馆、法国纺织历史博物馆等都属于这类博物馆。科学技术博物馆则主要指那些反映人类社会重要科技成果、揭示科学奥秘的博物馆。虽然从博物馆的发展历史来看，这类博物馆起步相对较晚，但由于其能够与近现代科学技术实现互动，所以发展速度较快，规模也都比较大。而且，它们的现代化程度普遍较高，在运用声、光、电的现代化展示手段和鼓励观众动手参与等方面都具有开拓性作用。因而，自诞生以来，科学技术博物馆一直都是对公众进行科普教育的重要场所。著名的德意志科学技术博物馆、法国巴黎的发现宫、英国伦敦的科学博物馆、芝加哥的阿德勒天文馆和科学与工业博物馆、加拿大安大略科学中心、中国科学技术馆等，都是这类博物馆的典型代表。此外，众多诸如交通、电信、广播、建筑、矿冶、农林、医药、航天等与现代科学技术相关的专业博物馆，往往也都会被划入科学技术博物馆的范围之内。

4. 综合性博物馆

综合性博物馆的藏品丰富多样，往往兼具历史类、艺术类和科学类博物馆的性质。从世界博物馆发展的情况来看，这类博物馆形成的主要原因就在于其收集藏品时始终保留着博物馆专业化之前的特征，即将所有它们认为有价值、有意义的事物都作为征集对象，而不考虑搜集品所反映内容的学科属性。因此，这类博物馆通常都具有历史悠久、规模庞大、藏品丰富等特点。英国伦敦的大英博物馆、埃及博物馆、加拿大皇家安大略博物馆和印度博物馆等，都是举世闻名的综合性博物馆。我国的综合性博物馆则绝大多数都属于全面系统反映某个地区自然与生态环境、社会历史、民俗风情和当代建设成果的地方综合性博物馆，也被称为地志博物馆。南通博物苑、山东博物馆、甘肃省博物馆、湖南省博物馆、黑龙江省博物馆和内蒙古自治区博物馆等便是其典型代表。此外，需要特别指出的是，综合性博物馆如果发展得过大，往往就会像不列颠博物馆那样适时地进行分离。例如，浙江省博物馆就分离出了浙江自然博物馆，辛亥革命纪念馆也是从湖北省博物馆分离出来的。而且，随着博物馆专业化程度的不断加深，这种剥离无疑会成为国内外大型综合性博物馆未来发展的必然趋势。

5. 其他类博物馆

虽然博物馆学者按照藏品所反映内容的学科属性对众多博物馆进行了上述的类型划分，但是，依然有不少博物馆由于其所拥有的藏品实在太过离奇，而无法被上述四类博物馆所囊括。比如说，由美国人罗拔韦利于 1949 年创办的奇趣博物馆就是如此。它将稀奇古怪作为自己的宗旨，其藏品不仅有三条腿的马、两个头的牛，而且还包括长着胡子的女人等等。不仅如此，伴随着新博物馆学运动的兴起，许多像生态博物馆和数字博物馆这样的新型博物馆，由于其藏品的特殊性，也很难进入上述四大分类体系。有鉴于此，我们在四大类型之外，将这些形形色色、奇异特殊的博物馆归为其他类或特殊类博物馆。

伴随着信息化时代的来临，计算机、网络技术开始进入博物馆，博物馆界随之出现了以数字化信息替代实物作为博物馆藏品的新观念，数字博物馆应运而生。数字博物馆也被称为数字化博物馆，就是指运用计算机、网络、多媒体等数字技术和手段，将实体博物馆的收藏、研究、娱乐、展示、教育等功能以数字化方式完整呈现的综合信息系统。通常情况下，一个完整的数字博物馆至少需要由数字藏品、存储平台、加工平台和互动展示平台四部分组成。但由于数字博物馆属于新型博物馆，其理论基础和实践经验都还不完善，所以，国内外各个博物馆的网站、网页和多媒体互动设备便成为当前数字博物馆的主要表现形式。即便如此，借助计算机和网络，它依然显示出诸多优势，比如，能够随意突破时间和空间的限制、实现与观众的高度互动、有效保护博物馆实物藏品、增强博物馆信息资源的开放与共享程度等等。正因为如此，我们相信，随着信息技术的不断进步和实践经验的日益丰富，数字博物馆不但会保持现有的良好发展势头，而且会成为未来博物馆不可或缺的重要组成部分。

尽管都是依据藏品所反映内容的学科属性这一标准，但是，由于各国文化传统和博物馆的实际情况存在着差异，再加上对藏品所反映内容的理解不同、对类型范围的认识各异等原因，各国博物馆学者据此得到的分类体系也不尽相同。我国则在很长时间内将博物馆据此分为社会历史类、自然科学类和综合类。博物馆类型划分的复杂性由此可见一斑。除了作为主导性分类标准的藏品所反映内容的学科属性外，博物馆的隶属关系、观众类型、建筑及陈展方式等也都是当代国际博物馆学界比较常见的类型划分标准。如果以博物馆的隶属关系作为分类指标，通常可以将博物馆划分为国家博物馆、地方博物馆、企业博物馆、行业博物馆、学校博物馆和私立博物馆。

国家博物馆，也被称为国立博物馆，隶属于中央政府，往往作为国家形象的象征，主要反映本国的自然环境和历史文化。前面提到的中国国家博物馆、故宫博物院、国立美国历史博物馆、墨西哥国立人类学博物馆、国立艾尔米塔什博物馆、匈牙利国家博物馆、日本东京国立科学博物馆等都属于这种类型。从这里我们也可以看出，即便是同一座博物馆，由于其自身的多重属性，也可以依据不同标准而被划入不同的类型。这也是造成博物馆类型划分复杂多样的一个重要原因。

地方博物馆隶属于地方政府，主要反映当地的自然风貌和社会人文。美国的州立博物馆、英国的郡属博物馆以及我国各省、市、自治区的博物馆都属于此类。企业和行业博物馆隶属于某个企业或行业协会，用以收藏、研究和展示某个企业或行业的发展历程、重大变革和产业成果等。德国的奔驰汽车博物馆、美国的金融博物馆和我国的中国电信博物馆、青岛啤酒博物馆、上海银行博物馆等，都是国内外知名的企业或行业博物馆。这些博物馆不但是构成企业文化、彰显行业精神的重要元素，而且还具有宣传企业和行业形象、促销产品的广告效应。我们有理由相信，随着企业和行业管理者运用博物馆手段意识的不断增强，这类博物馆必然会成为未来博物馆发展的重要趋势。学校博物馆隶属于某所学校，特别是大学，其收藏主要服务于学校的教学和科研活动。如今，国内外许多大学都已经拥有了属于自己的博物馆。其中就包括牛津大学的阿什莫尔艺术和考古博物馆、科学史博物馆、自然历史博物馆，剑桥大学的考古与人类学博物馆、菲茨威廉姆博物馆、动物学博物馆，哈佛大学的艺术博物馆、自然历史博物馆，早稻田大学的会津八一纪念博物馆，四川大学博物馆，北京大学的赛克勒考古与艺术博物馆，厦门大学人类学博物馆，兰州大学博物馆等等。这类博物馆不仅为近现代博物馆的诞生和发展作出过重要贡献，而且至今依然是博物馆事业的重要组成部分。私立博物馆即隶属于私人或私人财团的博物馆。这类博物馆在欧美不仅起步早，发展快，而且数量多，影响大。法国的玛格画廊、希腊雅典的基克拉迪博物馆、丹麦的路易斯安娜现代艺术博物馆、美国纽约的古根海姆美术馆以及美国自然历史博物馆等，都是著名的私立博物馆。我国现代私立博物馆从 20 世纪 80 年代兴起至今，经历了从与民分享的家庭收藏馆到身份合法的私立博物馆再到产业化私立博物馆的发展历程，总数已达 200 余所。其中，观复博物馆、中国紫檀博物馆、北京古陶文明博物馆、上海包畹蓉京剧服饰艺术馆、西安金泉钱币博物馆、四川建川博物馆聚落等，都堪称我国现代私立博物馆的成功范例。虽然与博物馆事业发达国家的私立博物馆相比，我国的私立博物馆在数量、规模和管理水平上都还存在着一定的差距，但我们可以预见，随着我国私营经济和博物馆事业的迅猛发展，这类博物馆必然会得到长足的发展，并在社会文化生活中发挥日益重要的作用。

同样以隶属关系作为分类标准，结合我国的国情和博物馆的实际情况，我们还可以将博物馆分为文化系统博物馆、科技系统博物馆、教育系统博物馆、军事系统博物馆、园林系统博物馆、民政系统博物馆和其他系统博物馆。文化系统博物馆即隶属于文化部门领导和管理的博物馆。国家和各省、市、自治区、县级博物馆大多属此类。这类博物馆是我国现代博物馆事业的主体，它们不仅在数量上占据绝对优势，而且也是国家人力、物力、财力支持和投入的重点。科技系统博物馆主要指那些由中国科学院和各地方科委主管的博物馆。这类博物馆大多是自然博物馆和科技馆，例如，上海昆虫博物馆、武汉病毒所博物馆、昆明动物博物馆、广东科学中心和沈阳科学宫等。教育系统博物馆就是各大专院校兴建和经营的博物馆。中国地质大学逸夫博物馆、中山大学生物博物馆、吉林大学博物馆、西北师范大学博物馆和北京服装学院民族服饰博物馆等都属于此类博物馆。军事系统博物馆主要包括以中国人民革命军事博物馆和中国航空博物馆为代表的一批隶属于国家和地方军事机构的博物馆。园林系统博物馆即由园林管理系统管辖的博物馆，如北京定陵博物馆、南京孝陵博物馆和杭州南宋官窑博物馆等。民政系统博物馆就是指那些由民政部门主管的博物馆，徐州淮海战役纪念馆、南京雨花台烈士陈列馆和澳门艺术馆等都属于这种类型的博物馆。其他系统博物馆则是指由除上述部门外的其他政府部门领导和管理的博物馆，像隶属于水利部的黄河博物馆、由国家民族事务委员会主管的中国民族博物馆、隶属于中国人民银行的中国钱币博物馆和由国家安全生产监督管理总局（现已撤销）主管的中国煤炭博物馆等都可以划入此类。

如果依照参观博物馆的观众类型对博物馆进行分类，则可以将其分为普通博物馆、儿童博物馆和残疾人博物馆。普通博物馆以全体社会公众为服务对象，适合各类人群参观，我们前面谈到的各类博物馆都属于普通博物馆。儿童博物馆则是以儿童为主要服务对象的博物馆。作为孩子们游玩和学习的重要场所，其间的一切都是根据儿童的生理和心理特点来设计的，它们往往拥有五彩斑斓的色彩、奇异夸张的建筑、新颖有趣的游戏和参与性极强的陈展，这些都十分有利于激发孩子们的好奇心和求知欲，从而培养其细心观察、动手操作和认真思考的能力。美国的布鲁克林儿童博物馆、波士顿儿童博物馆、荷兰阿姆斯特丹的遗默儿童博物馆、日本的横滨儿童科学馆和我国的上海儿童博物馆等，都是世界闻名的儿童博物馆。所谓残疾人博物馆既包括以残疾人作为主要服务对象的博物馆，如希腊雅典的“光明之星”触觉博物馆等，也包括建筑设计和陈展方式充分考虑了残疾人需要的博物馆，如美国大都会博物馆的“残疾观众服务”、无障碍设计的新首都博物馆等。

如果以博物馆的建筑及陈展方式作为分类标准，还可以将博物馆分为室内博物馆、遗址博物馆、露天博物馆和水下博物馆。室内博物馆就是指将陈展置于博物馆建筑之内的博物馆。目前，国际上绝大多数博物馆都是室内博物馆。遗址博物馆在前面的历史类博物馆中已做过介绍，此不赘述。露天博物馆是指将陈展置于露天的博物馆。这类博物馆往往将分散在各地的历史遗存转移并集中在某个特定的区域，由此产生一种摄影棚效应，从而使它既能够展示某个地区或民族在特定历史时期的生活状况，又能够动态地反映某地或某个民族的历史变迁。瑞典斯德哥尔摩的斯坎森露天博物馆、挪威民俗博物馆、芬兰图尔库的手工业博物馆、丹麦的里伯露天博物馆、美国的威廉斯堡殖民地历史区、德国的米伦霍夫露天博物馆、日本的明治村和我国北京的石刻艺术博物馆等都属于此类。这类博物馆往往深受参观者和旅游者的青睐，能够创造可观的社会和经济效益。水下博物馆则是指那些将建筑和陈展都置于水下的博物馆。我国新近建成的重庆涪陵白鹤梁水下博物馆就是其典型代表。此外，埃及、墨西哥等国也都在积极筹建新型的水下博物馆。除了上述国际流行的划分标准外，我国还经常会根据博物馆的建筑规模，将其分为大型博物馆（建筑规模大于 10000 ㎡）、中型博物馆（建筑规模为 4000 ㎡—10000 ㎡）和小型博物馆（建筑规模小于 4000 ㎡）三类；依据兴办博物馆的目的并结合藏品的性质，将博物馆划分为综合性、纪念性和专门性（专题性）三大类。

综上所述，尽管国内外博物馆学界都在博物馆的类型研究方面取得了一定的成绩，但考虑到未来新型博物馆的陆续出现以及博物馆类型划分的复杂性和多样性，我们依然有必要将博物馆类型研究作为当代与未来博物馆学研究的重要课题予以关注。

二、博物馆的功用

这里所谓的“功用”，其实和其他博物馆学论著中所说的“功能”“职能”和“效能”等一样，都是指博物馆为实现自身价值而发挥的功能以及承担的社会职责。既然如此，那么为什么诸多博物馆学者还会使用“功能”“职能”和“效能”等这些不同的说法来表述博物馆的“功用”呢？一方面，可能是出于自身的语言习惯，毕竟这些近义词都可以表达博物馆“功用”的含义；另一方面，也可能是对其认知确实存在着误解，比如，博物馆“功能说”和“职能说”的产生就是由于过分强调所谓“功能”和“职能”的区别，却忽视博物馆自身特性与社会属性的必然联系而造成的。事实上，我们应当承认，从博物馆自身具备和社会赋予的角度来说，所谓的“功能”和“职能”确实存在着表述上的差异，但我们也应看到，由于博物馆自身特性与社会属性的密不可分，必然会导致所谓“功能”和“职能”之间那种相互渗透、相互重叠、不可分割的关系。所以，博物馆的“功用”其实根本无法简单地依据“功能说”和“职能说”进行划分，毕竟它们在实质上都属于博物馆为实现自身价值而发挥的功能和承担的社会职责。而我们之所以在这里引入“功用”一词来替代“功能”“职能”和“效能”等，对其进行讨论，一方面是因为它能够表达与它们相同的含义，即博物馆为实现自身价值而发挥的功能以及承担的社会职责；另一方面也是为了有效消除“功能”“职能”等表述所产生的误解，避免产生歧义。特别需要指出的是，我们在本节使用博物馆“功用”的表述，并不意味着要否认前辈学者对博物馆“功能”“职能”和“效能”等的有益探讨，而是为了帮助我们更加准确、深入地理解作为文化复合体的现代博物馆的功用。

实际上，博物馆的功用不仅是博物馆基本理论研究的重要内容，也是国内外博物馆学界长期、广泛争论的一个问题。将收藏、研究和教育作为博物馆基本功用的观点，已经成为国际博物馆学界经过长期、广泛探讨而形成的共识。收藏是博物馆最古老也是最基础的功用。早期的收藏源于人们对具有纪念意义和特殊价值的实物进行珍藏的愿望，是一种自发行为，其规模和范围都很小，而且也比较零散，但正是这种自发的零星的收藏行为，为我们留下了探索自然变化与古代人类生活的线索，也成为促使博物馆萌发的重要原因。后来，伴随着人类文明的发展，现代意义的博物馆兴起并且很快取代了私人收藏和收藏室收藏，成为最主要的专事收藏的场所，其收藏行为也逐渐从自发转变为自觉。在此之后的三个多世纪，得益于人类社会政治、经济和科学文化的迅猛发展，博物馆的收藏功用也日益增强。这期间，博物馆不仅经历了从零散的、不系统的收藏到全面、系统收藏的转变，而且收藏范围也从原来的珍品、古物、动植物标本、机器设备等逐步扩大到了人类已知的方方面面，从传统的实物扩大到了自然界和人类社会物质的和非物质的所有见证物。此外，尽管博物馆在此期间依然还是有意识、有计划地收藏具有历史、科学和艺术价值的自然和人类文化遗存，但其收藏的关注点却已开始从精品向有代表性的物品转移、从过去向现在转移、从精英阶层向大众转移。现如今，人们已经清醒地认识到，任何形式的博物馆都必须依靠收藏才能拥有作为博物馆全部活动物质基础的藏品，才能成为自然和人类文化遗产的收集者和保护者，才能发挥其保存记忆、传承文化的社会作用，一旦离开了收藏，离开了藏品，博物馆也就成了无源之水，失去了存在的价值和意义。

科学研究也是博物馆的重要功用，而且它同收藏一样，也是随着人类社会和博物馆的发展而逐渐强化和丰富起来的。事实上，早在现代意义的博物馆产生之前，对私人藏品和收藏室藏品的研究就已经存在了。其中，亚里士多德对其自身收藏及缪斯神庙内收集品的研究就属于较为典型的例证。17 世纪末，现代意义的博物馆诞生之后，为了更好地实现为社会及其发展服务的目标，对博物馆藏品的科学研究也开始变得更加系统和深入。起初，由于近代自然科学的兴起和发展，为数众多的自然博物馆所收藏的反映生物学和自然史的动植物标本、化石便成为当时研究的主要对象。凭借对这些自然科学藏品的研究，有些博物馆甚至成为当时著名的科研学术中心，例如，美国自然史和生物学的研究始终都是同哈佛大学比较动物学博物馆、纽约的美国自然历史博物馆以及华盛顿的美国国立自然历史博物馆联系在一起的。当然，这期间也存在着对古物珍品的研究，但大多以品玩鉴赏为目的，而非为科学的发展和人类的进步服务。后来，在启蒙运动等社会思潮和世界范围工业革命的影响下，艺术品、历史文物、工业革命成果等逐渐取代了早期的自然科学领域的动植物标本、矿石等而成为博物馆研究的主要内容。随着社会生产力的发展和博物馆事业的兴盛，博物馆的种类越来越多，藏品日益丰富，研究对象扩展到了自然和人类社会发展所留下的一切有价值的遗存，研究领域也随之扩展到涉及自然科学和社会科学的诸多学科。同时，博物馆对藏品研究的关注程度也越来越高。对博物馆藏品的科学研究，不仅能够帮助我们更加科学合理地进行藏品的管理和保护，而且能够更加深入、全面地揭示藏品所蕴含的历史、科学以及艺术价值，从而更好地发挥博物馆传播知识、启迪智慧和社会教育等功用。同时，它也有益地推动了与之相关的诸多学科的发展。例如，借助对意大利乌菲齐美术馆所藏艺术品的研究，能够帮助我们更好地开展文艺复兴时代艺术史的研究；对博物馆收藏的甲骨、汉简和敦煌经卷的研究，则极大地拓展了历史学的视野，丰富了我们对中国历史的认识。如果说藏品是博物馆一切活动的物质基础，那么，科学研究特别是藏品研究，就是博物馆一切活动的工作基础，因为只有借助科学研究工作，才能够实现博物馆“物”与“人”的结合，才能更好地完成与藏品相关的博物馆其他工作，进而创造更大的社会效益。

当然，经过三个多世纪的发展，现代博物馆的科学研究已经不仅仅局限于对藏品的研究，而且还包括对博物馆学的研究，即以博物馆本身及其与社会的关系作为研究对象，通过对博物馆性质和目标的分析、博物馆历史的回顾、博物馆与社会关系的反思以及各项业务活动方法的探索，最终总结出博物馆活动的基本理论和实践工作经验。此外，在对藏品和博物馆学进行科学研究的过程中，其实还应对博物馆工作所涉及的相关学科的情况也有所了解。虽然从严格意义上来讲，这并不具备学术研究的性质，但实际上，不论是对藏品还是对博物馆学的科学研究都离不开对包括历史学、社会学、民族学、教育学、物理学、化学和管理科学等在内的相关学科知识的了解和借鉴。只有在充分了解相关学科知识背景的情况下，才能有效地进行藏品和博物馆学的科学研究。而且，博物馆的科学研究在其不断强化和丰富的同时，也确实取得了丰硕的成果。这些成果不仅表现为博物馆出版发行的各类出版物，而且绝大部分都已直接应用于包括征集、鉴选、收藏、保护、陈列、管理和教育等在内的一系列实际工作当中。所以说，科学研究不仅是博物馆作为科研机构的重要体现，而且对于博物馆各项业务水平的提高以及相关学科发展的推动都起到了不可替代的作用。

教育同样是博物馆的基本功用。早期的博物馆，其收藏仅供少数人观赏，因此，教育功用也不甚明显。18 世纪末到 19 世纪初，随着博物馆服务社会、服务大众意识的增强，博物馆的教育功用才逐渐萌发。到了 19 世纪中叶，基于对博物馆藏品的研究，有些博物馆则已开始有目的、有计划地通过组织陈列来实现对观众的教育。例如，1852 年建立的德国纽伦堡日耳曼博物馆就曾组织专门的陈列，以帮助观众了解不同时代日耳曼民族的社会面貌。这就具有明显的教育目的。1851 年举办的伦敦万国博览会也含有宣传教育的目的。当时举行这种轰动社会的大型博览会，不仅显示了实物的宣传教育价值，而且扩大了以实物教育为特征的博物馆的影响。自此之后，博物馆教育的价值便逐步为有识之士所认识。20 世纪上半叶，爆发了两次世界大战，宣扬民族主义、爱国主义便自然而然地成为当时思想教育的主题，而博物馆正是弘扬传统文化、凝聚民族向心力的有效场所，博物馆教育遂为各国普遍重视。第二次世界大战后，随着科学技术的突飞猛进，知识经济初见端倪，为了增强自身的科技实力和民族竞争力，世界各国都十分重视博物馆的科普教育。时至今日，现代博物馆正通过陈列展览、开办讲座、宣传讲解和发展旅游等手段，凭借其教育的实物性、直观性、开放性、自主性、娱乐性和互动性等特点，成为配合学校教育的第二课堂和广大社会公众接受成人教育、回归教育等终身教育的重要场所。可以说，建立在博物馆收藏和研究基础上的博物馆教育，其社会价值正在与日俱增，当各国博物馆学者继续讨论博物馆三种基本功用之间的关系时，又出现了不同的观点。一种观点认为，收藏和保护是博物馆的基本职能，博物馆最重要的任务就是收藏和保护文物及自然标本；另一种观点将科学研究工作作为博物馆工作的核心。还有学者认为社会教育工作才是博物馆的中心职能。但更多的博物馆学研究者则认为作为博物馆三大基本功用的收藏、研究和教育之间应当是密切联系、不可分割的。收藏为研究和教育提供必需的物质基础；而研究不仅能够为收藏和教育提供科学依据，而且还能够有效推动收藏和教育工作的发展和提高；教育则必须建立在收藏和研究的基础上，同时，它又是收藏和研究活动的主要目的，而且，它还可以为收藏和研究提出新任务，从而促进这些工作的有力开展。它们的辩证统一基本反映了博物馆工作的全部业务活动，所以说，三者同等重要，缺一不可。

此外，我们也应当承认，随着现代社会文明的发展以及人们对博物馆认识的不断深入，当代博物馆兼具信息中心、公共交流、休闲娱乐和文化象征等新兴功用。而且，这些所谓的新兴功用，无疑也是当代博物馆学者结合博物馆的现代化发展，用时下流行的表述从不同角度对现代博物馆功用进行的积极有益且颇具时代气息和科学性的总结。但如果我们仔细推敲就会发现，实际上，包括我国学者对博物馆在现代化建设中所发挥作用的论述在内，它们都必须以博物馆的收藏和研究为基础，并且都不同程度地发挥着博物馆的教育功用。所以说，这些所谓的博物馆新兴功用其实也可以看作是对博物馆三大基本功用的扩展和延伸。

第三节　博物馆的构成要素及特征

博物馆的构成要素及特征历来是博物馆基本理论的重要组成部分。伴随着博物馆的产生和发展，人们一直在总结和归纳博物馆的构成要素及特征，时至今日，对其认知也日趋科学和成熟。正确地认识和把握博物馆的构成要素及特征，不仅有助于加深对博物馆本质属性的理解，而且还可以有效避免博物馆工作的主观性、片面性和盲目性，从而更好地发挥博物馆作为公益性社会文化机构的作用。

一、博物馆的构成要素

所谓要素，就是构成事物的必要因素。博物馆一般都是由下述四大要素构成。

（一）一定数量的藏品

藏品是博物馆社会存在和开展各项业务活动的前提和基础。一方面，藏品既是博物馆存在的基本条件，又是体现博物馆性质、实现其社会职能的重要载体；另一方面，博物馆的收藏保护、科学研究和陈列布展等一系列业务活动都需要以藏品为基础。因此，拥有一定数量的藏品是博物馆的基本构成要素。

（二）包括馆舍和设备在内的基础设施

博物馆也与其他社会文化机构一样，需要馆舍、设备等硬件基础。任何形式的博物馆都必须具备与之相适应的馆舍和设备。因此，包括馆舍和设备在内的基础设施是博物馆顺利开展各项工作、成功组织各种活动，最终实现其自身功能和社会职能的必备物质条件。

（三）持续向公众开放的陈列展览

持续向公众开放的陈列展览是博物馆不可或缺的重要构成元素。持续向公众开放的陈列展览不仅是博物馆性质和功能的集中体现，而且也是博物馆发挥其社会职能的重要手段和途径。博物馆只有具备了持续向公众开放的陈列展览，才能实现“物”与“人”的结合，才能实现为大众和社会服务。如果缺少了这个要素，博物馆就不能称之为博物馆，也就失去了存在的价值和意义。

（四）一批具有专业知识技能和职业素养的博物馆工作人员

拥有一批具有专业知识技能和职业素养的博物馆工作人员是博物馆的核心构成要素。这些博物馆工作人员既可以看作是博物馆的硬件，同时，他们身上承载的知识技能和道德素养也是重要的软件。博物馆的一切工作和功用都只有通过这些工作人员的运作才能够得以实现，如果没有他们，博物馆就成了没有灵魂的躯壳。所以，他们也是博物馆最具活力的构成要素，在一定程度上甚至可以说是博物馆的灵魂。

综上所述，只有同时具备一定数量的藏品、包括馆舍和设备在内的基础设施、持续向公众开放的陈列展览以及一批具有专业知识技能和职业素养的工作人员这四大要素，才能称之为现代意义的博物馆。

二、博物馆的特征

所谓特征，是指一事物区别于其他事物的特别显著的象征和标志。那么，作为社会文化机构的博物馆与其他社会文化机构相比，最显著的区别究竟是什么呢？有的博物馆学著作将博物馆的特征总结为实物性、直观性和科学性；有的则将其总结为实物性、直观性和广博性；此外，还有博物馆学者认为实物性、收藏性和开放性才是博物馆的特征。虽然这些都从不同的角度总结了博物馆的特点，但是，当我们认真考究时就会发现，其中的直观性、科学性、广博性、收藏性和开放性等特点并非博物馆所专有。比如，直观性在电化教育中也有着明显的表现，学校和各类科研机构也都具有很强的科学性，广博性也同样适用于百科全书，图书馆、档案馆等机构也颇具收藏性，几乎所有的公益性社会文化机构都具有开放性。因此，只能说它们在一定程度上体现了博物馆的特点，但并不能将它们作为博物馆区别于其他社会文化机构的最显著标志。综观上述对博物馆特征的概括，只有实物性为博物馆学者们所公认，也只有实物性才是博物馆的根本特征。

实物性的基本含义是指真实、实在，并具有一定体量性和三维性的物。近年来，随着博物馆功能及收藏范围的扩大，一些真实、实在却非三维、非物质的东西也进入博物馆中。例如，音像资料、利用科技手段模拟的自然现象以及包括民间传说、表演艺术、社会风俗和传统手工艺技能在内的各类非物质文化遗产等等。这些东西虽然不是具有一定体量性和三维性的实体，但却属于真实、实在的现象和原理。同时，它们也能反映出传统实物性概念所面临的挑战，即伴随着博物馆的现代化发展，物的真实性和实在性正在向现象和原理的真实性和实在性扩展。但严格来讲，它们只能算是博物馆的一些特例。就目前博物馆的总体情况而言，传统的实物性界定依然有效，或至少是构成概念的核心。事实上，不论是从博物馆的发展历程，还是从博物馆所从事的收藏、科研和教育工作而言，都正是包含着非观念的实体性、非虚假的真实性和非复制的唯一性这些要素的实物性，才将博物馆与其他类似的社会文化机构准确无误地区别开来。

第一，从博物馆的发展历程来看。尽管古代人与现代人在收藏的动机、方法以及对收藏品的利用方面不尽相同，而且博物馆存在的目的和社会职能在不同的历史时期也有着重大差异。然而，不论是博物馆的原始形态还是其现代形态，都离不开实物收藏，在收藏和利用实物这一点上始终没有改变。正是搜集和珍藏实物这一点将它们联结起来，使我们得以辨识出博物馆从产生到发展的历史轨迹。

第二，从博物馆进行收藏的角度来看。除了博物馆，图书馆和档案馆等机构也从事人类社会文化遗产的搜集和保藏。但是，它们之间的收藏却有着明显的区别：图书馆收藏各种书籍，这些书籍主要是通过印刷生产的批量复制品，旨在保存和传播人类的科学文化知识，至于所收藏的是怎样的版本，是否为原作者的手稿、真迹，并不重要；档案馆所收藏和保存的是人类在社会生活中形成的各种文献和档案，一般而言，它们都是真实的原始材料，但是对于一个材料的利用者来说，真正重要的是材料所反映内容的真实性，如果这份原件遗失了，只要复印件被确定与原件并无二致，那么它在功能上是完全能够替代原件的。可见，对图书馆和档案馆而言，重要的是收藏品所携带的信息，而不是信息载体本身，它们所注重的是信息的真实性，而不是载体本身的真实性。然而，对于博物馆而言，情况就不同了，构成其收藏核心的必须是真实、实在的物品。这就意味着，博物馆的收藏品不仅其所承载的信息应当具有真实性，而且信息载体本身也必须是真实的。我们也可以通过对待艺术品的态度来说明这种区别：对于一般艺术品的欣赏者和收藏者来说，如果将艺术品复制得足够好，或许就能够满足他们欣赏和收藏的要求；但对于博物馆而言，不仅要考虑艺术品承载信息的真实性，而且还要考虑艺术品本身的材料和制作工艺等的真实性，也就是说，博物馆必须获得艺术品的原件，任何高质量的复制品都无法替代它。

第三，从博物馆从事科学研究的角度来看。使得博物馆与其他科学研究机构区别开来的正是其研究对象的实物性。正如我们所知，博物馆的科学研究工作很大程度上都是以收藏的实物作为研究对象，而在学校和其他科研机构中，其研究对象则既可以是实物，也可以是纯粹的理论。任何类型的博物馆都只有从对自己收藏的实物的研究中，才能探寻和发现有关自然和人类社会的未知世界。离开了这一点，博物馆作为科学研究机构的特性便无从体现。当然，博物馆的科研人员在研究中也难免会涉及相关学科的理论知识并对其进行探讨，但这些都是以实物研究为最终目的，是为实物研究服务的。此外，我们应当注意的是，对博物馆所收藏实物的研究并不仅限于博物馆内部的研究人员，只要是以博物馆收藏实物作为研究对象的，都可以视为博物馆科学研究的范畴。

第四，从博物馆开展社会教育的角度来看。实物性也是博物馆区别于其他社会教育机构的最主要特征。这主要表现为，博物馆总是以馆藏的实物作为教育的媒介。观众之所以要来博物馆参观，就是因为博物馆陈列着蕴含历史、科学和艺术价值的实物，也正是这些实物使观众得到异于学校教育和电化教育的知识和体验。当然，在参观博物馆的过程中，也伴随着以词语等符号为媒介的传统教育方式，如阅读说明和聆听讲解等，但它们只是作为理解实物的辅助手段，只有实物及其承载的丰富信息才是博物馆教育真正的认识对象。正是由于和实物性相联系，才形成了博物馆教育鲜明的个性特征和独特的优势，这具体表现在其认识对象的直观性、形象性和权威性。实物的直观性和形象性，使得它更容易被观众接受，特别是文化水平不高的观众；实物的真实、实在而非臆测的特性，则更容易使观众产生信赖，从而使博物馆教育具有真实的权威性。

综上所述，只有实物性才是博物馆特征的准确概括，诸如直观性、科学性、广博性、收藏性和开放性等都只是片面的或由实物性所衍生的博物馆特征。

第四节　博物馆的管理

一、博物馆管理体制创新

（一）博物馆管理体制现状

自改革开放以来，我国博物馆事业得到了快速发展，不仅博物馆的数量有了较快增长，而且质量也有了很大提高，同时博物馆的种类也呈现出多样化。博物馆已成为社会发展和社会文明程度的重要标志。但是，随着政府事业单位管理体制改革的深化，一直被视为非营利性公益事业组织的博物馆也被推向了市场经济的前沿。

由于政府有时会因各种原因减少对博物馆的财政拨款，或者由于免费开放导致博物馆可利用的人员经费减少，许多博物馆利用其藏品和现有设施，通过开发旅游产品、收费服务、出售纪念品、出租场地、有偿转让馆藏品等措施，实现经济效益，有些博物馆则干脆将博物馆承包给经营性机构或个人，或与其他机构合组股份制企业，成为一个营利性机构。可以说，这些做法拓宽了博物馆服务于地区经济发展的空间，也弥补了博物馆办馆经费的不足。但是，毕竟博物馆是一个非营利性的、以创造精神产品为主的组织，其发挥作用的侧重点在于生产公益产品，获取社会效益。它与市场经营性组织是不同的，如果一味追求经济效益，必将使博物馆的藏品资源遭到毁灭性破坏，也会严重影响其社会效益的产出，从根本上动摇博物馆存在和发展的基础。如果按部就班地按照传统博物馆管理理念管理博物馆，认为博物馆是一个政府拨款的事业单位，远离市场经济，又势必导致博物馆缺乏活力，更谈不上为公众提供高质量的服务。因此有必要对博物馆的现行管理体制进行创新研究。

博物馆管理由宏观管理与微观管理两部分组成。宏观管理是指国家对博物馆事业进行全局性、综合性的管理，主要是对国家博物馆事业建设和发展的方针政策、制定法规和管理体制、规划等进行决策和实施，并领导博物馆事业的各项工作。微观管理是指博物馆内部的科学管理，对博物馆全部工作和各项活动有目标地进行计划、组织、实施、检查，使博物馆工作科学化、制度化、规范化、现代化，最大限度地提高和发挥博物馆最佳社会效益。

博物馆事业的管理体制取决于主观管理理念和客观条件约束。其中，主观管理理念是决定博物馆管理体制的内因，客观条件约束是外因。内因决定着博物馆事业的发展方向，影响着具体管理措施的设计和执行，外因只能通过内因发挥影响，即客观条件约束必须先影响到主观管理理念，才可能影响到管理体制的构成和发展方向。博物馆事业的管理制度指以责任制为核心的各项规章制度，是博物馆工作人员遵守的工作规范和准则，是博物馆科学管理的保证。

目前世界各国的博物馆都面临着管理问题，也都在结合本国国情，加强自身管理，争取实现体制与运行机制上的创新。

1. 国外博物馆管理体制的基本模式

影响一个国家的博物馆管理体制与运行机制的外在因素很多，各国因国家管理制度、经济条件、社会结构、博物馆发展历程、文化背景等不同而不同。各国根据本国的国情和博物馆的性质、类型分别采取不同的管理体制。国外博物馆一般在博物馆内部均实行馆长负责制。

（1）分权管理型

整个国家的博物馆公共行政管理由多个部门管辖，分头负责，密切配合。这是国外多数国家普遍采取的博物馆管理组织形式。欧美一些发达国家的博物馆一般实行董事会制或者实行委托管理委员会制。董事会主席由政府任命，董事会成员则由企业家、学者、公共组织负责人等关注博物馆事业的社会名流组成。馆长则由董事会向社会公开招聘。董事会在博物馆内设办事机构，监督馆长执行董事会决议。董事会为博物馆带来了前所未有的财富、才智与工作机会。博物馆董事会制度一般有三种类型：联盟或成员董事会、委托式董事会、管理董事会或管理委员会。对于博物馆来说，不管哪种董事会形式，董事会成员都要承担筹集资金的责任，有的还要负责博物馆政策的制定等，这对博物馆的管理、筹资和最终的成功都起到了关键作用。

（2）集中管理型

在中央政府的有关部门中设立博物馆中央管理机构，按行政管理系统对本系统的博物馆实行分级统一管理。部分欧洲国家、东欧以及亚洲的日本、韩国等国家的国立博物馆的管理体制与中国差不多，一般采取集中管理的体制，有的国立博物馆还下辖地方博物馆，可以做到资源共享。如法国在文化部内设法国博物馆管理局，实行由政府主导的中央集权化的博物馆管理模式，这在所有西方发达国家中与中国最为接近。

2. 我国博物馆管理体制

在当前博物馆的公益性受到国家、社会和广大人民群众普遍关注的情况下，如何从体制层面加强管理、改进服务、提高行政资源利用率，以更好地发挥博物馆的社会作用就成为需要考虑的问题。为此，必须分析体制特点，找出其与发展环境不适应之处。

（1）我国博物馆管理体制概况

我国博物馆事业自新中国成立以来，受种种历史背景因素影响，博物馆的功能与角色已多次改变，并因时代背景不同而发展出不同的行政体制。20 世纪 50 年代，我国博物馆移植且融入了马克思主义哲学的博物馆学观念和实务经验，建立了社会主义博物馆事业，取代了新中国成立前按西方和日本模式建立的旧博物馆体制。在博物馆理论方面，定位为“三性二务”，即将博物馆的性质明确定义为“科学研究机关”“文化教育机关”“物质文化和精神文化遗存以及自然标本的主要收藏所”，其基本任务为“为科学研究服务”和“为广大人民群众服务”。由于当时国家实行计划经济体制，博物馆的管理为中央集权的计划管理制度，其建设的数量、规模和组成，都由国家的行政管理部门决定；博物馆直接归政府行政管理部门领导；博物馆业务发展与人员安排均由上级管理。

①管理体系

我国博物馆的管理体系由纵向多层级管理和横向多部门管理构成。纵向多层级管理，主要是中央政府、地方各级人民政府及其文物主管部门的管理。公立博物馆可分为国家级、省级、地市级和县级四种级别，另外还有私立博物馆。横向多部门管理，主要由文物、文化及其他行业部门或组织负责。其中，文物系统作为博物馆的行业管理和业务指导机构，除了管辖本系统所属的博物馆外，还负责行使博物馆的宏观管理职能，包括对博物馆的管理工作进行业务指导、工作监督和执法检查等。文物系统以外的博物馆分散在各行业系统中，“多元化”现象更为突出。除了各个政府部门设立的博物馆外，我国还存在着大量由科研机构、大专院校、企业、行业组织等公立组织以及社会力量和个人设立的博物馆。博物馆的日常管理由这些系统的内设部门分别负责。

国家文物局的业务部门分为博物馆司与文物保护司，统管全国博物馆、文物保护单位与世界文化遗产事业。博物馆司下设博物馆处、社会文物处和科技与信息处；文物保护司则有文物处、考古处与世界遗产处。在各省市县各地方，博物馆则由文化厅（局）或文物局等各级政府的文物行政部门管辖。各级公立博物馆经费来源主要有三部分：地方政府、国家文物局专项经费和中央政府其他部门的特殊经费。地方政府主要负责博物馆的基本营运经费和部分文物征集经费，但也有少数知名博物馆可自负盈亏。国家文物局所拨经费为专项经费，主要用于馆藏文物维护修复、库房改造、展示更新、文物征集以及文物保护科学研究。特殊经费也可以来源于非文物系统的中央部门，如有特殊考古发掘活动，或抢救性保护等临时特殊情况，或纳入国家科技计划的重大文物保护科学研究项目，可由国家文物局、地方政府等向财政部、科技部等申请专项经费；另外，也有非常少量来自社会赞助的经费。随着我国经济社会的发展和政策支持力度的加强，我国非国有博物馆的数量还将继续增加，营利性、非营利性社会力量以及个人在博物馆事业发展过程中的作用将得到进一步加强。

我国的博物馆分为国有博物馆和非国有博物馆两大类。利用或主要利用国有藏品、资金等设立的博物馆为国有博物馆；利用或主要利用非国有藏品、资金等设立的博物馆为非国有博物馆。总体上来看，国有博物馆在我国博物馆事业发展中占主流地位，主要采用非营利的、以委托代理为特征的事业单位管理制度，即国家将国有文物委托给某一级政府代管，某一级政府或者其某个职能部门利用国有藏品、资金等设立博物馆，作为其下属的事业单位，对国有藏品进行代管。

从日常管理来看，国有博物馆对外向其上级主管部门负责，接受其上级主管部门的管理；对内一般设置五大类主要部门，一般包括有藏品保管部门、科学研究部门、展览设计部门、科普教育部门、行政管理部门，也有些博物馆，尤其是具有一定规模的博物馆，还设置经营策划部门、信息宣传部门等。非国有博物馆则一般由其设立主体进行管理。

②博物馆经费来源

我国国有博物馆的经费来源基本上是依靠政府财政投入，其他方面的收入比例很小。

（2）我国博物馆管理体制的基本特征

①分级属地化管理

我国的博物馆管理体制以国家管理博物馆事业的行政管理体制为核心，体现了行政管理体制中共有的层级化和属地管理的特征。在层级结构上，从国务院文物主管部门到县级以上人民政府的文物主管部门，形成了层次分明的、纵向的分级管理结构，不同层级的文物主管部门拥有不同的管理权限，实现了对博物馆行业的条状垂直管理，体现了管理的系统性和专业性；在管理权力范围上，国务院文物主管部门主管全国博物馆工作，县级以上人民政府的文物主管部门对本行政区域内的博物馆工作实施日常监督和管理。在实践操作中，根据博物馆规模大小、藏品多少、社会地位和社会影响的不同，分别由中央、省（自治区、直辖市）、地（市）、县（区）四级有关行政部门对之实行分级管理；文化和旅游部和国家文物事业管理局通过各省文化和旅游厅或文物局对文化系统内的博物馆进行业务指导；国务院有关部门通过各省（自治区、直辖市）有关厅（局）对各自系统内在地方的博物馆进行业务指导。不难看出，除国务院文物主管部门管理全国博物馆事业外，省级以下的文物主管部门以行政区域为单位，将行政管理权进行了分配，形成了鲜明的属地化管理特征。这种分级属地化管理构成了我国博物馆管理体制的核心，奠定了我国博物馆管理的基础，是开展各项博物馆事业的制度平台，在我国博物馆事业发展中发挥着至关重要的作用。

②管理主体多元化

在国家行政管理体制下，我国博物馆由于设立主体不同，在管理体制的细节上，还具有管理主体多元化、管理结构复杂的特点。除文物系统博物馆外，非文物系统的博物馆在我国大量存在。国家公立博物馆在行政系统归属层次上并不完全统一，而是分属于文化和旅游部、国家文物局、其他政府部门、大专院校、科研院所、行业协会等；私立博物馆则多由企业或公民个人设立。不同主管部门的博物馆彼此之间的交流与沟通，主要通过中国博物馆协会进行。非文物系统博物馆的人员、机构、经费、事业发展等均由其上级主管部门直接控制，仅在行业规范方面接受文物主管部门的宏观协调和指导，呈现出博物馆分散化管理的特点，管理结构较为复杂。

③多种所有制并存

公、私博物馆并存衍生于博物馆设立主体的多元化。根据《博物馆管理办法》和《博物馆条例》的有关内容，可以看出我国在博物馆事业发展上采取的是"鼓励个人、法人或其他组织设立博物馆"和"鼓励博物馆多渠道筹措资金，促进自身发展"的政策，这种扶持和鼓励的政策促进了博物馆设立主体的多元化，使得国家、政府部门、大专院校、科研院所、企业、行业组织，乃至公民个人都可以根据国家的有关规定合法设立博物馆。由此，博物馆行业中公私所有制呈并存状态。这种兼容并包的发展模式对博物馆事业的发展和繁荣起到了极大的推动作用，使各行业的主体都能参与到博物馆事业的建设中，并在其中发挥各自应有的作用，各展所长，通过相互竞争、相互学习、相互融合，共创博物馆事业欣欣向荣的景象，将人类活动或者探索自然环境的成果通过博物馆展现给世人，丰富人们的精神文化生活。

整体上来看，我国博物馆的管理体制属于以分级属地化管理为主要特征、文物行政部门行业主管与多元主体分散化事务管理相结合的体制；博物馆的管理体制中还存在公私所有制并存、管理理念公益性突出、管理制度现代化等特点，综上所述，博物馆管理体制的特点可以概括为分级属地化管理、管理主体多元化、公私所有制并存。

（3）我国博物馆管理体制和运行机制方面存在的问题

从我国博物馆的管理体制及其基本特征，不难看出管理体制的多元化和行政隶属关系上的条块分割，形成了我国博物馆管理的特殊性和复杂性。现行的博物馆管理体制不仅无法满足现实需要，而且还存在着制约博物馆发展的瓶颈问题。

①博物馆隶属关系复杂，政府缺乏统筹协调能力

由于长期以来受计划经济的影响，我国的博物馆在行业、地区、层级间存在体制上的分割。现行的管理体制存在着管理体制不顺、隶属关系复杂、政出多门的现象，在客观上造成了对行业管理工作的不利影响，主要表现在其直接隶属的上级主管部门不了解博物馆业务工作的性质和特点，而作为行业主管部门的属地管理又缺乏力度，从而形成了一些博物馆在业务工作上基本处于各自为政的局面，缺乏统一性和规划性，甚至许多政令及相关工作规范不能得到贯彻执行。因隶属关系的不同，上级主管部门的直属管理与行业主管部门的属地管理之间，由于各自所处的位置和出发点不同，在对博物馆提出要求时，在工作任务、工作要求、工作重点以及发展的长远计划方面会出现不一致甚至冲突和矛盾，影响博物馆发展。

②政策法规及博物馆管理制度体系不健全

缺少鼓励企业和个人投资兴建博物馆的具体法规与奖励办法。国外民营博物馆所占的比例较大，我国民营博物馆及相关机构所占比例太小。缺少全国统一的行业建设标准规范和管理评估体系。行业评估标准是区分优劣、促进竞争的基本条件。以前国家也有少量类似标准，但不是已过时，就是缺乏各类博物馆的针对性。在建立志愿者制度、会员制、争取社会捐献、融资上都缺少法律层面的保障，并且缺少深入的理论探讨研究。尽管已出台了一些相关的企业免税政策，但力度仍显不够，具体操作也十分烦琐。企业和个人对社会公益事业捐助的积极性仍需在法律和操作层面予以更广泛的激励与拓展。目前可以执行的博物馆管理制度不能满足博物馆业务发展需要，缺乏行业规范和标准，很多业务工作处于无法可依的状态。

③博物馆间缺乏横向的沟通与合作，没有实现资源共享

各博物馆因分属不同管理体系，受传统历史文化和体制因素影响，目前各自

为政，馆际间横向沟通、信息交流与资源整合不足，难以实现资源互补，业务开展依赖自身资源，馆际合作局限，未形成跨地区、行业、层级的网络或联盟。如今科技发展使构建网络技术可行，关键在于打破壁垒，全面整合资源，开展跨区域、行业、层级合作，在藏品展示、学术研究、教育推广等领域全方位协同，如联合办展、人才交流、主题研究等，实现互利共赢，这就是当下亟需的实质性合作。

④博物馆投入严重不足，资金来源渠道有限

尽管我国近年来经济发展迅速，社会对文化实施的需求加大，但是从整体上看，博物馆行业仍然面临经费短缺问题。博物馆的上级主管部门、主管领导的重视程度以及对公益事业的态度往往决定了博物馆的资金投入和专业队伍的建设，而这又直接决定了博物馆的质量。不管国有还是非国有博物馆，与西方发达国家博物馆的运行机制中有大量社会捐助、基金资助、自主经营、商业运作的成分相比，我国多数博物馆还缺少多渠道和来源稳定的公益捐助，很少获得有关基金的支持。经济发达地区的博物馆，相对于西部欠发达地区而言，经费相对充足，但与国外博物馆相比，仍然是捉襟见肘。

目前我国各博物馆的经费来源情况非常复杂，有些博物馆能获得全额经费支持，有些博物馆只有人头费而无事业经费，更有一些博物馆是自收自支单位。由此导致各馆在软硬件设施及内部管理水平方面相差悬殊，博物馆的整体质量参差不齐。由于资金严重不足，有些博物馆的藏品库房及展厅内设施简陋，普遍缺乏恒温恒湿设备及日常监测设备，藏品保护修复及日常养护等工作无法有效开展，基本陈列几十年不变，藏品收藏工作处于停滞状态，更谈不上进行高质量的科普教育活动和对外交流。还有一些博物馆只在建馆初期有开办经费，而没有经常性的业务经费，因此缺乏长期而稳定的资金来源，其上级主管部门也缺乏对博物馆的长远考虑和发展规划，导致这些博物馆生存困难，不得不利用各种手段去挣钱以维持正常运营，因此在很大程度上影响了博物馆社会责任的发挥。

⑤缺少各类专业人才

人员的配备和培养是博物馆科学管理中一项根本的、战略性任务，直接影响博物馆各项工作的效率和质量，应本着择优选用的原则，有计划地选择、配备和培养必要的专业和管理干部。博物馆学是一门专业学科，从博物馆功能定位、博物馆建筑设计、藏品收藏与保护、藏品的分类与鉴定、科学研究、展览策划、展览主题的选取、展陈大纲的编写、展览形式设计，到公众接待、科普教育活动设计、网络信息、影视项目、场馆运营、观众休闲服务，再到馆长的选拔、品牌宣传、行政办公、设备运行、安全管理和后勤服务等等一系列工作，均需要各类具有相关专业知识的专门人员，而现实情况是博物馆人才队伍结构不合理，不仅专业人才缺乏，真正懂得博物馆运行规律的管理人才匮乏，而且与博物馆各自为政一样，博物馆内的专业人员也是各自为政，没有形成一定的专业方向，更没有形成优势团队。

博物馆馆长是博物馆的业务和行政负责人，负责全面贯彻执行国家有关博物馆的方针、政策和法令，制定长期和近期的规划、计划，组织和领导全馆的业务工作和行政管理工作，并对全馆的安全负法律责任。然而，某些系统或行业的博物馆，由于并非以博物馆业务工作为主业，博物馆只是附属机构性质，因此在比较关键的馆长人选的选拔与使用上，更多的是考虑干部人事安排；在人才引进方面并没有特意考虑博物馆专业的特殊需要及今后的长远发展，缺乏具备博物馆专业知识的人才，导致某些博物馆的从业人员缺乏专业能力和系统的专业知识，更谈不上对观众心理学、博物馆展陈学等方面深层次的研究，结果造成博物馆管理水平低下，博物馆收藏、展览、科研、教育等方面工作质量不高。

上述这些问题的存在，客观上妨碍了我国博物馆事业的可持续发展，在博物馆免费开放和努力纳入国民教育体系的过程中，限制了博物馆应有功能的发挥，博物馆的公益性也无法完全展现，因此目前我国博物馆管理体制还需要通过法律规制、政策引导、加强管理等途径加以理顺和完善，对未来博物馆的发展方向还需要继续探索，在把握国际博物馆发展趋势的同时，结合我国的实际情况，走出具有中国博物馆特色的发展道路。

3. 博物馆管理体制创新

尽管近年来博物馆建设日益受到社会各界的重视，我国政府也加大了对博物馆的投入，博物馆管理水平也在逐步规范化、制度化，但与发达国家相比，在博物馆体制建设、法治建设、管理能力建设、新技术应用、产品开发以及对公众的服务质量等方面都有较大的差距，需要进一步在实践中总结提高。

（1）改革国家博物馆领导管理体制，强化国家统筹协调力度

我国博物馆系统目前管理分散、政出多门，且没有建设标准，没有业绩评估规范，没有统筹规划，要消除不必要的行政壁垒，摒弃各自为政、互相封闭的管理构架，有必要建立国家权威性的统筹协调管理体制。国家文物局的主要职责共有九项，其中主要是对文物保护、文化遗产保护和管理、考古等工作方面的。关于博物馆方面的，包括拟订文物和博物馆事业发展规划、推动完善文物和博物馆公共服务体系建设、负责文物和博物馆有关审核审批事务等，也都是使用“文物和博物馆”字样，结果造成博物馆与文物的“紧密联系”，似乎文件规定的博物馆就是指文物类的博物馆。事实上国家文物局作为全国博物馆行业的主管部门，也只能管理各级文物文化部门所属的博物馆，大量文物系统外的博物馆国家文物局无法实施管理。国家文物局内设机构“博物馆与社会文物司（科技司）”的职责为：“指导博物馆工作，承担全国博物馆管理制度规范和业务指导工作；承担文物和博物馆科技、信息化、标准化规划的拟订和推动落实工作；承办国家一级文物藏品的有关审核审批事项；协调博物馆间的交流与协作；指导民间珍贵文物抢救、征集工作；承担文物拍卖、进出境和鉴定管理工作。”从国家文物局的职责可以看出，对文物的管理远远超过对博物馆的管理，从博物馆司的职责更能看出文物保护的重要程度。所以从博物馆职责定位上就对博物馆管理造成了“缺位”，即没有在政策层面明确对全国各系统的博物馆进行全面管理。另一方面，因为自然科学类的博物馆归口管理单位为中国科学技术协会，虽然文件规定国家文物局宏观管理博物馆事务，但各级政府部门下设的文物局同国家文物局一样，只是管理属于文化文物类的博物馆，而大量自然科学类的博物馆及其相关机构，在人、财、物方面，均由各级科协、科委、国土、海洋等部门管理，事实上形成了两大行政管理体系。显然国家文物局的职责范围不能有效行使宏观管理权限。因此应对博物馆宏观管理体制进行如下创新：①将目前负责全国博物馆行业管理的“国家文物局”，更名为“文化与自然遗产总局”，以扩大国家文物局的职能范围。这样，除文物系统的博物馆外，将由中国科学技术协会，国务院各部委，各大专院校，中国科学院及所属研究所、军队、企业等管理的各类博物馆纳入管辖范围，解决了国家文物局“主要是针对文物实施管理”的范围过窄的问题。

②将国务院成立的“国家文化遗产保护领导小组”，更名为“文化与自然遗产保护领导小组”，扩大其职责范围。国家文化遗产保护领导小组原来只是负责研究文化遗产保护工作的重大政策措施，协调解决文化遗产保护工作中的有关重大问题，督促检查各地区、各部门的文化遗产保护工作，不包括博物馆管理。扩大职责范围后，就在国家层面搭建了层次更高、统筹力度更强的博物馆国家宏观管理体系，真正实现了归口管理。这样便可以在全国范围内，集中管理职能，统一调配资源，全面制定博物馆规划，统筹财政预算经费，将十分有利于我国博物馆的科学发展。

（2）创新博物馆内部管理体制，逐步推行董事会制度

董事会制是伴随着股份制和适应所有权与经营权的分离而逐渐发展起来的，已成为现代公司治理的基石。一般认为，董事会具有双重身份、双重性质。一方面，董事会由全体股东选举产生，受托掌管企业，对股东或所有者负诚信责任，是企业内的所有者利益代表主体。另一方面，董事会负责对重大经营事项作出战略选择，是企业内的经营决策主体。对于企业而言，董事会制早已建立并施行，但对我国博物馆而言，却是一个全新的概念，也因此更值得探讨。中国国有博物馆均实行“馆长负责制”，基本上都是由国家的文物局、文化局或者其他部门等主管，并由主管部门任命馆长，由馆长来实施具体管理事宜。这种体制势必造成一个博物馆的好坏在很大程度上取决于馆长的能力和水平，而馆长的能力和水平又取决于上级主管部门选拔干部的质量。目前很多博物馆存在着资金短缺或迟迟不能到位的问题，在运行结构和管理方面长期存在效益不高、运转不畅问题，与现有体制是分不开的。因此推行建立董事会制度非常必要。

①博物馆董事会制度的构成

博物馆董事会由董事会主席、副主席和若干委员会组成。博物馆董事会设主席 1 名、副主席 2—4 名、董事 20—40 名；董事会内设的委员会一般可以包括行政、藏品、研究、陈列展示、教育、基建项目、经营推广、外部事务、法律、财务、人事等，具体可以依据博物馆规模与发展需要确定，每个委员会成员由 3—5 人组成，一人可身兼数职。国有博物馆董事会主席可以由主管部门的分管领导担任；副主席和董事由热爱和关心博物馆发展的、并有能力帮助博物馆正常运作及

为实现其宗旨作贡献的社会各界知名人士组成，包括金融界、IT 界、商界、政界、艺术界、学术界等的有影响的人物。

②博物馆董事会的作用

博物馆董事会是博物馆的最高决策机构，重大的决策和指导方针、财务预算、重要项目等都要经过董事会通过。董事会选聘能够完成博物馆工作任务的、具有专业和管理能力的博物馆馆长来执行董事会的决议，保证博物馆各项事务的正常实施。董事会的重要作用是为博物馆的长期发展筹措资金，包括争取捐助，这将改变长期以来博物馆依靠政府拨款、博物馆运行经费长期不足的局面。因此在现阶段利用博物馆快速发展的契机，在新建博物馆重新开放的时候，实行全新的体制运行模式作用和意义重大：第一，这从决策机制上实现了权责分离，提高了决策过程的科学性、合理性，增强了相关决策执行的力度，有助于提高管理的效率和服务的质量，进而更好地为实现博物馆的公益性提供保障；第二，董事会管理更有利于体现博物馆作为社会公共服务机构的性质，由不同程度地代表公众利益的各博物馆董事对博物馆的事务（尤其是资产）进行管理，将有利于博物馆从公共利益出发去满足公众日益高涨的文化生活需求，彰显博物馆的公益性；第三，博物馆董事会管理制度将有利于明确博物馆的法人地位，打破了“事业单位模式”和“政府附庸”的外壳，充分保障博物馆的自治权和能动性，使博物馆能够有效吸纳和利用公共财政和社会资助，加强博物馆与社会力量的联系，开展有利于提高其公益性的各种公益活动。

③实现博物馆董事会制度的前提

博物馆董事会制度在我国国有博物馆还没有先例可循，建立博物馆董事会制度的前提是：第一，中国需要有一整套鼓励企业参与博物馆等文化事业捐赠的税收体系。现行规定，对于公益性、救济性捐赠支出，允许外资企业在税前全部扣除，但内资企业的这笔支出则不得超过年应纳税所得额的 3%，且申报程序相当繁杂。一些有意参与的企业正在等待国家出台对赞助公益性博物馆的企业和个人更为有利的政策。第二，博物馆董事会制度可以通过民主程序公开向全社会招聘馆长，保证馆长的能力和业务水平能够满足博物馆发展需要。而现有体制下博物馆馆长是由主管部门任命的，如果博物馆董事会选聘馆长，这直接涉及干部任用制度改革问题，也涉及干部选拔程序与以往不同。第三，博物馆董事会是博物馆的最高权力机构，将挑战主管部门领导的决策权限，要求更加民主化、科学化和制度化。

（3）加强博物馆法治建设，实施分级分类管理

第一，制定全国各类博物馆的各种标准与规范及相应的管理制度，建立完善博物馆管理基本制度体系。全国各类博物馆包括历史类、遗址类、科技类、自然类、天文类、地质类、纪念类等，还有动物园、植物园、水族馆、保护区、地质公园等博物馆相关机构，都应完善符合自身发展规律的若干管理制度。第二，按照不同类型博物馆的管理制度，国家应对博物馆实施分类管理。将目前的博物馆分为历史、遗址、自然（天文、地质、生物、人类）、科技、美术（艺术）、纪念（人物、故居）等六大类，各行业主管部门负责对本行业博物馆实施业务指导，由“国家文化与自然遗产管理总局”实施统一管理。各级政府管理部门按照国家统一政策，对博物馆进行属地化管理，并逐步由管理型向服务型过渡。第三，随着国家综合实力的不断增强，对文化事业的投入与政策上的扶植将日益增大，今后国家将逐步出台相应的优惠政策，制定博物馆分级标准，依据建筑规模、藏品数量、展览水平、社会服务效果等将各类博物馆分为一、二、三级。建立博物馆评估制度，强调博物馆社会效果，每年对各级博物馆参照标准进行评估，以评促进。

一级博物馆原则上应界定为国家级博物馆，如现有的故宫博物院、中国国家博物馆、中国人民革命军事博物馆、中国科学技术馆、中国美术馆、国家自然博物馆、北京天文馆以及各行业专业博物馆等，其规划、建设、管理、投资标准要高，由国家管理或国家建设委托地方或行业管理；二级博物馆原则上应为省、自治区、直辖市、国务院各部委、中央直属单位等省部级以上政府与部门重点建设和管理的博物馆，主要体现区域资源特点及地方或行业部门的社会、经济、文化、旅游等发展需要，选择不同类型的博物馆进行建设与管理；三级博物馆为符合博物馆建设资质的其他博物馆。而实行了博物馆分类分级管理后，管理部门就可依据实际情况，对基础好的馆提出更高要求，并为将来不同级别的博物馆享受相应的优惠政策奠定基础。此外，分级标准的确定还将利于针对不同性质、内容的博

物馆制定相应的审批、管理规范化条件，使博物馆工作从开始便走上正规化道路，具有明确的努力目标和建设标准。

（4）加速博物馆内部管理体制和运行机制改革

为适应社会发展和市场经济体制需要，博物馆必须改变体制陈旧、机制僵化、缺乏活力、对外封闭的传统管理体制模式。

①创新博物馆内部组织制度

建立符合市场经济需求的商品性组织运行机制，在确保社会效益的同时，兼顾经济效益。

②要建设开放的、动态的人员流动制度

学科间的交叉、综合与互动往往是创新的前沿阵地，所以允许有能力的人向更适合的部门与单位流动或兼职，建立能够适应现代博物馆发展的人员聘任制度和岗位责任制度。

③建立绩效评价制度，引入竞争激励机制

在评价考核的基础上，在工薪待遇、职称、奖励、荣誉等资源分配中要重点着眼于职工的能力与成果，形成能够激发职工不断提高业务水平的局面。

（二）博物馆管理组织分制

我们说博物馆是一个非营利性组织，是说它应主要以获取社会效益为存在和发展的目的，并不是说它不能获取经济效益。相反，博物馆的一些活动是可以直接或间接推向市场，通过为社会服务取得经济效益的。但是这些活动与博物馆的“主业”有着不同的特性，不能将其混在一起。因此，为了使博物馆取得最佳的社会和经济效益，应根据博物馆不同活动的不同性质，将其分制运作。

1. 博物馆管理组织分制的含义

（1）分制的含义

博物馆管理组织分制是指在同一博物馆内，对不同业务活动，根据其性质的不同，所实施的不同管理机制、管理方式的一种制度安排。也就是说，这种分制是在同一博物馆内，将其业务活动分为两部分：一部分是产出公益产品的无偿服务活动，对这些业务活动按事业型模式运作；另一部分是可以面向市场经营的有偿服务活动，可按企业或企业化模式运作。这种分制并不是将博物馆一分为二，而是在保持博物馆这一完整整体前提下的制度分开。当然这两种制度也不是截然分开的，在某些方面它们又是相互交叉、相互渗透，共同促进博物馆事业的发展。

（2）博物馆管理组织分制的效应

①创新博物馆的经营理念

博物馆作为国家公益性事业，由于多年来计划经济思维的束缚，形成了一种传统的运作模式，这种传统模式是一种“政府主导型”的模式，博物馆背靠国家被动地、封闭式地运作。分制以后将博物馆的业务活动同社会大环境相联系，其运作变被动、封闭为主动、开放，并且将市场经营的新理念引入博物馆的经营中，使博物馆的经营理念与市场经济相适应。

②创新博物馆的管理体制

传统的管理体制是与市场经济相脱离的体制，无论是管理手段、管理方法，还是人事、分配制度等，都带有浓厚的计划经济色彩。分制后博物馆的各项业务活动的运作以及所采取的管理方式、管理制度等，都强调了符合市场经济规律、适应市场需求。所以，分制后的管理体制是适应市场经济规律要求的新体制。

③使社会效益与经济效益协同发挥

过去博物馆经营更多强调的是其社会效益的输出，其实作为一个组织，有投入就必然要追求经济效益的产出。通过分制将博物馆原有的活动内容分为两部分，并按不同的机制运作，这样既能保证其“主业”更好地为社会服务，产出更大的社会效益，同时其他活动也能通过对社会的服务得到回报，获得应有的经济效益，实现博物馆运营的社会效益和经济效益的协同发挥。

2. 博物馆管理组织分制的依据

博物馆既是历史文化遗产的保护单位，又是一个社会精神产品的生产单位。伴随改革开放的深入、经济体制的转轨、市场经济体制的建立和社会化，博物馆也在适应社会的变化而改革和完善自己的传统职能。博物馆应把自己看成既是历史文化遗产的保护者，又是社会精神产品的生产者，博物馆可生产满足群众“精神文化需求”的产品。博物馆的工作，应从完成党的新时期新任务出发，充分发挥自己的教育职能作用，不断地创造出社会群众喜闻乐见的新展览、“新产品”。

提出博物馆管理组织分制的构想，是基于以下几方面的理论与实践考虑。

（1）分制是博物馆特性的客观要求

博物馆是一个集收藏、研究、展示于一体的社会教育机构，担负着向社会公众传播知识的重任，是公众终身接受教育的重要场所。但同时博物馆也可以利用自身的资源优势，通过对外的服务活动，获取经济效益。博物馆的这一双重特性，决定了博物馆在公众素质提高以及促进区域经济发展中起着不可替代的作用，这一双重特性决定着博物馆两类不同业务活动的差异。博物馆所担负的核心教育功能反映着博物馆的社会公益性，这是博物馆存在和发展的主要目的，博物馆是一个为社会及其发展服务的、非营利的永久性机构，并对大众开放。这一性质的界定是与以营利为目的的企业组织的本质区别。而另一方面，博物馆中的一些活动，如旅游纪念品商店业务、对外有偿服务等，是以赢利为主要目的，可以直接面向市场按企业形式运营。博物馆的这一双重特性，决定了其运作机制的不同，客观上要求必须将其分开，采取不同的运作方式进行运营。

（2）社会环境的变化要求博物馆分制

随着我国社会主义市场经济体制的进一步完善，博物馆市场化运作的大环境已经形成，博物馆直接参与区域经济建设、对外开展有偿服务，已成为一种必然的选择。但是博物馆对外的有偿服务获取经济效益，是基于博物馆主要功能——公益教育功能发挥的基础上，有偿服务不能妨碍其主要任务的完成。但若将两者不加以区分，势必会出现两者的内耗现象，甚至是走向以经济效益为主的极端。因此，社会环境的变化、博物馆市场化运营的取向，也要求必须将有偿服务与无偿服务分制运作。

（3）博物馆体制矛盾也要求分制

目前我国博物馆大多是国家（或省、市）统一管理，按照行政级别划分，没有实行分级分类管理，各级财政依此决定政府拨款的多少，给予投资维持博物馆的运行。并且不同类型的博物馆又分别隶属于不同的部门，这样在博物馆运营中，形成了不同省市、不同部门的“条块结合”的管理体制。各博物馆就是在这种

“政府保护”下封闭地运营。这一体制阻碍了博物馆资源的合理流动与共享，博物馆资源也很难对外发生作用。某项资源一旦进入博物馆，就很难流动起来，犹如一潭“死水”，很难取得整体最优效益。即使博物馆提供一些对外服务，由于市场的缺陷，也使这一服务难以得到真正的补偿。而在欧美，在经营模式上，博物馆所有权、经营定位、资金来源和赞助系统的“双轨制”，带来了经营的多元化。因此，破除博物馆体制的矛盾，必须按照博物馆不同活动的性质，分别采取不同体制进行运作，能推向市场经营的按企业机制运行，纯提供公共产品的活动也要完善其补偿的渠道和补偿方式。

3. 博物馆管理组织分制的基本前提

分制是博物馆管理体制的分立，这一分立要以以下基本准则为前提。

（1）以博物馆社会效益产出为中心，实现社会效益与经济效益的协同效应

博物馆首先是一个面向社会的公益性文化教育机构，公众是博物馆生存与发展的社会基础。因此，分制首先要将博物馆提高国民素质的功能放在首位，保证博物馆社会效益的最大产出。同时，要运用市场机制，使博物馆的经营与社会相联系，在获取最大社会效益的同时，取得最佳的经济效益，保证两大效益的协同发挥。

（2）分制要保证博物馆运营的区域化、开放性

所谓区域化，就是博物馆的运行要置于区域社会发展之中，博物馆的运行要从区域资源优势出发，合理配置资源，真正体现博物馆对区域经济、社会发展的促进作用。所谓开放性运营，就是要打破各种界限，广泛整合各种资源，参与博物馆经营事业。这种开放式经营不仅适合于博物馆中以获取经济效益为主的各种业务活动，也适应于以创造公益产品为目的的博物馆运行活动。要在平等竞争的基础上，按市场化运作的原则，形成全社会参与博物馆经营的多元化状态。

（3）分制要使博物馆经营与资源综合利用相匹配

博物馆是利用其多种资源创造公益产品为主要内容的组织，资源的利用程度反映着博物馆效益的获取能力，也体现出其对区域发展的作用。博物馆所从事的经营内容要坚持以公益产品的创造为主，达到多资源平衡开发利用。博物馆经营

活动的安排，要有利于提高博物馆的资源配置效率。同时，在分制设计时必须考虑博物馆各项活动间的有机联系。

值得一提的是，在实践中要切实摒弃单一资源的开发利用，而忽视其他资源开发利用的传统观念。目前，随着人们对精神产品的关注，社会对博物馆需求结构的变化，已为其提供了市场动力。根据市场经济规律，只要有需求，就自然会产生提供该种产品的生产经营者。这些生产经营内容的具体实践不仅有赖于市场的需求状况，还需要有与之相应的制度和运行机制作为保障。因此，分制要有利于博物馆资源的全面开发利用，且要与市场的需求相适应。

4. 博物馆管理组织分制的基本思路

博物馆分制的基本思路是：在打破现行博物馆制度格局的基础上，建立起符合上述基本准则的博物馆新的运行制度，依据博物馆活动内容性质的不同类型，分别建立不同的运行机制和组织制度，并通过其协调运行和各项活动之间的有机联系，推动博物馆事业的发展。

（三）博物馆管理组织分制的实现

1. 博物馆公益性组织的制度建立与运行

博物馆公益性组织所从事的活动直接与藏品资源密切相关，是博物馆经营体系中最具特色的基础部分，由于藏品来源的公共性，决定了直接利用这些资源，为社会提供的是公共性或者准公共性的产品，并且肩负着博物馆核心教育功能的重任，承担着提高公民科学文化素养的重要使命。因此，这类组织制度的建立与运行是现代博物馆未来发展格局中的关键与重要部分，也是其区别于其他组织的最主要方面。

（1）公益性组织经营定位

公益性组织是指博物馆中进行收集、管护、研究、陈列、展示等活动的部门集合。这类组织的主导目标是向社会和周边区域提供各种类型的公益产品，实现其教育等功能，以获取社会效益。因而其经营的内容主要包括对区域相关资源的收集、保存、管护，对馆藏资源的研究，适应社会需求的各种展示等活动，而其中馆藏资源的保护和展示是其核心内容。这类组织的经营活动的产出产品，具有总体上的公益性和个体上的公益产出差异性，这是由博物馆的基本特性以及不同类型博物馆的活动内容所决定的。博物馆所产出的公益产品在一定限度内具有非排他性，或称不可分性，以及消费上的非竞争性，从一定意义上说市场机制处于失灵状态。也就是说，博物馆所从事的这些活动，很难准确确定其生产成本，其产出的公益产品也难以在市场上进行交易，并且其价格也难以准确确定。因此，根据该类组织活动的特点，以及其经营目标的取向，公益性组织的制度安排应以“政府主导型”模式为主。

（2）公益性组织的经济特征

公益性组织的经济特征源于其所提供产品或服务的特殊性。该组织所提供的产品具有明显的外部性，其中更多地表现为外部经济性。在市场经济条件下，公益性组织提供的产品具有公益性，但并不是一味地提倡无偿供给，也要遵循市场规则，建立起恰当的补偿回报渠道。因而，正确地认识与把握公益性组织的经济特征，是其建制与运行的基础。

①非完全市场的组织

公益性的经营组织，是一种非完全市场合约性的组织。其运行不是主要通过市场机制实现其产品的交易与生产补偿，而应是主要通过政府行为实现的。因此，在其经营过程中，需要有政府、经营主体和其他社会组织等的共同参与。这就决定了必然存在着如何选择经营者、谁来选择，以及其经营行为的控制等基本问题，而这些问题又会因公益性组织的特性而表现出与其他一般经营性企业不同的特点。共同参与也决定了在其运行过程中各方共同作用的重要性，因此如何通过制度安排处理好这种非完全市场组织政府参与问题，就显得十分重要。

②产品交易方式的特殊性

公益性组织所提供的公益性产品或服务具有典型特征，其一就是使公益性组织难以进行市场和消费者的准确定位，更难以确认产品的消费量，你不知道消费者何时要消费、消费哪些产品，这一点不可能在市场上实现，因为价格机制已不再是其交易的手段，应通过政府行为的调控实现这类特殊产品的生产与交换。

③产权结构特征

对于公益性经营组织所从事的各项活动，由于其产出产品的公益性，使得国家（政府）将成为其主要的出资者，也可以吸引社会组织及私人资本进入，形成多元化的产权结构。

④管理与业绩考核的特殊性

公益性经营组织因为组织产权结构、产品交易方式等特殊性，因此与政府的关系更为密切，产权结构更是决定了国家对这类组织将行使较大的管理与监督权力，一般设定行业主管部门代表政府行使权力。与一般商品性经营组织相比，对这类组织的业绩考核，应以考核其提供的公益社会效益为主。

（3）公益性组织的制度建立

以产权制度为基础的组织和管理制度，其实质是一个组织内在运行规律的外在形式，产权制度、组织形式（制度）和管理制度构成了其基本内容。因为构成制度要素的具体内容和实践形式不同，所以也就构成了不同类型、不同特点的制度类型。

①产权制度的设计

产权制度是对产权关系的制度化，是关于产权明晰、产权行使和产权行为外在性的一系列规则。这些规则包括正式的和非正式的。正式规则由国家和一定的社会组织来确定，主要是指一些法律、法规、行政规章和内部制度；非正式规则指与之相关的各种传统、习惯和民俗等等。建立或完善产权制度，其主要目的是实现产权清晰。对于国家公共博物馆（不包括私立博物馆）来说，由于其所提供产品的特殊性质，决定了博物馆的产权结构应是在国家投资占绝对优势前提下选择有效的多元化方式，实现经营权的多元化。在这种产权结构中，公益性活动是这类组织的主要产品，其投资应全部由政府财政出资投入，其他少量经营性行为的投入不应由国家承担。

②组织形态和经营方式的选择与设计

产权制度明确后，博物馆公益性组织如何才能有效地运行，首先要有一个有效的组织形式，即组织制度。组织形式的设计与选择实质上就是使组织内部资源与外部环境达到平衡的过程，以实现资源最优配置。按照企业原则来划分组织形态，如从企业管理形态、规模、财产组织形式来划分，对于博物馆公益性组织来说没有实际意义。其主要原因为：一是博物馆公益性组织从整体上目前还难以成为真正的企业；二是研究所有权与经营权关系是左右该类组织发展的关键。为此，根据研究问题的需要，在此从所有权与经营权关系角度，来选择博物馆公益性组织形态和经营方式。

对于博物馆公益性组织，由于其产权结构特征决定这类组织应采取特殊法人制的组织形式。特殊法人制是指依据各级人民代表大会或政府的法律法规设立的，体现政府或社会某种意图的特殊组织，它受特定法规或条例的约束。因此，政府将较多地介入该类组织的管理和经营活动。博物馆公益性组织的基本经营方式是政府或社会投资，同时并不排除吸引社会集团或私人投资的机会，由博物馆来经营，以确保博物馆公益产品的供应。

③管理制度设计

公益性组织经营者的选择，即博物馆馆长的选择，主要是靠政府主管部门的任免，实际上也是出资人代表的任免。由于主管部门只是政府的代表，而不是真正的资产所有人，加之目前的干部任用制度本身存在的缺欠，因此难免会出现干部选择不当、考核不准的现象，为了弥补这种不足，在本章第一节已经论述过，要建立相应的经营者治理结构，即实施董事会管理的组织形式，建立博物馆公益性组织经营者间有效的竞争关系，从外部对博物馆馆长予以监督、科学考核，以形成对其必须勤奋工作的外部压力。

在博物馆免费开放付诸实施后，博物馆的组织形式需要对此作出响应。即我国博物馆应实施董事会管理的组织形式，这意味着我国博物馆的组织形式由博物馆董事会取代目前的博物馆馆长，成为博物馆的最高权力主体，以往馆长办公会决策将转变为董事会决策。对博物馆领导班子或馆长的外部约束，除了政府监督并约束博物馆的重大决策活动外，主要应该建立起社会公众、同类同级经营者间的竞争和博物馆内职工对其业绩的监督和约束机制，这种市场化的监督机制比政府主管部门考核更为有效。

（4）公益性组织的运行

公益产品是博物馆公益性经营组织所提供的主要产品，包括展览、教育活动等，以其为载体向社会提供的各种社会效益是其最终产品。公益性组织经营所需要素主要来源于国家财政投入。当然，也不排除社会团体、企业法人、个人等对博物馆公益性组织运营的投入。

2. 博物馆商品性组织的制度建立与运行

商品性组织所提供的产品主要是与博物馆运营相关的旅游纪念品、藏品复制品、出版物、商店、餐饮等产品，其目标是在保证博物馆社会效益的前提下追求经济效益，在增加就业、提高区域居民生活文化水平方面也肩负一定的社会责任。就各个不同种类的商品性组织而言，由于其具体的生产经营活动内容的差异，致使其产出产品不同。

（1）商品性组织的产权制度

商品性经营组织属于竞争性组织，其制度的建立应以市场经济理念为基础，与市场经济体制相适应。

①界定产权

产权清晰是产权制度的基础，产权清晰主要指产权在两个方面皆是清晰的，一是法律上的清晰，二是经济上的清晰。法律上的清晰是指产权具有完整的法律地位且真正得到法律保护。经济上的清晰是指产权的终极所有者对产权具有强约束力并保证经营过程中实现责权利的统一。在商品性经营组织运行过程中，要保证产权的终极所有者对产权的强约束力，需要建立产权约束机制。要保证责权利的统一，就应该实现出资人所有权与法人财产权的有效分离，这也是现代企业制度的根本要求。

②产权结构多元化

这是商品性组织产权制度的又一基本内容，产权结构的多元化是市场经济条件下，竞争性企业产权关系结构的基本模式。博物馆商品性经营组织并非完全竞争性的企业，但也提倡产权多元化。从商品性组织所处的生产经营领域及其生产经营的特点，可选择股份公司制企业、独资企业、个人业主制企业等企业形式。由于不同企业形式适应于不同的生产力水平，因而在商品性经营组织形式组建时必须充分考虑这些具体情况，进行具体的选择与确定。产权多元化即投资主体的多元化，特别是博物馆快速发展时期，在国有博物馆为主的现状下，国家应鼓励其他资本进入博物馆投资体系。可以通过合资建馆、合作经营、社会资本独立建馆等方式实现。

（2）商品性组织的运行

博物馆商品性经营组织产品生产所需的要素来源于市场，包括劳动力市场、资本市场、技术市场等等，组织只是以合约的形式将这些要素集中于一起用于生产各种产品，产品生产消耗的补偿只来源于产品的销售收入，因此，需要这类组织实现自主经营、自负盈亏，这与博物馆公益性组织明显不同。政府的作用只体现在对公益性组织的宏观经济政策上，包括税收政策、行业政策、价格政策、信贷政策等。

3. 博物馆两类组织间的整合

分制后两类组织共存于博物馆整体之中，但由于其运行制度和模式不同，因此，只有正确协调其运行关系，才能使博物馆得以全面发展，取得最佳的社会与经济效益。公益性组织的运营是博物馆工作的核心，也就是说社会效益的获取是第一位的。商品经营性组织的运作，尽管是以获取经济效益为目的，但是必须以博物馆相关资源为基础并且以不破坏资源为前提，其运作也必须兼顾社会效益。同时，商品性组织运作的收益要与公益性组织运作相联系，实现其对公益性组织运营的支撑和资金的补充。

二、博物馆质量管理体系的构建

（一）建立博物馆质量管理体系的重要意义

有效而健全的质量管理体系是博物馆开展质量管理的基础。博物馆质量管理体系的建立与运行是博物馆质量管理的核心。通过质量管理体系的建立和运行实施，能够使博物馆向社会公众提供的产品、服务的所有与之相关的环节和因素及博物馆自身内部的所有部门与全体员工都处于受控状态，这将使博物馆围绕它的质量体系目标形成一个系统网络，各个部门、各个员工和各个要素在网络上相互协调、协作，为实现博物馆终极质量目标而努力。

如前文所述，当今中国博物馆在不断发展的同时，在管理上仍存在着行政干预强、规划不系统、目标不明确、制度不健全、方法不科学、员工不主动等问题，导致博物馆不能很好地发挥社会使命，实现其教育宗旨，不能满足人们的文化需求。而从博物馆的非营利性和特殊性来看，全面质量管理理论在博物馆管理中有着很好的适用性、对应性、实用性和有效性特征，博物馆建立全面质量管理体系最直接的作用就是提升博物馆的品质。

1. 建立博物馆全面质量管理体系保障组织健康运转

博物馆是公益性社会文化机构，当代博物馆的一项重要任务是根据社会需求征集、保护、研究和传播博物馆藏品及其信息。而为了实现博物馆的任务，博物馆需要从自身工作进行考量，通过组织内部的健康运转得以完成。当今的博物馆，已经形成了以行政管理为基础、以藏品为核心的组织体系，盖特洛德的三角图很好地描述了博物馆内部工作的特点。三角图显示了博物馆的自身工作被划为了三个部分，即一部分与博物馆藏品有关，一部分与博物馆的活动有关，最后一部分与对面两者的行政管理有关。博物馆藏品管理部门通常由藏品收藏、文物保存、记录等分支构成；博物馆的公众活动规划部门包括展示、设计、教育、研究、出版、营销等分支；行政管理部门则包括财务、人事、发展、安全保卫、其他服务等分支。作为一个整体的博物馆存在这三个方面的工作，就意味着需要部门与部门之间的交叉合作。如果把藏品管理限制在藏品管理部门，那么选址和建筑运营及其维护应归属于行政部门。既然安全与博物馆的选址和建筑运营有关，就需要考虑二者之间的关系。这就意味着藏品管理人员必须依靠行政管理部门来控制环境和藏品的安全，并且需要与博物馆行政管理部门建立有效的工作方式。为实现博物馆各项功能，博物馆工作人员必须进行跨部门工作。

博物馆的工作不是单纯的或是独立的，各个工作是相互关联的。只有每一项工作良好地进行，才能使整个系统健康运转，有序运行，才能推动博物馆持续发展，不断为社会提供高质量的产品。在最终形成博物馆“产品”的过程中，博物馆内部的工作会产生不同的依赖与互助。这就导致某个环节要完成其内部产品时，需要其他部门提供相应的支持。例如展览部门要制作一个好的展览，那么就要负责文物收藏的部门提供适合的产品，负责营销的部门做好展览推广……这样，博物馆内部不同部门之间的合作与依赖就使得博物馆内出现多样的内部需求，继而出现了实际意义上的内部“供方”和内部“客户”。

“供方”从工作最基础的地方开始关注质量，向内部顾客——“使用方”提供合格的“产品”，会使内部的“使用方”产出更高级的产品，这些高质量的产品将推动整个博物馆系统的正常运行。全面质量管理体系本身就是一个系统，它在博物馆中运行，需要博物馆各个部门的共同参与和支持，它将博物馆内部的组织联系得更加紧密，并使其充分有效运转。同时作为一种管理工具，它能够系统地识别博物馆内部各方的关键要素，监控博物馆内部产品和外部产品形成的过程，能够使内部的“供方”和“使用方”在过程产品上达成一致，并通过体系协调双方关系，保证两方协助互利，促进博物馆健康发展。

2. 建立博物馆全面质量管理体系服务社会需要

博物馆是公益性文化机构，收藏着大量的人文遗产、自然遗产，收藏着科学，收藏着文化，这些丰富的资源能够满足人们的学习、欣赏需求，能够提供给人们与古人、与自然对话的机会，使人们能够找到人文关怀的家园。“为社会及其发展服务”是博物馆工作的出发点和归宿，是博物馆的使命，也是博物馆工作的宗旨。不同的人，包括政府，对博物馆有着不同的希望和要求，需要博物馆提供相应的社会服务。提高服务意识和服务水平，向社会提供更好更多的展览和优质的文化产品，是我国博物馆的基本职责。高质量的服务是当代博物馆实现其社会任务的主要手段，当代博物馆已经成为广大民众“终身学习”的重要场所，是加强公众自主学习能力的重要工具，博物馆通过高质量的服务，可以让更多自主选择学习机会和休闲活动的民众走进博物馆，使他们在自由的状态下主动进入学习状态，使他们对自己的学习效果和学习能力有积极的评价。

我国的博物馆一直专注为广大民众服务，长期以来一直在积极努力，以让更多的人享受博物馆的公共服务。随着时代发展，博物馆向社会提供服务的范围和内容逐渐扩大，服务内容逐渐转向满足民众文化消费和休闲，服务的范围也从馆内扩大到馆外。我国博物馆在经历了多年的快速发展后，一些博物馆也开始关注博物馆运营的社会效益，关注高质量的博物馆服务对吸引观众和提高观众满意度的重要作用。当今，我国博物馆服务呈现“全局性、系统性、服务目标导向和服务质量导向”，建立全面质量管理可以说是博物馆服务社会的需要。博物馆的服务需要强调“服务质量”，博物馆服务质量的主要评价标准是服务对象对服务过程和结果的感受，是他们在接受服务之后将自己的感受与服务预期比较之后得到的满意度。博物馆服务要得到用户满意的效果，首先应深入了解社会和观众对博物馆的需求和服务预期，进而采取相应的行动调动博物馆资源，满足社会公众需求。这一个过程需要以质量为基础，通过对每一个流程进行标准化管理，从而为观众提供一个安静、温馨、得到人性享受的参观环境和方式，最大限度地满足不同层次的观众的需求，为社会提供多方位的服务，同时提高博物馆的服务质量、服务水平及业绩和用户满意程度。

3. 建立博物馆全面质量管理体系保障博物馆持续发展

发展意味着实现潜能、帮助成长、促成开展、扩充或逐渐成长、逐步养成，发展是种持续不断的努力，必须依赖于长远的愿景、合理的规划和良好的组织运营。持续的发展是一个组织成功的关键。我国的博物馆事业飞速发展，博物馆的数量明显增加，其社会教育功能日益突出。在我国经济高速发展的同时，我们需要更多的文化作为国家建设的内在动力与支持。国家提出文化大发展大繁荣的目标，对社会公众的文化价值取向产生影响，这也对包括博物馆在内的文化机构提出了新的要求。但伴随着各地博物馆观众人数的激增，一系列问题也非常突出地显现出来。这些显现出的问题要求我们认真对待，否则博物馆的社会效益就很难彰显，公共文化资源也会受到严重的损害。

当前，中国的博物馆在运行上还存在一定的缺陷，影响了博物馆使命的发挥。中国博物馆从功能发挥的角度看，存在以下三个方面的问题：一是公益功能发挥不足，尽管博物馆作为收藏、保护、展示人类活动和自然环境的见证物的社会服务机构，在发挥教育等功能上具有独特的优势，但展览陈列水平不高，形式比较单调，相关服务和产品开发不够，难以满足免费开放后公众对博物馆的不同需求；二是管理矛盾、处理乏力，普遍存在管理粗放、安全工作漏洞多、监督力度不够等问题，如果不能及时提高内部管理的质量、处理好保护和利用的关系，就会产生诸多工作漏洞甚至失误；三是经济功能发挥无序，大多数博物馆缺少在市场经济条件下生存发展的意识、准备和自我发展的能力，使其经济功能的一部分暂时被弱化，从而限制了文化影响力和服务于人民的能力。出于维护博物馆可持续运营和长期良性发展，保持博物馆对社会公众的吸引力，必须以科学务实的态度进行博物馆的组织管理，以保证博物馆的可持续发展。

在这种情况下，博物馆及其内部所有员工就应当将持续改进作为既定的工作目标，在工作中发现问题、及时分析原因，采取对应措施，消除出现问题的原因。而这一切，都要从质量管理角度出发，让博物馆的工作在计划、实施、检查、反馈过程中完成，通过全面质量管理的核心——PDCA 循环过程得以实现，并让博物馆这个非营利组织的工作在稳步向前滚动的过程中逐步向上攀升。

（二）博物馆质量管理体系的构建要素

质量管理体系建立健全的主要目的是为了能够确保博物馆产品质量，使顾客感到满意。博物馆质量管理体系可以被看作是保证向社会公众提供服务的产品，在博物馆管理中运用系统理论和科学的方法，把博物馆质量管理中涉及的所有阶段和环节上的“生产”活动进行有机组合互相促进的有机整体。从系统理论思想出发，博物馆质量管理体系建立的要素有以下几点。

1. 设立可行的管理目标体系

博物馆的质量目标是博物馆根据确立的质量方针要求而设定的一定时期内博物馆管理活动的行动纲领和期望取得的最终成果。这个目标是由导向性的质量方针、可考核性的阶段质量目标和实现这些目标的措施所组成的一个有机的整体。博物馆质量管理目标的建立是要求参照国内外通行的先进水平加以制定，并按照系统原理，在博物馆各部门间和层级单位间合理地分解建立目标体系，围绕博物馆服务社会、服务公众的总体方针将质量管理体系的目标、方针、对策，组织机构，职责权限，奖惩办法组合起来，形成一个网络系统，按照 PDCA 循环原理开展运作，重视管理设计和整体规划，进行综合管理，达到好的效果。如何根据中国的文化政策和博物馆自身的特点为博物馆确定可行的管理目标，怎样对总体目标分解，并建立收藏、展示、宣传教育、行政、人力资源、财务、保卫各个部门的管理目标是当今中国博物馆界需要考虑的问题。

我国博物馆开展质量管理还属于刚刚起步阶段，在质量管理实际制定目标的过程中，应考虑不同地区、不同类型、不同等级博物馆自身的条件及发展水平。我国现有的博物馆包括了综合类博物馆、艺术类博物馆、遗址博物馆、自然博物馆、科技馆、行业博物馆、纪念馆、陈列馆、名人故居以及私人博物馆，这些博物馆又有着不同的行政级别，包括县级、市级、省级、国家级，它们在物质基础及人才配置上相差巨大，但是不管是哪一类博物馆，它的质量目标最终都要体现博物馆服务社会服务公众的基本特征，以及围绕以“顾客为关注焦点”的核心思想。总体上看，根据博物馆的主要工作内容，博物馆的质量目标设置的内容应基本涵盖行政和人事管理、藏品保管、展示与公众服务、市场营销、经费管理、设施与安全保卫等各项工作，这些内容要有自己独立的质量目标，并在横向和纵向上形成相对完善的目标体系。对于每一项内容还应规定出具体的标准，每个博物馆应该从自身条件出发，制定相应的标准。在标准的制定工作中，不但对相应的指标提出定性的要求，更重要的是将指标进行量化。

2. 明确管理者职责

明确管理者职责是博物馆建立全面质量管理体系的第一要务，只有明确管理职责，博物馆在开展质量管理时才会有总的方针和具体目标，同时博物馆的工作人员才会知道“他要做哪些工作”，管理职责需要博物馆的管理者在为博物馆进行战略规划时制定。根据博物馆的特点，在明确管理职责时，博物馆最高管理者提出建立、实施质量管理体系并持续改进其有效性，向博物馆传达满足顾客要求及合乎法律法规的重要性；开展质量方针的制定工作确保质量目标；对管理开展相应的评审来确保获得所需的资源。

（1）在博物馆发布正式的质量方针

在博物馆中，管理者“应以顾客为关注焦点”，确保质量方针的内容与博物馆的宗旨相适应，方针的建立最终是为了能更好地向社会公众提供优质的服务；质量方针中要有承诺，能够确保博物馆质量持续改进，保证质量管理体系发挥效能；能够为博物馆质量目标的评审工作提供一个框架。另外，质量方针的设立要求能够在本博物馆内得到理解与沟通，有必要评审质量方针在博物馆内的适宜性和持续性。

（2）确保质量目标在博物馆的建立

质量目标依据质量方针制定而成，对于质量方针而言，其内容变得具体化了。对于博物馆来说，博物馆的质量目标需要最高管理者在不同职能和不同层次上分别进行规定，确保博物馆质量目标所包含的内容有可以满足能够持续改进的、提供给社会公众优质服务的内容；无论是定性目标还是被量化的目标，都必须能够进行测量，博物馆的质量目标要符合职业伦理和工作标准，要与博物馆的质量方针具备高度的一致性。

（3）确保质量管理体系策划

建立完善的质量管理体系是博物馆提升服务质量的保证，博物馆质量管理体系的策划应当由博物馆的最高领导者确定，作为博物馆的一项战略规划，博物馆质量管理体系的内容应以满足博物馆质量目标为准。对于博物馆的最高领导者来说，策划博物馆的质量管理体系要有预见性，要以满足博物馆质量管理体系总体要求为出发点，在为变更质量管理体系进行决策与执行时，应对博物馆质量管理体系之完整程度加以保持，使之不受影响。

（4）规定博物馆的职责和权限

质量职责和权限是对博物馆中各部门、各级别、各类人员在质量管理工作中应承担的任务、责任和权限所作的具体规定。它要求博物馆中所有人员的具体任务、职责和权限，应当与博物馆为实现其向社会公众服务的高质量目标所使用的方法和措施保持一致。博物馆中的最高管理者需要保证对博物馆的职责和权限加以规定和有效实施，并在组织内相互间得到沟通，成为管理者和所有员工通力合作的有效基础。

（5）对质量管理评审是最高管理者应做的事情

为了保证博物馆质量管理体系的持续性、有效性、适宜性和充分性，博物馆要根据计划的时间段对管理工作进行评审（对管理体系进行审查）。最高管理者对于博物馆进行评审，审查管理体系的现有运行情况、方针目标是否进行了落实，审查管理体系是否依然适用、有效、充分，是博物馆质量管理评审工作的主要内容。博物馆质量评审工作的目的在于利用评审过程对质量管理体系所取得的成绩加以总结，发现与既定目标之间的差距和不足之处，寻求能够进行质量改进的机会，以分析研究为基础，评价自身在社会中的位置及所发挥作用的程度，最终确定方向并加以改进。

管理评审的内容包括对博物馆质量管理体系改进时机与改进需求的评价，同时还需要对已有的质量方针和已有的建立在质量方针基础上的质量目标进行评价。博物馆的质量管理评审是对该博物馆整个质量体系执行状况进行的评估；在实施中需要涉及外部机构、客户等对该博物馆的审核状况；各项组成部门的管理目标达成状况；过程绩效体现和产品符合性评估；纠正措施改善措施成效；各项资源配备之评估。博物馆的管理评审重要性在于可以及时了解博物馆质量管理体系运行的效果，并根据结果提出改进方案，为博物馆质量的持续改进提供依据。

3. 合理配置管理资源

对博物馆管理资源进行合理配置，是博物馆开展质量管理、构建全面质量管理体系的重要条件。博物馆的管理资源主要包括人力资源、组织和技术资源、设备和设施等物质资源、信息资源与信息交换等。

（1）人力资源

在博物馆这一系统中，无论是藏品管理、观众管理、馆舍设备的管理，还是行政、业务管理，尽管具体内容不同，但是其最重要、最根本的都是围绕着对人的管理开展的博物馆管理者与工作人员的关系，这会直接影响博物馆实现其使命的能力。馆方必须努力营造一种具有生产力、进步发展的工作环境，同时也尊重个人与机构的需求。为了充分发挥人的作用，博物馆需要好的政策和方法对人力资源进行管理。博物馆应制定良好的政策，通过奖惩、晋级、参与、管理等一系列方式调动职工的质量工作积极性，同时开展人员培训，对员工进行质量使命感、责任感、道德感等方面的培训，使他们受到单位关于质量方针、质量目标、公众满意度等方面的教育；对新员工进行质量责任、质量意识、质量管理方法以及问题识别、数据收集、纠正偏差和改进方法等方面的培训。开展博物馆员工在质量管理工作领域的绩效考评，通过考评，测量博物馆员工在质量工作上与博物馆总体目标的一致程度，使员工知道自己该做什么事情，最终跟随博物馆一起朝着正确的方向前进。同时考评可以在质量工作方面给予员工反馈，使他们知道明年如何做得更好。通过这样的考评，可以从人力资源管理的层面推动博物馆质量管理工作的开展。在做考评时，可以通过确定目标（员工工作和博物馆质量管理的一致性）、拟定考核标准、对考核对象进行全面评价，最终进行结果反馈并促使其改进绩效。考评的方法可以是多样的，既可以采取传统的个人鉴定、小组评议、组织考核、实践考核、对比评估等方法，还可以采取目标管理法等现代绩效考评方法。

（2）组织和技术资源

通常，博物馆有明确的机构设置和较为严密的组织分工，每个部门和其他部门形成一定的互动关系，每个职工各司其职。无论是在自馆长到职工的纵向结构，还是从部门到部门的横向结构，都按照一定的组织模式有序运转。这样的组织模式，为博物馆开展全面质量管理提供保障，使博物馆的质量管理体系运行在严密的框架下，减少了管理上的随意性，同时严密的组织形式对形成质量规范会起到很大的促进作用。博物馆全局的工作中心是向社会提供优质服务，业务工作的核心是藏品。由于藏品的唯一性、不可再生性等特殊属性，使得博物馆在围绕藏品开展活动中形成了一套特殊的工作方式和管理技术，如藏品保管制度、藏品修复制度、藏品展示制度。在这些制度的背后则是博物馆形成的特殊的管理技术，这些管理技术形成了与其他非营利组织的差异，也成为博物馆的一个特征，它是较为严密的、有章可循的，有的甚至直接和全面质量管理工作相吻合。这些技术在博物馆管理上是一种资源，它能够成为博物馆开展质量管理的一个辅助工具，不但促使博物馆员工深入理解全面质量管理体系的内涵，还可以将全面质量管理体系活动有机纳入博物馆的工作之中，使博物馆员工在自然而然中形成良好的质量观，自觉参与博物馆的质量管理工作。

（3）设备和设施等物质资源

博物馆开展质量管理工作，要求大量的形成文字的文件，如各种规章制度、标准文件、技术手册等作为工作的基础。博物馆质量管理运作需要物质资源的保证。博物馆在质量管理中需要的物质资源主要包括各类现代化的办公设施及信息存储设备，如数据库、档案库、计算机系统，而运行则需要良好的传达方式，必要的条件则是要求有良好的通信设施和便利的网络系统。更为重要的是，博物馆需要科学的质量评定设施和质量统计分析软件，以此对质量数据进行收集，对质量工作进行科学的评价。

（4）信息资源与信息交换

在质量管理工作中，博物馆内部人员之间的信息传达、思想交流、必要的互动和沟通协作是质量工作的基础。这就要从人员的角度提出要求：对于博物馆工作人员来说要形成良好的沟通，开展密切的协作，对外部信息进行及时的反馈，在内部建立必要的信息系统，作为沟通联络和服务的桥梁。由于工作的需要，博物馆通常会有一套自己的信息传递系统，可以较好地作为各个部门之间和组织中上下级之间进行沟通。随着科技的发展和现代网络技术的进步，我国很多博物馆都在文博数字化领域做了相当多的工作，设立了自己的网站，有的还建立了网络办公系统，大大提高了博物馆内各种形式的沟通效率，缩短了沟通周期。这样的信息传递系统可以被认为是博物馆管理领域的一种资源。合理配置上述资源，可以使博物馆在经济允许的条件下为其最有效的运营奠定基础，这是博物馆开展全面质量管理必须具备的条件。

4. 设立质量控制部门，发挥博物馆领导的质量管理作用

一个组织需要有专业的部门负责其产品质量，这个部门可以是专门立于其他部门之外的“质量控制小组”，小组成员构成包括各级管理者、有关专业技术人员、一线员工等。这样的部门需要由最高领导直接负责，在组织上以管理人员为主组成，以提高工作质量、改善与解决管理中的问题、提高管理水平为目的。领导要重视开展质量管理小组活动，可以利用很多特殊手段如质量审核、调查和行政报告等方式保证组织在质量上的持续改进。有关专业技术人员、一线员工则是直接负责“产品”生产的人，最了解决定生产质量中的关键因素，这样的组织结构，可以充分在行政和技术上保证一切产品在质量管理上具有的优势；这样的组织结构可以正确地提出组织的质量方针、质量目标，并在运转的过程中从战略策划的角度开展质量改进；这样的组织结构还可以通过开展相应的质量策划和在执行工作中提供全面的、足够数量的质量文件和质量记录，用于质量监督和审核。

在博物馆中，设立专门的质量改进小组是博物馆开展质量管理至关重要的前提条件。该小组能够监督博物馆如藏品保管、展示与服务、安全与设施维护等各项工作的质量环节，保证博物馆安全有效地运转。通过在每一环节提供高质量的“产品”，最终促成博物馆向社会公众提供优质的服务，体现其公益性核心价值。在博物馆设立专门的质量管理小组，首先需要考虑的问题是如何得到来自博物馆决策层（博物馆的最高管理层或博物馆的领导者）的支持，这是推进全面质量管理活动的关键。有博物馆的领导参与、支持，许多问题，如激励政策、奖励制度、质量管理小组活动的时间、活动资金和活动计划等问题才能实实在在得到解决。博物馆的质量管理小组要有领导者和技术专家在其中起策划、带头和骨干作用，使其团体能有效工作、按计划实施。

另外，组建高效实干的专业质量管理团队，也是博物馆开展质量管理的重要工作。质量管理小组不是靠哪一个人或几个人可以完成的，特别是项目较为复杂、程序和内容较多的工作，需要全体参与人员的共同努力，经过多次反复试验和论证才能完成。因此，在博物馆中，包括领导在内的质量管理小组人员的参与意识和理论水平决定着质量控制的效果。培养一大批有热情、有理论水平的骨干人员就显得很重要，他们隶属于藏品展示、保管、设施维护、行政和人力资源等的各

个领域，对博物馆的质量控制发挥着作用。他们需要掌握一定的质量管理基本理论知识和质量控制管理活动基本技能，积极投身于博物馆质量改进活动，保证活动顺利开展。

5. 建立严格的管理责任制度

质量的管理在于落实，而严格的管理责任制度是落实质量管理的保障。对于博物馆的质量管理而言，保证落实质量方针和质量目标及各项质量管理工作的实施，博物馆就必须建立一套适合自己实际情况的责任制度，这项制度应当包括科学和详细的绩效考核办法以及完整严密的管理制度。博物馆的各项工作应当是缜密而有序的。因此，开展博物馆质量管理需要在制度上明确规定博物馆整体及其分支部门的质量职能和质量责任，以及相互之间的关系，协调内容及相应的补救措施。有关质量管理的职能、标准和责任及奖惩制度等应当以书面的形式进行确立和规范，加以明确表达，并通过印制成正式的文件传达到每一个员工、每一个岗位和每一项工作中，让员工明确地知道自己的目标和责任，使所有工作都处于质量管理制度的可控范围下。但是，不要低估说服员工和其他管理人员接受一种新的工作方式的难度，你是在引入一项他们想象中的工作方式上的根本变革，那我们怎能期望他们在短时间内接受重大的变革呢？引入质量管理机制是一个长期、艰巨的过程。最好把它看作是一次包含几个关键的、不同阶段的战役，其中一个阶段就是意识阶段，以巩固这一新的体制的可信度。从这里可以看出，质量管理引进博物馆，需要全体成员接受。而长期以来，中国博物馆一直处于事业单位的体制下，内部的工作主要是行政工作和专业技术工作，没有或缺少外部的竞争压力和服务行业所必需的服务意识，这就导致员工甚至整个博物馆没有质量的概念，最终为质量管理工作带来困难。要在博物馆建立质量管理体系，推行质量管理工作，需要博物馆在制度上确立管理职责，这样就会使博物馆的每个员工明确自己的工作内容及责任，真正推动博物馆质量管理体系的建立。

6. 培养良好的博物馆质量文化

作为质量理论之一的质量文化，到目前人们还没有给出一个明确的解释，但从字面上看，质量文化应当是关于质量的文化。质量文化是社会在长期的生产经营中形成的有关质量的意识、规范、宗旨、行为、价值取向、道德水准、思维方式、哲学思想等。在现代企业中，质量文化就是在长期生产经营实践中，由企业管理层特别是主要领导倡导、职工普遍认同的、逐步形成并相对固化的群体质量意识、质量价值观、质量方针、质量目标、采标原则、检测手段、检验方法、质量奖惩制度的总和。质量文化对企业员工的行为具有导向功能，体现在规定企业在质量方面的价值取向、明确行动目标，确立规章制度和行为方式对员工的约束、自控、凝聚；质量文化通过潜移默化的方式沟通员工的思想，从而使员工产生使命感，对企业所坚持的质量目标与质量观念、指定的质量规范形成认同。

中国的博物馆长期处于事业单位的体制下，管理上基本属于行政管理，博物馆及其员工缺少服务意识、竞争意识，在管理上对质量的概念及其重要性认识是不足的，表现在管理工作中是博物馆缺失质量文化，博物馆及其员工没有质量意识，对博物馆工作的质量问题的漠视。要提升博物馆质量，使之真正能够体现其公益性核心价值，保障公民文化权益，更好地为社会服务、为公众服务，就要求在博物馆培育质量文化，使全体员工以自觉的意识参与质量管理，形成良好的质量文化氛围。博物馆质量文化的培育，需要根据博物馆特性，从非营利组织、文化服务机构的视角进行构建。这就要求从以下几点进行。

（1）树立质量文化理念，制定质量规范，动员全员参与

质量管理关系博物馆社会责任的发挥，应当被视为博物馆管理的核心内容之一，馆内上下，从领导到员工都要自觉树立正确的质量观，认识到“有缺陷的工作就是白做”；“谁提供不合格的服务，谁就是不合格的员工”；“质量改进是个没有终点的连续性活动，停止就意味着开始倒退”。树立这样的思想，培养这样的质量理念，将会使博物馆的服务质量有一个好的起点。

（2）开展质量文化培训，提高员工的质量技能

博物馆员工的文化素质，决定着他们对“质量”的理解和掌握程度；但是他们对质量管理基本知识的认知对于博物馆成功开展质量管理而言并不够，开展质量活动技能的学习，是博物馆培育质量文化的重要途径。开展质量培训，使博物馆的员工对各项专业技能的方式与技巧有所掌握，才能在开展质量活动，运行各项具体计划、对策中切实落实质量管理的基本思想，完成质量管理的既定目标。只有把质量教育工作做好，系统地培训博物馆全体员工，把质量方面的基本理论和专业知识、政策、法规和科学管理方法、管理工具贯彻到每个成员身上，才能

让他们用科学管理方法开展质量活动。通过发现问题、落实措施并解决问题，确保质量管理活动取得实效。

（3）充分发挥每个员工在质量文化建设上的作用，落实全员质量行为

博物馆的服务质量是博物馆运行活动的各个环节、各个部门全部工作的综合反映。在博物馆中，收藏、展示、行政、安全保卫、设施管理、人力资源建设等工作中任何一个环节、任何一个人的工作质量都会不同程度地、直接或间接地影响博物馆最终产品——面向社会公众的服务质量。因此博物馆必须把所有人员的积极性和创造性充分调动起来，鼓励通过开展自主管理活动，充分发挥每个员工的积极性、主动性、创造性，让质量管理成为每一个员工的自觉行为，使他们以主人公的身份参与质量的管理与改进，使他们自身自然而然形成一种质量的文化。

（4）为博物馆塑造自身的全员性的质量文化形象

质量管理是一项长期工作，它不是一劳永逸的，一个组织要长期坚持实施全面质量管理必须不断改进质量，形成有自身质量特色的产品。一个组织要确立自己产品的品牌形象，光是依赖推行既有的质量标准和保证现有的质量水平，这样的举措是远远不够的，能否达到在最大限度上满足消费者所追求的质量水平是该产品的质量形象的关键。对于博物馆来说，它承载着替全人类收藏自身及与自身相关的见证物，传播知识传播文化的责任，它需要向社会公众持续不断地提供高品质的服务，博物馆通过高品质的服务向社会传达它的价值观，显示它独特的个性；博物馆通过优质的服务实现其社会责任；博物馆通过高质量的产品取得社会公众的认同，这是博物馆获得成功的标志。博物馆质量管理中，它的质量文化目标就是坚持不懈、持续改进服务的水平。这就要求博物馆在全体员工中开展质量教育，普遍地、不间断地提高每一个工作人员的质量意识、质量技能、质量行为水准，通过开展各项活动，在博物馆中形成质量氛围和全员质量文化，并把这种文化传播到博物馆外，使其成为博物馆的一种社会形象表现，这样不但增加博物馆整体质量改进的基础，还对博物馆的社会形象提升有积极的促进作用。

7. 构筑灵敏的质量信息反馈系统

质量信息指的是反映产品质量和产供销各环节工作质量的原始记录、基本数据以及产品使用过程中反映出来的各种信息资料。质量信息是在质量形成的全过程中发生的有关质量的信息。它涉及工作质量、工序质量、产品质量及全员

的、全过程的、全面的质量管理各个方面一切有关质量的信息。在质量保证体系中，按工作或生产程序的反方向传递、输送质量信息或情报的网络，是质量保证体系的神经系统和重要支柱，在企业中，质量信息反馈系统的流转范围包括厂内反馈和厂外反馈两个方面。厂内反馈指企业内部质量信息的传递和流通，它主要来自工序质量测试，出厂成品检验的质量数据资料，生产现场的动态和影响质量主要因素的变化情况，以及群众性改善质量的信息等；厂外反馈指产品进入流通领域或使用过程，用户根据产品的使用质量所作的评价，对产品的改进意见或要求，以及提供的质量情报等。它主要来源于国内外市场同类产品的质量状况、科技动态情报以及协作厂、对手厂提供的质量情报等。

博物馆产品的实质是社会公众对博物馆服务的消费，博物馆服务的最大特点则是即时性和一次性。因此，改进博物馆服务质量需要增强博物馆对顾客需求的反应速度，建立灵敏的质量信息反馈系统。为了能够及时对社会公众的需求和对博物馆的感受做出反应，博物馆在进行质量管理的过程中，必须对内外部的信息进行收集、分析和处理。博物馆建立质量信息反馈系统，要从博物馆自身性质和工作特点出发，确定博物馆中收藏、展示、营销、安全保卫与设施维护各类活动对不同质量信息的需求；收集和获取所需的数据信息；对收集到的数据进行分析；充分利用所掌握的信息资源对信息应用的效果进行评估，并将结果进行反馈，根据质量信息反馈结果做出整改。博物馆建设灵敏的质量信息反馈系统，应当严格规定各种质量信息的传递路线、方法和程序，形成综合交叉、畅通无阻的信息网，从制度上保证其能够及时、准确地搜集博物馆内部和外部的各种质量信息，形成从信息的收集开始，经过汇总、贮存、传递一直到分析、处理等全过程的质量信息反馈系统，保证信息畅通和发挥作用。这样的质量信息反馈系统的建设，将有助于博物馆的管理者正确认识影响博物馆各个环节工作的产品和服务质量的因素，认识到它们的变化及其内在的联系，从而为质量管理方面的重大决策提供依据，也确保控制质量管理体系的正常运转。

（三）博物馆质量管理体系的建立程序

对于博物馆来说，质量管理工作是一个新生事物，建立博物馆全面质量管理体系是一个复杂的过程，需要科学的方法和合理的程序。博物馆全面质量管理体系建立，应对博物馆所有活动的全过程进行系统全面的策划，达到准确无误、事半功倍的效果，使建立起的质量管理体系真正能够帮助博物馆实现预期的目标。

博物馆建立全面质量管理体系可以通过以下几个步骤进行。

1. 对博物馆质量管理体系进行总体的规划与设计

（1）开展统一思想，进行科学决策

建立博物馆全面质量管理体系涉及博物馆的方方面面，是关系到博物馆全局发展的重要工作。因此，博物馆在战略规划中在决定建立质量管理体系之前，最高管理者、各层级领导及所有相关人员都应对有关内容和要求有清晰的认知和领悟，这是对博物馆运行全面质量管理体系的实际成效起决定作用的基本工作。所以，统一认识并在此基础上进行科学决策，是开展和推进博物馆全面质量管理、确保博物馆全面质量管理体系有效运行的关键环节和首要条件。

（2）开展针对性培训，进行质量体系教育

培训是促使员工提升工作水平的重要途径。博物馆建立和完善全面质量管理体系自始至终都需要积极地开展培训作为保证。在开展培训的过程中，博物馆的最高管理者应当以身作则，积极主动地参与质量管理标准的学习，通过学习和领会，加深对全面质量管理体系标准的理解和认识，并督促其他员工学习体系标准。博物馆的全体员工则要将全面质量管理体系的标准要求和自身工作结合起来，认真领会标准的含义及在个人工作中的体现，通过考核和实践，最终确保每个员工都能达到从事质量管理活动的能力要求。

（3）制定严格的质量方针和明确的质量目标

在策划阶段，博物馆制定质量方针和质量目标是其建立全面质量管理体系的一项重要工作。对于确立博物馆的质量方针和质量目标，博物馆的最高管理者应将其作为博物馆管理工作的一个重要内容，予以高度的重视并亲自领导组织策划。博物馆总的质量方针要为实现博物馆的总体目标服务，要成为博物馆质量目标的基础，并为其提供框架，博物馆质量管理方针的制定应当以八项质量管理原则为基础。在博物馆中质量目标是博物馆开展服务过程中所追求的目的。质量目标应当作为博物馆战略规划的一部分，它的确立应当以博物馆的质量方针为依据，在切实可行的范围内确立。而博物馆的各层级机构、部门同样要制定自己的质量方针和质量目标，他们的质量方针和质量目标则是以博物馆总体质量方针和质量目标为基础结合自身工作特点设立。

（4）确立质量管理体系运行过程，进行资源的管理

一个开展质量管理工作的博物馆，为了实现其质量方针和质量目标，应当规定必要的过程并合理地配置相应的资源。博物馆需要采用多种方式识别质量管理体系中所谓的全部过程及其输入、输出和所开展的活动，明确过程中涉及的用户及其要求，同时还要确定各个过程之间的相互作用，明确各个过程之间的接口和顺序，明确对过程进行的必要的监视、测量和分析的准则和方法，确定过程运行所必需的相关信息和资源，并且在最后还要对测量分析结果采取相应的纠正和预防措施，借此实现各个过程的持续改进。

（5）制定相应的工作计划，开展组织落实

全面质量管理体系重在实施。在博物馆中，建立全面质量管理体系及其落实工作，首先要考虑的是成立一个专门的领导小组，负责实践中全面质量管理工作的具体策划，领导并推动全面质量管理体系的建设。这个领导小组应当由博物馆的最高管理者（如博物馆的董事会）或者管理者代表（如博物馆馆长）全面领导和负责，该小组应当成为博物馆质量管理的决策和协调部门。博物馆内各个有关部门的第一负责人组成质量领导机构，以便在协调工作中遇到问题能够及时得以解决。博物馆中设立的全面质量管理领导小组，它的主要任务是为博物馆制定实施全面质量管理体系的各项工作计划，这个具体的工作计划应当符合博物馆的特性，具体而明确，并且能够逐层分解，保证落实到位。工作计划应当对工作完成的形式、方法、资源需求、时间进度、经费开支等工作做出明确的规定，在计划执行的全过程中还应有必要的审查、监督、控制，确保计划的完成并达到预期的目的。

2. 博物馆质量管理体系的文件编制

编制质量管理体系文件是建立并保持质量管理体系有效运行的重要基础工作，也是一个组织未达到所有要求的（产品）质量，评价质量管理体系，以及改进的保持所必不可少的依据。全面质量管理体系文件的编制，它的主要内容是将体系

分析和策划的结果通过书面的形式确定下来。博物馆质量管理体系的文件包括五个部分，即质量方针和目标、质量手册、程序文件、工作文件和质量记录。

（1）编制质量管理体系文件的一般要求

由于质量管理体系文件是由多个层次和多种文件构成，因此，博物馆在编制质量管理体系文件时应考虑满足以下几个要求。

第一，质量管理体系文件的系统性。博物馆质量管理体系文件应反映博物馆质量管理体系的特征，应对博物馆“产品”形成的全过程中影响产品质量的技术、管理、基础设施和人员因素的控制做出规定。体系文件的各个层次间，文件与文件之间应做到层次清楚、接口明确、结构合理、协调有序、要求的删减恰当。对于博物馆而言，要做到以上各点，在策划编制体系文件时，应从博物馆自身的目标使命出发，所有文件都在统一的指导思想、统一的规划、统一的步骤下进行。

第二，质量管理体系文件的法规性。体系文件是博物馆实施质量管理活动的行为准则。体系文件应在总体上遵循国家或有关部门的相关法律法规要求，同时也应结合博物馆自身特点。体系文件对博物馆内部而言，应是必须执行的法规文件。

第三，质量管理体系文件的高增值性。体系文件的编制和使用是一个过程，这个过程是一个动态的高增值的转换活动。质量体系文件将随着博物馆质量管理体系的不断改进而完善，而这种动态的“增值”对于博物馆质量管理体系的影响也会越来越显著。

第四，质量管理体系文件的见证性。体系文件可作为本组织质量管理体系有效运行及其保持性的客观证据（适用性证据和有效性证据），向顾客及第三方证实博物馆质量管理体系运行的情况（例如对审核来说，过程被确认、文件被批准和文件受控的证据）。

第五，质量管理体系文件的适宜性。体系文件的编制和形式应充分考虑博物馆的产品特点、博物馆的规模、质量活动的具体性质以及博物馆自身管理经验等因素。此外，质量管理体系文件的适宜性和协调性还取决于人员的素质和技能以及培训程度。在任何情况下，都应寻求体系文件的详略程度与博物馆人员的素质、技能和培训等因素相适应，以使体系文件保持一个合理的水平，从而便于有效贯彻。

（2）关于质量手册

质量手册是指“规定组织质量管理体系的文件”，博物馆需要编制质量手册，用文件的形式规定博物馆质量管理体系，它可以是独立的文件也可以是组织文件的一部分。质量管理手册的内容应当包括：质量管理体系的范围（应包含博物馆提供满足顾客和适用法律法规要求的产品的能力所要求的内容）；程序文件的主要内容或对其的引用；过程顺序和相互关系的描述。

质量手册的编制应当是由一个经过领导授权的编制组完成。这个编制组应由博物馆内不同职能部门熟悉标准和博物馆具体情况的人员组成以保证质量手册的完整性、连贯性。编写可以按以下程序进行：确定并列出现行使用的博物馆质量方针、目标和程序及计划；确定博物馆质量管理体系的要求；使用各种方法从各个方面收集涉及博物馆质量管理体系的做法和资料；从业务部门收集补充的原始文件或参考资料；确定待编手册的格式和结构；根据预定的格式和结构将现有文件进行分类；完成质量手册草案的编制。为了使质量手册能够与标准要求对应，手册的格式应尽可能和标准各章节对应，章、节、符号、图表均应清楚合理。手册应包括目录、博物馆简介、批准发布令、质量方针和质量目标、适用范围、引用标准及文件等。

（3）程序与程序文件

程序是为“进行某项活动或过程所规定的途径”。程序可以形成文件也可以不形成文件，当程序形成文件时成为程序文件或文件化程序。程序文件的内容一般包括文件编号和标题、目的和适用范围、相关文件和术语、职责、工作流程、报告和记录表格。在程序文件的编制过程中，要考虑对现有的文件、标准及规章制度进行一次彻底的清查，根据质量管理体系的总体要求编制程序文件明细表。工作文件的编制依程序文件进行。

（4）关于质量记录

质量记录是对产品达到所要求的质量和质量管理体系有效运行的实证。质量记录是质量管理的一项重要基础工作，是质量管理体系中的一个关键要素，是采取纠正和预防措施的依据。博物馆质量管理中，质量记录的设计应与编制程序和文件同步进行，以使质量记录与程序文件协调一致，接口清楚。

（5）对文件进行评审、核准并发布

当博物馆完成体系文件报批稿时，博物馆的质量小组应对文件进行审核，确保文件的适合性、系统性、协调性、可行性和可操作性。审核包括对质量手册、程序文件和管理性的作业文件进行审核，因为它们涉及各职能部门的应用，必要时应进行文件的会签，再作一次协调和审查，可使用文件会签批准表。在会签基础上，上述管理性文件均应经过管理者代表审核，质量手册应报请最高管理者批准，程序文件和质量作业文件可由管理者代表批准（或最高管理者批准），在文件会签批准表上签字，最高管理者应在质量手册批准页上签字。质量作业技术性文件按技术性文件审批规定执行。质量记录表格也属于文件，应根据策划由各职能部门进行编制，经质量主管部门审核协调，修改后应随同体系文件同时进行审批，在文件中应注意质量记录表格名称编号，使文件处于受控范围内。文件批准后，即应发布实施，实施前应由质管部门统一进行编号，要做到文件编目的唯一性，由文件分管部门分发，以加强对文件的控制，并由人力资源部门开展体系文件的培训。

（四）博物馆全面质量管理体系的实施

博物馆在正式发布全面质量管理体系文件之前，还应该多方面认真听取相关的意见，进行修改。博物馆的体系文件要经授权人批准后进行发布。博物馆的质量手册必须经过博物馆最高管理者认可签署发布。博物馆质量管理体系正式开始运转和实施的标志就是博物馆质量手册的正式发布执行。在这里博物馆需要从以下几点着手进行工作。

第一，组织开展全面质量管理体系文件学习活动。质量文件在博物馆内即将发布或正式发布但未正式实施之前，对其进行认真学习至关重要。这样的学习有助于体系的建立和实施。博物馆内的各部门、各级人员都要通过学习，深入了解质量管理体系文件中对本部门、本岗位的规定和要求，同时要了解本部门本岗位与其他部门、岗位的相互关系和要求，通过这样的学习活动，质量管理体系文件在整个博物馆内有效实施会得到保障。

第二，博物馆全面质量管理体系的运行。质量管理体系的运行在博物馆中主要反映在两个方面：一是博物馆依据质量策划的计划和质量管理体系的要求实施所有质量活动；二是博物馆所有质量活动都有相应的证据。这些证据可以证明博物馆质量管理体系有效实施、保持其运转能够符合相应的要求。

第三，博物馆质量管理体系内部审核。质量管理体系在博物馆内运行一段时间后，博物馆应该在馆内组织一次内部审核，这项工作由内部审核员根据质量文件的规定完成。通过内部审核可以了解质量管理体系在博物馆内的运转是否符合计划安排；是否与标准要求一致；是否与博物馆所确定的质量管理体系要求一致；体系是否得到有效实施和保持。作为一种重要手段，博物馆的内部审核可以让博物馆进行自我评价和自身完善。博物馆可以根据自身的情况按照一定的时间间隔开展内部审核工作。

第四，博物馆管理评审。博物馆最高管理者在博物馆内部审核的基础上，依据质量管理体系在博物馆持续运行的有效性、适宜性、充分性的情况，对博物馆质量管理体系进行系统的评审（这一评审是管理评审）。管理评审通常由管理者完成。管理评审与内部审核都是博物馆对自我进行评价、完善自身机制的一种重要手段，博物馆应在一定的时间段内开展管理评审工作。通过内部审核和管理评审后，当博物馆质量管理体系规范运行实现效果后，博物馆可向质量认证机构提出质量认证的申请。

第三章
新媒体与博物馆发展

第一节　博物馆新媒体应用的现状、动因及影响因素

现阶段我国网络技术和计算机技术发展迅速，信息传播效率和传播范围有效提升，传统博物馆在文化传承以及服务水平方面存在的问题日益凸显。为满足社会需求、充分做到与时俱进、尽快适应新媒体时代背景，博物馆需要不断创新和完善发展模式，从而提高自身信息化和数字化水平。本文结合新媒体时代的博物馆发展进行分析，对推动博物馆持续发展具有重要意义。

一、新媒体时代下博物馆发展现状

现阶段我国已经全面迈入信息时代，网络技术和数字化技术为社会群众的生活和工作带来了翻天覆地的变化，与此同时也在对博物馆建设和发展产生深远影响。在新媒体时代背景下，传统博物馆发展模式中存在的问题也日渐凸显。其中包括博物馆开馆和闭馆受时间、空间等限制，无法充分满足人们的精神文化需求，不能充分发挥博物馆传承和发扬文化的作用和价值。另外，据我国数字博物馆研究统计可以看出，虽然我国博物馆历史文化悠久、馆藏资源丰富，但是由于分布不均，导致人均享有存在较大差异性。同时，我国博物馆虽然馆藏资源较大，但是陈列展览数量相对较小，导致文化资源大量浪费，无法满足文化传承和发扬需求。除此之外，博物馆馆藏资源中包括大量的石窟壁画、织绣制品等文物，这些文物受环境、气候、温度、湿度等影响，均会发生质量变化，不仅影响其文化价值，还制约其长久保存。然而，博物馆并非只负责储藏古董和收藏古董，还要充分发挥其教育和传承的作用。在新媒体时代背景下，博物馆想要充分满足社会需求，就要创新和完善发展模式，充分做到与时俱进。

二、博物馆新媒体应用的动因

（一）有助于发挥博物馆的基本功能

新媒体呈现出功能多元化、信息传播实时性、管理个性化等特征，并且延续数字化、交互性等优势，可以很好地适应市场需求和引领各类产业潮流。博物馆作为收藏、保护文物的重要场所，需要长期向社会大众开放以发挥深入性的教育功能，但是碍于文物保护和场地空间有限等原因，来到现场参观的人数极为有限，博物馆无法满足人们的需求。将博物馆与新媒体相融合，则完全可以化解既有矛盾，进而开辟更加理想化的发展路径。如博物馆藏品的数字化收藏，既可以避免风化、腐蚀等物理因素对藏品造成的损害，也可以节约藏品的引入时间和拓展展

示空间，使博物馆变得愈来愈开放；又如博物馆的数字化运营，则能够实时性获取专家学者最新的研究成果和民众的反馈意见，方便博物馆自觉增加内涵深度和提高知名度，进而吸引更多人来参观学习和交流探讨。

（二）有利于增加博物馆的经济效益

博物馆要想合理发挥其基础功能并长期运营下去，还必须获取一定的经济效益。选择融入多媒体技术，既可以通过官方微博、微信、数字馆、VR 全景游览等来吸引游客深入了解博物馆，又可以同步销售不同类型的文创产品，以增加博物馆的经济效益。

（三）有益于适应社会的教育进度和模式

一直以来，国外博物馆相继开发了许多智能移动客户端的应用程序，其中许多创意都让用户们拍手叫好。因此，为了更好地适应国际发展的趋势，进而紧跟我国社会的教育进度和模式，各省博物馆也应该努力开发手机和平板电脑导览的有关程序。

三、博物馆新媒体应用的影响因素

博物馆是供人们了解历史的地方，它虽然是历史的展出者，但这并不代表它就是一个守旧的地方。为了顺应新时代的发展，博物馆也有其自身必然的发展趋势，在运用新媒体技术进行的博物馆宣传教育中，无论是工作方式还是思维方式进行的改革，都对博物馆的宣传教育工作者提出了新的要求，也无疑对宣传教育的工作产生了巨大的影响。

一是作为博物馆的宣传教育工作人员，在新思潮的冲击下，必须果断地摒弃思想里固守的传统观念，应该以新的眼光新的思维来重新审视宣传的工作，努力地学习新思想，开拓自己的思维，转换自己的思考方式，才能在宣传教育的工作中拓展新的渠道。作为与博物馆教育有直接联系的宣传部门，在面临新媒体技术的到来时，应该勇敢地将博物馆与新媒体技术有效地结合起来，创造更为宽阔的宣传渠道。二是改变博物馆传统的宣传教育工作方式，使博物馆朝着一个更全面的方向发展。自互联网时代到来后，博物馆的宣传教育就应该充分地与互联网相结合，将传统的在博物馆单纯摆设展出的文物及其信息都通过互联网展示给参观者，结合博物馆自身的发展特点，在门户网站的平台上运用新媒体技术将展览的图像、音频等展示出来。

第二节 新媒体与博物馆的融合发展研究

一、文化科技深度融合的方向

伴随着数字化时代的不断发展，尽管传统博物馆在展陈模式、文创产品、宣传推广等方面均做了较多的尝试，但突发的新冠疫情给包括博物馆业在内的各行各业带来了巨大冲击，适应数字化社会发展的同时，满足后疫情时代社会大众的多元化需求，推动博物馆文化与科技的深度融合是未来博物馆工作发展的重要方向。

（一）探索数字博物馆多元化模式

新冠疫情爆发期间，博物馆暂时无法开馆接待游客，但其传播文化、美育教育的社会功能和使命依然存在，在科技力量的带动下，通过充分利用云端服务器开设线上数字博物馆，开启“云游博物馆”新的游览模式，高清展品照片或部分展厅 360 度全景照片通过互联网向社会大众免费开放浏览，这使得因时空限制、防疫政策需要或接待量影响而无法进行线下游览的人群依然能够感受到文物的魅力、历史的回音。可以说，加载新技术手段的传统博物馆为疫情防控期间丰富大众娱乐生活、舒缓社会情绪作出了应有的贡献。

当然，“云游博物馆”的游览形式具有单向性和非交互性的缺点。一方面，这种游览形式很难做到“出圈”，即吸引来的线上游览用户绝大部分是对历史文化、博物馆内容有着浓厚兴趣的用户；另一方面，虽然可以通过高清图片浏览，但展品相关介绍、典故、背后的历史背景等却很难获知。因此，需要博物馆在进行线上展览时进一步将文化与科技进行融合，增加与线上用户间的交互性，同时也应增添一些更符合互联网用户需求、爱好、习惯的内容，使之与博物馆文化相结合，让文物所蕴含的文化内容真正走进用户内心。

（二）探索不同媒体的融合传播形式

新媒体时代，“直播 +”模式呈现出全民化、全品类、多平台的发展现状，为博物馆传播文化内容提供了新途径，为其打造文化品牌积累了可供借鉴的经验。比起在线观展形式，直播表现形式能够更直观地使用户和讲解员之间形成良好的、顺畅的互动。此外，这种屏幕留言与讲解员回复产生的交互性感觉，能够最大程度消解人们足不出户所产生的孤独感、距离感，大大增加了用户“云游博物馆”的积极性和参与感。

传统文化博物馆利用精品文物打造出文物 IP，还能够赋予文创产品新的活力，给线下游客和线上用户带来更多新鲜感，也增强了博物馆自身文化品牌的感染力和魅力，加速了传统博物馆的创新演进。在 IP 积累了一定线下游客和线上用户的喜爱度后，博物馆应当进一步利用科技，挖掘 IP 的线上新媒体内容，例如，将 IP 形象与 AI 技术相结合，利用 5G 网络，顺应直播热潮，以虚拟主播的形式入驻哔哩哔哩等新媒体平台，将该 IP 虚拟主播形象打造成知识型网络意见领袖（KOL），向更多线上用户讲解悠久的历史、璀璨的文化、丰富的文物、特色的资源，讲述博物馆内的特色藏品及其背后的故事，使艺术、文化、历史知识内容以更有趣有益的方式进行广泛传播，形成集内容生产、流量变现、产品消费为一体的产业链，在反哺博物馆的同时，也能增强其传统文化传播力度。

（三）探索元宇宙博物馆展览的可能性

元宇宙（Metaverse）概念最初来源于科幻小说，是指利用科技手段进行链接与创造的，与现实世界映射与交互的虚拟世界，简而言之就是对现实世界的虚拟化、数字化过程，它需要在共享的基础设施、标准及协议的支撑下，由众多工具、平台不断融合、进化而最终成形。当前，为发展线上用户，增加文化品牌线上传播力度，各大博物馆都已将自身馆内藏品进行了数字化复制或复原，馆内的数字化藏品可以运用到线下展览中的 AR、VR（增强现实技术）等用户体验设施中，但由于线下展览场地空间所限，能够投入使用的数字化藏品十分有限。

正如多篇关于元宇宙的研究性文章所说，尽管“元宇宙”的含义和界定、特征和特性等均存在复杂性和模糊性，但关于元宇宙技术在图书馆、博物馆等领域的创新性探索在不断发展。要突破传统博物馆展陈模式的局限，需要充分利用科技手段将数字化、智慧化生活空间通过元宇宙搭建线上博物馆分馆，这样既满足了馆内数字化资产保存和展示需求，也打破了现实空间壁垒，即使因条件制约无法亲临，也能够在足不出户的情况下一睹藏品风采，这使得分布于世界各地，对中华历史文化感兴趣的用户通过线上方式，在虚拟主播线上导览下进行无差别游览。此外，现阶段博物馆、艺术机构在不同城市举办的藏品数字化外展都需要通过租借展览场地，配合当地不同设备才能够完成。若利用元宇宙空间，数字外展可完全通过线上活动进行搭建和展览，展览场地也不再受物理空间大小限制，更利于实现大众美育。除线上博物馆的搭建和展出外，博物馆还可与其他知名品牌、机构、游戏等数字媒体进行线上结合，实现商业变现，增加博物馆收入，为更好保护线下藏品、维护数字化资源提供资金支持和有效补充。

网络虚拟主播本质上属于虚拟人。虚拟人是指以数字形式存在的，具有人的外观、特点、行为，依赖显示设备展示的虚拟形象，本质上是让用户感觉到人格的数字形象。当下，虚拟人可以扮演多种角色，包括虚拟主播、虚拟偶像、虚拟记者、虚拟助手等等。在元宇宙中搭建出的线上博物馆，以博物馆IP形象打造的虚拟人可以以亲历者或讲述者的身份进行博物馆文化内容输出，为博物馆打造独特的数字文化品牌。这样一来，既提升了博物馆IP附加值，将线上文化IP与NFT（Non-Fungible Token，数字化藏品）消费进行有机结合，又丰富了故事讲述形式，随着用户参与度的增加，博物馆文化与互联网用户之间的情感得到维系。同时，线上用户可在游览数字展览馆的同时，对面前展柜里的藏品直接下单，使游览与文创产品购买实现无缝衔接。数字博物馆虚拟人可通过更具亲和力的形象出现，文化传播的形式将更加多元。同时，虚拟人不管作为网络主播、线上讲解员，还是作为文物的亲历者、讲述者，都可保证每天24小时在线，随时满足用户需求，且虚拟人的言行举止完全通过科技呈现，并不与现实中的任何真实人物进行捆绑，这不仅可以避免其知名度与自身价值提高后“另谋高就”，还能够完全规避人设崩塌的风险，使博物馆品牌形象更加完美。

博物馆是保护传世文物、传承历史文化、服务社会大众的公共文化服务机构。传统博物馆主要依靠门票与线下周边产品盈利，向游客提供游览观赏服务，并在此基础上发挥文化教育的功能。充分利用科学技术发展带来的便利条件，主动谋求在后疫情时代背景下，在传统博物馆功能基础之上有所创新和突破，提高文物展示传播水平，加大宣传推广力度，对于当前各级博物馆来说是至关重要的问题。提高文物展示传播水平，就要求文化传播的呈现方式与文化品牌的打造模式拥有更多创新形式。加大宣传推广力度，就需要博物馆通过打造独特的品牌文化、举办品牌主题活动以及系列直播等，实现社会美育与内容服务齐头并进、文化传播与商业盈利相辅相成的展营模式。只有将蕴含在文物中的优秀传统文化与全新的科学技术深度融合，探索数字博物馆多元化模式、不同媒体的融合传播形式和元宇宙博物馆展览的可能性，才能实现展览内容的优质化、多元化，探索展览形式的丰富性和创新性。

二、新媒体与博物馆的展示设计

（一）新媒体在博物馆展示设计中的功能性分类

虽然博物馆宣称自己是“展示、传播人类物质和非物质遗产”的“非正式教育机构”，但“古董仓库”的博物馆印象并没有真正在观众心目中改变。国内博物馆大多数还保持着器物定位的传统形态，所做的工作也只是将文物放入展柜放上说明牌，可是，许多观众面对无数“高级别”的“精品”文物时，不过是到此一游而已，难以真正了解文物的价值所在。这时往往需要依靠讲解员带领观众了解“精品”文物的珍贵才能弥补其中的空白。正是在传统的展示手段难以满足博物馆信息传播的需求时，恰逢“新媒体”进入大众视野。众多先锋艺术家在新媒体艺术作品上的尝试，让博物馆人意识到原来可以让观众参与到艺术作品的思考中，以实现艺术观念的传达。正是基于这一点，不少新媒体手法被引入博物馆展示设计中，并越来越成为新型的博物馆展示语言之一。目前已知的新媒体类型有很多表现样式，划分标准有出于技术的考虑也有比较成熟的个体举例。一来并不能清晰地反映新媒体在博物馆展示设计领域的整体情况，更关键的是，就像上文所说，本文的核心并不是设备本身，而是由技术形成的展示观念和内容表达。因此，本文从观众和展示效果出发，总结出新媒体在博物馆展示设计中的三种功能性分类：数字化展示与查询、体验型互动展示以及沉浸式虚拟展示。

1. 数字化展示与查询

新媒体在博物馆中的应用最早体现在数据库的建设上，如“博物馆数字化”“数字博物馆”“数位典藏”等，主要涉及展品信息管理、展示和查询以及网络虚拟展示。展品信息整合开始于 20 世纪 90 年代初期的法国等欧洲国家。一些大型的国家博物馆、美术馆率先开始藏品数字化建设，光盘、服务器等电子媒介被用来保存这些“国家珍贵历史文化见证物”。如今，大多数馆藏品的数据库基本完成，各国博物馆的数字化建设重点也从藏品档案的数字化，转移到如何实现这些数字化文化资源的展示教育。在藏品数字化基础上，出现了面向观众的展品展示与查询装置、数字化便携导览系统（如 PDA 等）。这一集合管理、展示和查询于一体的展品数字化，实现了博物馆为大众提供学习、研究的机会。

另外，计算机语言拥有便于修改存储内容的优势，使博物馆能够及时更新藏品数据，而互联网全球普及、实时更新的特点，打破了时间的约束和空间的限制，为博物馆展示传播提供了广阔的平台。目前最普及的数字化平台是利用网络技术实现藏品资源整合与虚拟展示相结合的博物馆网站，主要包括博物馆的基本信息、馆藏品介绍、教育服务，以及利用文字、图片、视频及交互媒体实现的在线虚拟展示。自 1995 年卢浮宫博物馆向全球推出网络服务，之后的世界各大博物馆都纷纷效法，相继建成各具特色的数字化平台，并不断补充增加藏品信息和提供个性服务。并且，这一趋势扩展到各大学中，掀起大学博物馆数字化建设的浪潮。

科技的更新是持续的，为寻求虚拟展示方面的提升，各国各区域开始尝试以合作分享的姿态搭建交流平台，如加拿大“遗产信息网络”、中国文化遗产网络、VHN（Virtual Heritage Network 虚拟遗产网络）。这些平台致力于研究和推广虚拟现实技术，探讨新技术在保护、传播和教育方面的作用，分享数字化进程中的得失经验，为人类文化资源的共同保存提供交流平台。

2. 体验型互动展示

通常来说，体验型博物馆的特质是通过观众的互动实现信息传播，因此，观众在这里扮演着信息接收者和操作者的双重身份。新媒体如何构建出一种参与、操作方式，让观众主动参与到博物馆的信息解读中就成为关键。目前已知的体验互动方式主要是通过视频、互动装置实现。科学博物馆、自然博物馆以及儿童博物馆是这一类型的最早拥护者和实践者，比如横滨儿童科学馆将“从观赏式展示到触摸式展示”奉为设计宗旨，美国“Please Touch”博物馆更是以观众接触为准则。因此，目前大多数科技馆、自然馆、儿童博物馆，都采用体验、参与理念设计运行，前者甚至成为前沿科技的展示平台和自然科学基础教育基地。体验型之所以在此类博物馆中扎根，在于其传播内容多数属于概念类主题，比如光的反射、力学原理等，需要通过一定的道具组合操作才能实现自我解释。因此，常见的新媒体类型都以互动装置的形态出现。近年来，历史类博物馆也引入了不少新媒体，如影像、视听装置等。这些新媒体类型在解释考古发掘、非物质文化遗产的制作流程、历史时刻的记录等方面效果不凡，并且在吸引观众参与学习中显露出难以取代的魅力。比较常见的是故事性、纪录片式视频，幻影成像、幻影成景，表现过去历史时期的风貌。

互动装置，涉及的技术很多，但其基本特性可以归纳为：利用一种或者多种光学、电子、机械技术原理设计的，需要观众操作配合运行的认知装置。按操作行为有简单、复杂之分。最简单也最常见的为“按钮型”，观众只需要按动选择的目标按钮，装置即激活相应的内容自动运作。这个过程中，观众可以有选择地“观看”学习。此外，复杂互动装置会跟随展示主题衍生出“高级版本”，科技、自然馆中多数为此类装置。转动手柄产生磁力看磁场变化、在跑步机上与恐龙赛跑、站立拍照看人类进化等，应用的媒体多样，但逃不开共同的特点——与观众互动。尤其是利用计算机技术改装的互动装置，更是成为体验项目的主角。

在新媒体中，视频影像算得上常青树。从生活影像记录、电影、行为艺术篇、现代影像记录，视频影像从对象上扩大、内容组织上突破，也在与其他技术结合中寻求新空间。比如 Cleveland 自然史博物馆中的第一单元，这是一个结合场景的实时互动影像。大橱窗中几只绝种动物正在全神贯注地看电视，当观众好奇它们在看什么而接近橱窗时，发现自己的影像出现在了电视机里。“×× 在看 ××”的主体客体突然变了，让观众反思自然的破坏源于我们的眼界狭隘。而随着各种体验型新媒体项目增多，注重观众“理性愉悦”的博物馆体验意识不断在展览设计中得到强化。表现之一即是新媒体与传统媒体结合，强化信息传达。

3. 沉浸式虚拟展示

随着媒体技术不断升级，也带动了展示手段的丰富多彩。20 世纪 90 年代出现了一种新型综合媒体，即虚拟现实（Virtual Reality）。它集合计算机图形学、人机交互、传感技术、人工智能等技术合成三维的虚拟环境，使置身其中的观众可以通过听、视、摸等感受“身临其境”，并产生实时互动。这一虚拟现实技术引入博物馆展示设计领域则表现为“沉浸式虚拟展示”。那么，什么是沉浸式虚拟展示？同样是针对观众的感官而言，沉浸式虚拟展示区别于体验型互动展示的独特之处在哪里？沉浸是指精神的全神贯注，是从一种精神状态到另一种精神状态的发展、变化和过渡的过程，其特点是减少和被展示物体的审视距离，而增加对当前事件的情感投入。换个通俗说法就是，在计算机创造的“幻象空间”里，观众通过联想得到类似真实的空间体验。这里的空间体验与上文“体验”的区别在于“强调运动的虚拟性”，人在思考和想象中也可以虚拟地“进入”空间，其间的距离并非体验的，而是假定的。

目前的虚拟现实技术，主要借助计算机技术来构建虚拟空间，并利用传感器等交互设备使观众与虚拟世界进行实时交互。也就是说，我们所提的沉浸式虚拟展示，第一次过程是计算机处理—空间虚拟成像—感知—形成人的感知视觉成像，第二次过程则是人运动—计算机捕捉处理—空间虚拟重新成像—人感知—形成人的感知视觉成像，此后依照第二次轮回。其中的关键点是计算机虚拟成像到人的感知视觉成像的转换过程，这关系到最终沉浸感的实现程度。客观分析，制约因素主要来自前者，也就是计算机技术下虚拟空间的“真实程度”。《阿凡达》之所以在 IMAX 影院效果最佳，也是因为虚拟现实技术需要借助“地利”，即空间地形等配合，以最大限度地挖掘人眼与画面的结合。因此，博物馆展示设计中的沉浸式虚拟展示，往往会借助于三维造景来实现综合虚拟空间的营造，也就是目前常见的一大类型——场景式虚拟展示。如青阳悟空寺博物馆在展现“僧伽遗体进香华门”主题时，借用高大的三维城门营造，首先让观众感受仿佛置身古城之前的临场感。进入门洞后，迎面展开的唐代众人迎接僧伽大师灵舆的全景画，强化置身香华门迎接的历史时刻。随着步履前进，左右前三侧投影鲜花漫天飞舞香气扑鼻，地面跟随脚步显现鲜花遍地的情景，仿佛沉浸在“香华门鲜花遍地迎接僧伽大师”的那一刻。这一结合场景的沉浸式虚拟展示方式，很好地利用了观众的联想，借助历史建筑营造空间感的同时唤起文化记忆。相比头盔式虚拟现实系统，此类方式更经济同时效果明显，可以预测这将会是以后展览中应用较多的样式之一。

目前另一大应用广泛的沉浸式虚拟展示类型表现为虚拟剧场，即剧场式虚拟展示，比如美国费城国家宪法博物馆内的环幕体验剧场“Freedom Rising”。这个六角星形戏剧厅（the Kimmel），四周环绕阶梯式座位，能同时容纳 320 人，中心剧场作为主展台，环绕六角形上周的是 360°环形屏幕。戏剧开场，立体影像直接投射在剧场中心，伴随着“We the people”的开场，美国革命战争开始了。一幕幕根据铜版画的历史文物制作成的影像，演绎了那段艰辛而荣耀的岁月。而在展台上走动的专业演员，穿行在故事中，与观众直接对话，扮演着叙述人的角色。这种结合了戏剧表演、影像播放和实时互动的方式，将历史事件的史实生动直观地呈现在观众面前，可谓是博物馆基于自身实际摸索到了沉浸式虚拟展示道路。世界各大博物馆都有类似的环形剧场，用于推进此类沉浸式的虚拟展示。如东京国立科学博物馆 360 度剧场、台湾世界宗教博物馆 Dome Theatre 等。同样，在 2010 年的上海世博会中，沉浸式虚拟展示技术各显其能。国家电网馆主展项“魔盒”全景式影像展示厅，号称 720 度“幻象空间”。在此，观众被六面全屏幕空间包围，屏幕的物理尺度在视觉上无限扩展到更深的虚拟空间，产生更广阔独特的影像，讲述电力如何满足中国这样一个幅员辽阔的国家的用电需求，以及如何穿越 3000 千米以上的距离来传递电能。在这个“魔盒”里，观众“在变幻莫测的全景动画中，经历一场身临其境般的梦幻体验、绝妙的视听之旅”。

以上的描述和案例介绍，大致能描述出沉浸式虚拟展示的外形。不论是头盔式虚拟现实系统，还是综合虚拟展示类型，其目的始终是让观众通过视觉、听觉、触觉等感受到身临其境的沉浸感。最后，沉浸的虚拟空间可以看作一个时空的舞台，在那里，精神模型或者世界的抽象结构都能得到三维的虚拟体现，并通过全身心的沉浸与交互在其中进行探索。

（二）新媒体在博物馆展示设计中的作用

新媒体在博物馆展示设计的应用过程中扮演了什么样的角色？20 世纪 30 年代就有学者注意到了新媒体对博物馆产生的诸多影响，并且不无夸张地预言博物馆将在此影响下走向“观众主导”（user-orientation）。计算机问世后，博物馆新媒体更是层出不穷，俨然成为博物馆语言的重要分子。这也让博物馆人意识到新媒体在补充完善传统机构方面的巨大优势。不过就像一切新事物，新媒体同样遇到“评判危机”。新媒体拥护者们认为，它是实现现代化、公众化的有利方式，而且能迅速提升古板的传统机构的效率，“在实现知识民主化、为展览提供情景信息以及增进博物馆参与方面的努力”更是魅力不凡；同时，它也提供灵活性、帮助再现“复杂概念和过程”、让展览生动、提供多种视角、促进与观众的社会互动。怀疑论者则将其视为文物真实性、知识传统来源所有权的威胁，一些博物馆更是因此走向庸俗化的境地，它们自我包装俨然成为娱乐性的商业中心。尽管两种观点都立足于现实，但任何一方都没有区分各自观察的新媒体种类和用途，且言辞中包含着未经检验的博物馆和新媒体推论。比如，反对在博物馆中使用新媒体源自对两者的静态认识：新媒体伴随着技术高端化、小型化的过程，显得转瞬即逝与虚拟，但也带来颇受欢迎的娱乐效果；博物馆则与“静止”“意义重大”“纪念性”相关，表现出历史永久性和物质性。在我看来，这些差别并不是重点，新媒体参与博物馆实践的过程更为实际。另外，新媒体会提升博物馆的观点过于看重技术，而低估了新媒体帮助知识建构和实践的程度。我认为，新媒体不仅是作为交流的工具或设备，还可以看作帮助博物馆组织、建构知识和吸引观众注意力的有力手段。因此，我们可以从新媒体与传统媒体、新媒体与观众这两组关系，分析新媒体在博物馆特别是展示领域所发挥的作用。

1. 新媒体与传统媒体

通行的博物馆史中，关于展示有两条线索，一条是关注展品，另一条则是关注展示手法。当然，严格来说，这两者往往是相互交织难以分割的。这就给新媒体研究带来了一定的影响，即有时候我们会难以判断什么是展品什么是展示手段。现实情况是，新媒体往往也会扮演展品的角色而不仅限于展示手段，而本文的论述对象是基于展示手段的新媒体。因此，厘清作为展品的媒体演变与作为展示手段的媒体演变，将会便于我们区别新媒体的不同应用，从而理解其在展示设计中扮演的双重角色。

（1）作为展品的新媒体演变

展品顾名思义是指展览中被展示的物件。这与早期博物馆的展品范围并不完全一致。自 1683 年阿什莫尔博物馆（The Ashmolean Museum of Art & Archaeology）、1759 年大英博物馆以及 1791 年卢浮宫的对外开放，开启了近代博物馆公共服务的时代。从此，博物馆展品才真正出现。品类丰富的收藏品，按照艺术分类或者自然知识放在柜子里、挂在墙上。至 18 世纪末 19 世纪初期以前，博物馆的展品概念等同于藏品，即收藏什么展什么。虽然面向公众开放，博物馆“珍宝储藏室 / 仓库”的身份依然没有改变。1892 年 Arthur Hazelius 将各地即将拆迁的老建筑原样保留室内布置和整体建筑，并将之移到斯坎森（Skansen）博物馆对外开放；1899 年彼特瑞福将军为了吸引观众来参观博物馆，在博物馆旁边的拉媚游园（the Larmer Ground）中上演圣神降临节（Whit Monday）戏剧，此后来博物馆参观的附近居民们不时能看到这样的表演节目。这时的展品概念扩大了，大型建筑以及其中的附属物、动态的演艺这些反映人类生活状态的对象被纳入博物馆视野中。展品概念从单一的物扩展到了与此相关的环境以及参与其中的人。随后的两个世纪，展品的内涵并没有脱离这一演变过程，只是在情境还原、场景模拟的展示中得到强化。概括地说，这一阶段的核心是博物馆自我定位的不断明确，即从收藏、研究到展示、传播的重点转移。

到了 20 世纪后期，展品的范围有了新的变化。这从博物馆定义的变化可见一斑：由 1962 年“具有文化价值资料和标本”到 1974 年“具有文化和科学价值的藏品”，再到 1989 年“人类及其环境见证物”，最后到 2007 年“人类及其环境的物质和非物质遗产”。2003 年，联合国教科文组织通过《保护非物质文化遗产公约》，让世人注意到那些与人类文化息息相关却难以以实体存在的对象。这些对象是被各群体、团体、有时被个人视为其文化遗产的各种言语传统和表达、表演艺术、社会行为、禁忌和节俗、知识体系和传统技能及其相关的工具、实物、工艺品和场所。仅从定名上，我们就能发现它与传统展品的区别。新媒体正是在这一应用中凸显自身价值的。我们看到，畲族博物馆内“三月三”表演视频被安置在展厅一角、电影博物馆里幽默生动的皮影戏被放大投影在展厅幕墙、浙江博物馆中东阳木雕大师的雕刻片段与木雕成品摆放在一起。这样一种需要长时段、动态记录的非物质文化遗产，不仅促成了新媒体在记录、收藏方面的优势，也彰显了展示载体的独特性。与非物质文化遗产概念类似的，还有涉及全程性质的事件。这一类型多见于历史主题相关题材，如南京大屠杀、法门寺地宫考古等。不论是被当作整个展览的内容还是展览的一部分，故事实证性是基本要求。比如死伤市民的照片固然能告知观众当时的惨烈，但是亲眼看见“轰鸣的敌机滑过南京城上空，一颗颗弹药从飞机上投下，炸伤无数无辜的南京人民”的视频画面，恐怕没有人会怀疑那段历史。这一刻，这些视频作为事件的“物证”成为展品的一员。新媒体也在这样的记录、展示中表现出超越传统媒体的优势。综合非物质文化遗产和事件性主题，我们清晰地认识到新媒体在深化展品内涵中发挥着巨大作用。这一次，展品的概念在过去凝固的物的集合体中加入了动态的对象。

实际上，展品的演变并没有就此停步。计算机技术和全息摄影技术的结合，让博物馆人看到了一个巨大的便利：藏品的数字化管理。看上去它似乎与展示并不搭边，只是博物馆组织工作而已。但是，当微型显示器替代了传统标签、图片成为文物的“解说版”，不仅有详细的文物文字信息，还能让观众选择观赏角度，360 度甚至 720 度旋转虚拟文物环绕观察，放大局部细节。这时，数字化就不仅仅是藏品概念，更进入了展品的领域。相比不能触碰的文物，这样的“与文物对话”更受观众欢迎。不过有学者指出复制品也一样能实现这些效果，更经济并且还能直接触摸。实体触摸这一点确实是目前的数字化无法达到的，但再精细的复制都无法完全还原文物原件的所有细节，这一点却是数字化能填补的。此外，数字化让展品在信息传播的速率上超越了传统媒体，尤其是超越实体博物馆边界进入虚拟博物馆。只要一根网线一台电脑人们便能看到高精度的“蒙娜丽莎的微笑”。

这一新媒体应用同时也给博物馆带来了巨大挑战。在计算机仅作为存档管理工具进入藏品管理时，我们还可以认为实物是三维的有空间形体的，而数字化不过是平面的图像进行自我安慰。但十多年后的今天，计算机实现了从原始的文物二维照片到文物三维成像的飞跃，甚至扩展到在完全虚拟的网络空间中一模一样地呈现实体博物馆的一切。从信息传播的角度讲，“这种电子文化并没有转移人类的价值和身份认同”，反而扩大了信息接收人群，既然如此，那么还有必要进入实体博物馆观看具有实体形态的展品吗？这一质疑直接道出了实物展品和虚拟展品间的某种对立，尤其是在实体博物馆展品本身就是复制品时显得尤为突出。博物馆人的应对是“把博物馆信息传播与实物为核心的三维形象体系所营造的现场感结合起来”，仅保持实体博物馆的体验感优势。但不管评价如何，展品在数字化新媒体的帮助下突破了实体性的限制，虚拟展示成为一大趋势。

综上而言，从展品内涵和范围的演变，我们可以看出新媒体在展品记录、收藏方面填补了传统媒介的空缺，也在展示这些对象时表现出不可替代的作用。

（2）作为展示手段的新媒体演变

传统媒体和新媒体的分界在哪里，只是技术的更新，还是有展示理念的不同。这样的问题一直困扰着博物馆人。我们先暂时抛开这个疑问，单纯从展示设计手法入手梳理两种媒介引起的博物馆展示理念变化。回顾 19 世纪以来的博物馆展示发展历程，我们发现这是对展示实质的高度概括。其中最大的转变莫过于“展示复原”概念的出现。早在 19 世纪初，英国曾经试验将动物标本还原到自然情态，配合自然景观的全景画和复制植物等，在博物馆内复原出原生态的景观。此后，这一想法再应用到历史类展览中。1832 年，法国收藏家 Alexandre du Somrnerand 在巴黎一间古迹内公开展示了他的中世纪收藏品。在这间被称为 Clunny 的罗马时代浴场中，陶瓷器皿、宗教礼器等按使用环境布置摆放。19 世纪末，维也纳技术博物馆展出了当时小提琴工匠的工作间，悬挂着的小提琴成品、凌乱摆放的工作台和环绕墙壁的工具箱，这一完全复原的布局让人们仿佛走入了某人的工作坊。这种复原方式相继被世界各国博物馆采用，被当时的人们称为全景再现（Panorama），同时也衍生出另一相似手法——模拟实景的立体模型（diorama），通常被视为“窗景 / 火车车窗式”情景再现。这一类型的展示手法打破了“珍物柜式的储藏室”的禁锢，为博物馆营造出各具特色的空间和环境氛围，也让观众从中感受到博物馆体验带来的乐趣。这一转变可以概括为“以文物、标本等为中心的展示”转向充分发挥社会环境、时代样式、自然生态环境这些“文物、标本的‘家’”的功能和作用，使展示一目了然地“重视环境再现的展示”。如果说之前的空间营造多为跨越时空的凝固瞬间，那么20世纪80年代之后的复原体验更多地体现在动态的再现和观众体验、交流的强化。这一转变主要源于新媒体的引入。

通过上文的梳理，我们认识到博物馆展品的内涵经历着由静止事物向动态事件扩充，相应地我们能清晰地看到新媒体在表现展示内容上，打破过去一瞬间的时间禁锢，给予展品一个跨越时间和空间的内涵。通常三维造型、造景能很真实地再现某一空间构造，比如河姆渡的干栏建筑，可是也因为这样的真实，展示信息被限定在这个空间中，虽然全景画让观众看到建筑延伸部分的情况，但它需要依托墙面的特性限制了信息的再延展。观众不禁要问，这座河姆渡建筑旁边还有其他建筑吗？它在村子里面吗？它们怎么布局的？当时的自然环境如何……考古类博物馆为了反映过去遗址的真实面貌，往往采用新媒体技术营造，配合三维造景综合展现当时人们的生活场景等。除此之外，虚拟现实技术让观众的博物馆体验感达到了极致。它以电脑技术虚拟成像取代情景还原场景中的实体空间，进一步将“空间”的概念往虚拟化拓展。这也映衬了展品的虚拟化趋势。同时，观众的博物馆体验在虚拟现实展示中得到最集中的刺激。这一刺激主要出自感官的矛盾上。当进入虚拟空间时，人的认知即自动将其视为“虚拟的”“不存在的”，但随着观察的更加深入，感官上却觉得这些空间物体都是“真实存在”的，与在现实三维世界中的物体给人的感觉一样，于是，前置的感官预设与后来的感官体验产生了出入，但后者明显强于前者。这一刻，观众反而在心理刺激中达到惊异的状态，其体验值也就高于平时所见的真实三维空间感。综合以上的论述，我们可以得出新媒体在时间和空间的展示理念上有所提高和突破，是在传统媒体基础上的拓展。波洛克·杰克逊是美国抽象绘画的奠基人之一，在他的眼中“艺术家的工作是表现内在世界，换句话说是表现活力、运动以及其他的内在力量”。现代主义艺术家的着眼点是时间和空间，他表现情感，而不是图解社会，新媒体的目的亦是如此。作为一种展示手段，新媒体通过对时间和空间的不同表达，表现出区别于传统媒体的展示效果，但其核心是博物馆展示教育功能的实现，在这点上新媒体和传统媒体并没有区别。

综上分析可见，新媒体与传统媒体并不是水火不容的敌手，它们更像是互补互进的兄弟，在博物馆中尤其是展示设计领域共同扮演着信息传播的角色。新媒体，也只是如实地反映了社会的技术进步，忠实地充当了博物馆社会化的助力而已。刻意回避和特意美化都不理智，如实地客观地认识和看待新媒体才是相对理性的选择。

2. 新媒体与观众

随着博物馆社会化的日益提高，观众研究成为继展示手段分析之后又一大校验博物馆亲和力的研究方向。但实际来说，现代博物馆的展示研究往往会与观众教育结合在一起，并且有研究称观众正是在博物馆展览空间的行走和站立过程中观察和阅读所见来实现博物馆教育的。研究经验还告诉我们，博物馆展示手段的吸引力将会影响到观众认知的范围和深度，反过来，观众对某一单元停驻时间超过普遍参观时间并且对此滔滔不绝，则可以反映出这展览手段实现了我们的信息传达。因此，博物馆观众、展览手段、博物馆教育之间有着相当密切的关联。

（1）人机对话——缩短与观众的距离

新媒体对观众的影响与其说是炫目的技术体验，不如说是博物馆消除自身与观众间鸿沟的一种尝试。这种试图拉近博物馆观众距离的做法，在新媒体出现后产生出两条不同的方向。其中之一是破除博物馆公共展示和研究收集间的不对等。这在展品数字化中体现得尤为明显。类似网页上的超文本格式，参观展览的观众可以借助那些摆放在文物周边的新媒体装置（如触摸屏式样的文物电子展册等），查询到那些被收纳在文物室没有展出的、却与此文物类似或有关联的文物们。这样的自助服务，让藏品数据库与展品建立关联。新媒体让展览成为与观众的人机对话，观众根据偏好从中挑选不同的物件，然后在兴趣支配下观察对比得到自己的结论。这样开放的做法是博物馆有意拉近观众距离的尝试，也是新媒体不断在深化自身可能性，如在建立展品背景信息、图像展览等基本数据库以及建立怎样的关联结构方面探索各种有效方式。1991 年至 1996 年间举办的“Orbis Pictus Revised”展览就是代表。这个展览试图通过实践找寻象征性图片与现代计算机的合作机会：首先，它确定出一种线索，将 50 个相关物件与从《世界图解 / 图像中见到的世界》（Orbis Sensualium Pictus）一书中选取的 50 张图片关联起来；其次，第一类互动计算机装置按照线索存储着这些图片和信息，以出版年代序列默认呈现在显示屏幕上，观众可以通过触摸屏幕、按钮的方式，抽选相关书本中的照片，看到从 17 世纪至今的变化；最后，第二类互动计算机装置为观众提供不同位置的触碰，在屏幕上显现与此相关的 17 世纪到 20 世纪的不同定义。这里，线索的概念和架构是基础，人的视觉、触觉感知同概念建构是延伸话题，是人机对话的另类突破。这一过程与传播学的信息传递过程吻合，即在设计新媒体时考虑到观众认知心理一致性。这之后的新媒体设计基本遵循着模块化与观众建立连接出发，比如大英博物馆也有类似尝试，如 COMPASS（Collections Multimedia Public Access System）计划等。这些尝试经过多年观众实践检验，证明新媒体的线索性和交互性能很好地将观众和信息建立交流通道，并且消除这之间无法获取的尴尬或是感官共鸣的冷淡。

新媒体缩短与观众的距离的另一表现则集中在博物馆权力的让渡上。在谈及博物馆观众时，初期的近代博物馆通常站在高高在上的位置，即使开放了博物馆参观的门槛，但是珍物柜式的说教方式以及不加思考的分类体系都无声地拉开观众与博物馆的认知距离。19 世纪之后，场景模拟、情景还原手段的出现与展厅流线的安排等，虽然表明博物馆放低姿态表现出对观众的亲和力，但观众始终只是参观者而已。直到新媒体，尤其是计算机技术出现，简单的按钮或是触摸屏像一个标识，让观众突然感受到博物馆选择权的存在，虽然这样的选择很有限，但无疑给这个世界一个讯号——博物馆正在试图与观众平等对话。从按钮到显示屏，从双选到数字化展品库自选，浏览权限的释放透过新媒体得以实现。因此，不无夸张地说除却技术手段的革新，新媒体最大的贡献恐怕是将博物馆和观众放在平等的位置对待。

不过有学者发现，虽然图像在媒介的变化下一再地缩短了与观者的距离，甚至时间和空间被压缩到极致。尤其是虚拟现实的技术下，观念的物理和心理距离是在同一个概念空间里存在的。但是，按照传统的审美心理过程，观众必须通过一定的距离来形成图像的认知建构。这与虚拟展示下的认知过程正好对立。即使我们观看物体、识别物体的生理过程不会太受影响，但是对于事物的接受却是必须经过大脑的文化转化的。既然如此，基于新媒体条件下的图像空间所产生的幻觉是怎样的，这些图像接受者的内在距离和感知过程如何……这些与观众认知心理直接相关的疑问就成为新媒体尤其是虚拟现实技术亟待研究的问题。

（2）人的媒体化——让观众参与思考

博物馆长久以来都是以“物”为中心的，直到 19 世纪后半期才将注意力转移到使用的“人”身上。20 世纪初这种趋势显得相对明显，“观众导向”的思维随后一步步确立。在这一演进中，新媒体通过“让观众参与思考”与观众建立联系。我们知道，新媒体最被称道的是它的“联结性”和“互动性”。体现在展览设计的实际中就是，利用内部各媒体之间融合协作构成的展示装置吸引观众并与之产生互动。这样的非线性传播方式，打破传统信息接收的单向性，充分调动观众的视觉、听觉、触觉等全方位感官，让观众经历观察—体验 / 感受—思考的认知过程，实现信息的接收和消化。这一方式的核心是观众认知心理学的规律，即人们在他们的阅读中只能记住 10% 的信息，但在说和做的过程中却能记住 90%。上文提到的人机对话是新媒体的基本样式，而在此，让观众从阅读转化到作为展品的一部分，即通过“人的媒体化”来实现。

人的媒体化概念来源于行为艺术或是俄罗斯构成主义，它们将人作为表现艺术概念的主角由此构成的整体成为被展示的对象。这一想法最早可以追溯到戏剧、歌曲等艺术表演，19 世纪中后期，人类学和社会学理念的渗透使得人从“高雅”的艺术殿堂“进入”日常生活中。反映生活状态的思潮出现，又在高科技出现后，人的媒体化更加明显。最突出的就是实时录像。这里“人的媒体化”的含义是参观者成为被展示对象的一部分存在，两者共同构成展览单元想要传达的信息内容。比较有代表性的案例是，Cleveland 自然史博物馆的“濒危动物”展柜。它的主题是揭示因为人只看重自己所以自然被破坏了，珍稀动物灭绝了，重点以“看与被看”的角色互换来实现。参观者无人或者还没进入电视屏幕中，这个展项就不完整，类似斗争中少了另一方。观众，在这时成为展品的组成元素，被媒体化了。他同时兼具媒体的展品角色和旁观的参观者角色。这一类型的新媒体样式在科技馆、历史馆也应用广泛。想要当一回总统公开宣讲么？美国史密松历史博物馆有一个“你来当总统”展台，观众在演讲台上，对面悬挂的视频就会出现现场直播，观众参与时扮演剧中人也成为别人眼中的“展品”。其他还有不少类似展项，出发点都是让观众体验、参与到展项的形成和思考中。

实际上，让观众参与展示内容的思想只是在加强观众互动性的强化延伸，并非新开创。传播学理论中有关于信息传播的理解分析。该理论认为一般有两种方式影响大众对信息的理解，一种是结构性影响，另一种是功能性影响。前者一般是对于信息源而言的，后者则主要针对受众分化出理解的大致顺序：选择性注意—选择性理解—选择性记忆。这意味着，信息源需完整地经历从注意、理解深化到记忆才能真正实现信息传播。从新媒体角度，刺激观众选择性注意的关键是区别于传统媒体的动态感或者称体验感。视觉研究的记录中记载人眼在停驻物体 23 秒后才能进入大脑，换言之，从视觉接收信息到大脑转化的周期是 23 秒，即完成注意、理解到瞬间记忆的时限。而观众在一般参观行为中扫视（scan）停留的长度仅为 3—5 秒，而观众受到新媒体吸引参与进来的时限远大于扫视长度，但是否达到 23 秒平均值目前还无科学实证材料，不敢妄言。但可以肯定的是，新媒体更吸引观众的选择性注意，通俗的话讲就是夺人眼球。但是注意之后是否有利于理解和记忆目前还无定论，但这方面研究却也是目前亟待解决的研究领域之一，同时，个人希望在这一课题的进一步展开中有所涉猎。

总之，新媒体能一体化表现文字、图像、声音等不同形式信息，通过关键词进行关联内容的自由跳转。这一独特性使得它在负载大容量展示信息时，满足观众随个人喜好选择查阅的展示要求，打破了传统媒体对空间体量的局限和查阅便捷度的限制。同时，它也在调动观众参观体验方面显示出不错的吸引力。但目前还缺乏观众对新媒体信息认知深入性的理论研究，也就难以对新媒体有比较实证性的分析。不过，这也将是新媒体以后研究的主要方向。

（三）新媒体在博物馆展示设计中的运用

新媒体多种多样，有诸如幻影成景、全息成像这样的高端科技，也有视频短片、触屏互动装置、机械装置这样的普及项目，相应地，成本、观众接受度、展示效果、维护投入等属性也各有差异。那些炫目的、夺人眼球的新媒体项目在世博会、艺术展上大出风头，也带给观众难以忘却的视觉冲击。可是，博物馆毕竟是一个长期的展示机构，需要面对的不仅是初期的投入和效果，还得考虑到长远的运行和发展。如何在博物馆展示设计中处理好新媒体的运用，既是博物馆必然面对的挑战，也是对博物馆生命力的持久考验。接下来，我们按展览发展顺序，来梳理新媒体的策划和设计的一般过程。

1. 资源分析与目标定位

除了很少的展览，如新媒体艺术展或者虚拟现实展馆，新媒体在博物馆展示设计中的运用往往是穿插在整个展览中进行的。这也就意味着，我们的策划设计需要从整体上把握展览内容而并不是简单地写出新媒体脚本。也就是说，我们的第一步工作也是必不可少的步骤，是明确目标定位。我们知道，在博物馆展览策划时会碰到很多问题，而且这个确定策划内容的策划过程是一个动态的反复的过程。这期间我们需要不断地思考问题来明确我们的方向，如“展览的举办方是谁”“展览地点在哪儿”“展览的目标观众是谁”“展览预算有多少”等等，综合这些前置因素我们对展览目标做出初步判定。比如，建在武林码头的浙江省博物馆是为了让更多的杭州人以及来往的游客了解浙江七千年的发展历史，让浙江人以及游客对这片土地上创造的灿烂文化产生共鸣。即这一展览定位为历史类主题，以历史信息为主要主体。因此，其中的展示单元、分组都必须明确定位在这个展览内容，即在“浙江省历史的发展脉络”中扮演什么样的角色、重要性如何、前后关系如何，以及想要告诉观众的传播目的是什么。

通常博物馆学习有三种类型：认知的、技能的和情感的，这三者在各式主题下的分配比例并不相同，比如科技类、自然类主题的展览通常以认知和技能为主，而历史类主题更偏重认知和情感。甚至即使是同一个历史类主题之下，针对各个展示单元、展示分组都各有差异。比如，“唐代的风箱”这一展示分组，它在历史类主题下更偏重的是认知和技能，即让观众了解风箱的结构和操作，区别于整体上认知和情感的学习。这意味着我们不仅需要从展览整体考虑风格定位，还要从展示分组本身的特点把握。根据以上思路，通过整体和部分的考虑，我们了解展览分组在整个展览中的重要程度；分析展览分组自身的信息内容，我们知晓这一主题的特点（传授技能、传播认知或是情感共鸣），由此明确我们的目标定位。

2. 组织信息内容——坚持传播有效性

有了明确的目标定位，下一步工作就需要对已有知识进行梳理重组。博物馆是面向观众的非正式教育机构，其核心是信息传播。观众接收到的信息量是判断新媒体应用效果的标准，而信息接收的主要制约因素则是信息源的组织方式。所以，新媒体要实现在博物馆展示设计中的价值必须考虑到信息传播的有效性。根据传播学、认知心理学等学科的研究成果，我们建议在组织信息内容的过程中遵循分层次架构和简化原则。

所谓分层次架构，顾名思义就是按一定原则分层组织信息内容。在展览策划中我们常常会用到“一级传播目的”“值得的信息（Take-home message）”这样的词来厘清我们想要传达给观众的核心信息，它通常是用一简单句来表达的。往下我们可以用“第二级传播目的 / 次要信息”“第三级传播目的 / 第三级信息”……这种分层架构根据信息的重要性展开，在小组分的内容组织梳理尤为明显。以青阳悟空寺博物馆的“僧伽大师的中土行迹”为例，其一级信息为僧伽大师从西往东进入唐土，这一点表明“从西往东”的方向性是所有内容的重点；二级信息为在各个地方传教游法，这一点表明地点和故事是需要解释的内容。

而简化原则是出于观众认知心理的考虑。现代社会信息超载现象严重，每个社会个体都出现了不同程度的“信息焦虑”，浅阅读成为习惯。但必须指出，信息超载的一个原因是“非信息”（non-information）过多以致淹没了“信息”。此外，观众是在博物馆空间的走动和站立中获取知识的，这样一种参观方式注定了所投入的注意力很短暂。综合这两点，我们在信息组织中必须排除过多干扰。至于区分信息和非信息的标准也就是我们之前确定的各级传播目的了。另外，简化原则所指的另一含义是信息的展开程度也就是信息量。比如所有的信息都是与传播目的相关的，但因为数量太多，围绕着传播目的，总是有着关联性程度的差异，这时的简化就是指核心信息集中，让观众能直接地接触信息重点。当然了，分层次架构和信息简化并不是孤立的，它们贯穿在整个组织信息过程中，考虑主次分层的同时也不能忘记简化梳理，简化信息时不可动摇分层架构。

3. 确定展示手段遵循适宜性原则

新媒体样式多种多样，如何选择是展览最为困扰的问题。之前的工作明确目标定位和组织信息，也是出于认清所掌握的内容和资源，目的不过是希望在乱花中能审慎地选定“命定的那一朵”。在此，我们建议新媒体形式的选择必须遵循适宜性原则，即在充分考虑预算、空间等客观条件后，根据组分的重要性和内容架构进行视觉表现的创作过程，其实质是对现实各种因素的综合判断。

博物馆教育有两个特性，非强制性和在行走中学习，观众通过在空间里的行走和站立获取信息，考验着展示手段的吸引力和感染力。虽然新媒体在这点上表现不俗，但并不意味着就能完全取代传统媒体无往不利。相反，新媒体因为成本高、容易损坏等原因反而逊色于其他经济方便的传统方式。另一方面，传统媒体在经过改造后也表现出不小的吸引力。所以，各种类型的选择还得看具体情况。比如过程性的展示内容，如工艺制作、艺术表演、考古事件等，需要保证完整性最好是使用视频类装置；比如概念性的展示内容，如光的折射原理、悲伤的感觉是什么、如果你生活在唐代等，对理解体验的要求较高建议采用互动式装置进行二度创作；比如有关时空跨度的追溯，尤其是有具体地点、背景的，与空间场景结合会更说明问题，建议整体统一设计规划。还有很多不同内容在此无法面面俱到，但万变不离其宗的判断标准始终是以实现传播目的为核心。

以上的内容是依循展览发展的思路展开、针对新媒体设计过程的一些个人梳理。在此必须申明，策划和设计并没有在确定展示手段终结。更为重要的是之后，即确定具体的新媒体或者新媒体衍生物之后的针对性设计展开。但因为各种新媒体类型各有特点，其内容将会是不亚于本书的主题论文，因此本书不做展开论述。

第三节 博物馆新媒体运用分析与创新研究

一、博物馆新媒体运用的现状

（一）新媒体应用程度偏低，宣传力度有待进一步加大

当下短视频时代正在兴起，青少年群体热衷于此。怎样充分利用新媒体平台与青少年进行沟通与互动，怎样吸引更多的青少年参与到新媒体平台中来，是需要我们引起重视的问题。博物馆仅仅依靠微信公众平台、官方网站进行宣传，传播效果欠佳，博物馆的关注量较少，未能实现平台的引流优势。

（二）新媒体平台内容同质化，还需进一步创新

在新媒体平台内容编辑方面，由于内容同质化缺乏吸引力，活跃度低迷，未能实现与观众的良性互动。当下的宣传重点主要是以博物馆日常相关活动展览报道为主，缺乏有深度的报道内容和多样性的报道形式，对馆藏文物资源等内容缺少统一规划，对精神价值挖掘不足，表现形式较为单一，未能充分发挥新媒体的表现优势，未能结合自身的传播渠道和观众需求及特点进行传播，高质量内容供给不足。

（三）缺乏专业的运营团队，仍需进一步激活

从事新媒体工作的岗位设置不够明确，人才队伍管理机制不够健全，缺乏科学高效的管理规范和工作指导。当前博物馆从事新媒体的工作人员既需承担原有岗位的工作，又要兼顾新媒体平台的内容发布和维护，这就在一定程度上影响了新媒体平台的日常运转，未达到较好的宣传效果。

二、博物馆应用新媒体的创新研究

博物馆与新媒体的深度融合进一步开拓了博物馆的功能，可以通过有效运用互联网、手机等新兴媒体和博客、微博等新兴手段传播博物馆文化。由于受到时间、空间及保存条件、保护技术等诸多限制，能够展出和提供研究的文物占极小一部分，而且还存在着文物藏品展示空间有限、展示手段较为单一、与观众沟通不畅等问题。

面对博物馆中存在的藏品展示空间有限、展示手段较为单一等问题，博物馆以数字陈列、数字影像等多种技术手段来进行文物展示，构建了更加完备的博物馆知识体系，配合博物馆的传统展陈模式，使观众获得在传统模式中无法完全呈现的展品的文化内涵和历史价值等信息。

面对博物馆中存在着与观众沟通不畅等问题，当前很多博物馆通过开通官方网站、微博、微信平台等新媒体打开博物馆对外宣传的新窗口，让观众时刻了解博物馆的详细信息，同时也可以对自己所感兴趣的知识进行深入理解，为观众提供了一个自由分享和意见表达的平台，与观众保持密切互动，持续为观众提供更为精准的文化服务。

博物馆充分运用新媒体技术手段破解难题，完成传播形式上的创新与飞跃，使博物馆厚重典雅的历史价值和丰富多彩的文化价值通过新媒体穿越时空的阻隔，回到过去与现代对话，给予观众美妙神奇的参观体验，充实并提高了观众的精神生活。博物馆综合运用数字化展示等多种技术手段，以展陈实物为基础，结合多媒体辅助展示，形成虚实结合的展线体系。同时利用观众跨越每个建筑间隙，以院内建筑之美、园林之秀、景观之雅点睛，形成场景与现实交互的体验展线，观众借助移动端 App 根据个人爱好和需求，依照关键词或者其他检索标准搜索展品、展区，形成个性化展线，打造“万里茶道”沉浸式数字体验馆，借助数字化多媒体技术及设备，动静结合展示万里茶道沿途景象。博物馆现已开通了微信公众号

和官方网站，为观众提供预约门票、获取最新展览资讯等服务，扩展了博物馆的宣传服务范围，为观众提供了更为人性化的服务。

随着社会的快速发展，观众的文化程度逐渐提高，知识结构也发生了相应的变化，享受精神生活也逐渐成了观众的一种生活态度。早期的博物馆只接待有身份、有地位的贵宾，随着时间的推移，旅游业的蓬勃发展也带动了博物馆的发展，博物馆也逐渐面对大众开放，观众对博物馆的需求也从普通的游览参观到向自己感兴趣的知识领域进行深入研究的转变，这也要求博物馆充分发挥新媒体优势，运用多种技术手段满足观众对新奇事物、历史文化等方面的求知欲，满足观众的精神文化需求。博物馆综合运用各种新媒体等多种技术手段不仅展示了完备的历史实物，而且向人们梳理了历史发展的脉络，展示了深厚的博物馆文化魅力和独特的文化内涵。不同的观众通过自己无限的遐想，勾勒出历史的辉煌场景和艰苦卓绝的奋斗历程，给观众留下深刻的印象。

三、博物馆应用新媒体的未来展望

（一）加强新媒体宣传主题的贴近性

博物馆立足馆内丰富的馆藏文物资源，深入挖掘背后蕴含的博物馆文化等优秀传统文化资源，从灿烂的历史文化遗产中汲取营养，真正做到多样化呈现、多角度表达。同时，新媒体宣传主题要以凸显博物馆文化、展示文化精神、服务广大观众为根本出发点，将博物馆馆藏内容与丰富多彩的传统文化、文化精神、文化内涵进行全方位、多角度结合，让传统文化在博物馆升华，让历史文化遗产真正“活”起来、“火”起来，综合运用各种宣传报道形式，让博物馆文化放射出新的时代光芒。

（二）拓展新媒体优势，打造新媒体传播矩阵

利用新媒体技术的优势，打造独具特色的新媒体平台，形成博物馆专属的新媒体矩阵，包括微博、抖音、今日头条等短视频平台，融合影视、网络等媒介，可以开设“博物馆文化大讲坛”栏目，邀请相关学者讲解博物馆文化，拍摄博物馆文化纪录片，通过专属的新媒体矩阵定期发布，将新媒体技术的特点和传统媒体的优势相结合，发挥专属新媒体矩阵的传播作用，使博物馆在新的发展环境下紧跟时代潮流，进一步提高社会知名度与美誉度。

（三）丰富新媒体传播形式的多样性

1. 借助主流媒体进行广泛推介，提升博物馆社会影响力

加强与中央及各省市新闻网站驻地方记者站的联系，结合节假日、传统节日等特殊的时间节点进行密切沟通，共选新闻主题，商讨宣传计划，组织接受采访，将双方资源进行充分整合，取得良好的宣传效果。

2. 精心策划，突出重点，进行全方位、多角度宣传

借助举办各类原创展览、社会活动的契机，全面宣传博物馆的展示内涵，侧重配合报纸、广播电视等传统媒体，把握展览的主题式宣传，采取系列报道、深度报道等多种报道形式，推出有一定水准的文化产品，同时在报纸开设专栏，传播伟大雄浑的博物馆文化，让文化精神展现出新的时代价值。

3. 坚持传统媒体与新兴媒体并重，扩大传播效果

整合两者的优质资源，发挥专属新媒体矩阵的传播作用，利用新媒体平台，加强与观众互动，及时推出微信点赞、投票等相关活动，增加展览配套活动的曝光率，包括社教活动、公众活动、学术活动等，形成有深度、有重点、有聚焦的宣传重点，打造优质的新媒体平台。

4. 健全人才机制，打造专业的新媒体运营团队

引进好、利用好、培养好人才这个第一资源，是当前和今后博物馆实现稳步发展、扩大影响力的关键一环。一是挖掘现有职工优势，实现人才融合、优势互补；二是建立有效的激励机制，激发职工的积极性、创造性，在激励创新中实现新突破；三是加快人才培养，对从事新媒体工作岗位的人才定期开展学习培训，学习先进经验，使之开阔眼界，增长知识，提高水平，掌握前沿理念与工作技能，适应新媒体岗位的需要。

第四章
新媒体在博物馆传播中的应用

第一节　新媒体与博物馆新媒体传播

新时代赋予博物馆更多的社会责任和时代担当，我们要加快推进博物馆文化传播，变革创新博物馆工作的思维理念，持续推进博物馆文化传播体制机制创新。新媒体的出现对博物馆的文化传播具有积极意义，新的传播媒介为博物馆文化传播工作开拓了新疆域。博物馆要顺应时代发展的潮流，有效利用新媒体，不断拓宽传播渠道，扩大传播范围，打破博物馆公共文化传播在时间和空间上的局限性，探索建立线上线下相融合的传播推广方式，全方位构建传播体系，为大众提供可视化呈现、互动化传播、沉浸化体验的文化精品，增强博物馆的影响力和传播力。

一、新媒体环境下，博物馆应正确、理性拥抱新媒体

在中华优秀传统文化创造性转化、创新性发展方面，博物馆肩负着重要的历史使命。博物馆是知识构建、传播的公共机构，需要关注并正确理性地利用能触达广大公众的新媒体，传播博物馆文化知识，增进公众对博物馆文化的知识构建和知识学习能力。新媒体的出现为知识构建和传播提供了新的平台，开辟了博物馆知识传播的新疆域，为博物馆知识构建和传播带来了变革的契机。博物馆需要以新媒体为载体，使多种传播类型融合并存，实现有针对性和广泛性的文化传播，使博物馆文化传播的覆盖面更广，从而更好地发挥博物馆在公共文化传播方面的作用。

新媒体是一把双刃剑，但它确实给博物馆打开了一扇大门，我们要从正面的、积极的角度看待它。目前，它已经在博物馆藏品展示、情景体验、文化教育、社会影响等多个方面发挥了积极作用。以博物馆藏品展示为例，由于博物馆藏品展示存在较大的局限性，一般情况下公众只能透过展柜进行观看。还有大量藏品受保存标准影响，不能在展柜中进行长时间展示，公众很难简单通过观看文物获取其背后所承载的历史文化信息。借助新媒体，不仅能为公共文化传播工作节省大量的人力和物力，还能够触达更多的人群，提升公共文化传播工作的质量和效率。同时，新媒体技术能将藏品信息多元化呈现出来，突破传统藏品图片和文字的补充说明方法的桎梏，冲破时间和空间的限制。同时，博物馆可以利用新媒体平台，构建多元化的信息沟通渠道，用“大众化”的传播语言和风格做好公共文化传播工作，让公众更容易接受和吸收。其互动性特点还能够将公众的意见和建议及时

反馈给博物馆工作人员，既让博物馆了解到公众所需，为其更好地开展下一步工作提供保障，又拉近了博物馆与公众之间的距离。

二、新媒体环境下，博物馆文化传播的主要发展方向

新媒体环境给博物馆传统传播模式带来了巨大的挑战，博物馆要利用新媒体的优势，对公共文化传播工作进行不断创新，构建完善的文化传播体系，以彰显博物馆公共文化传播的影响力，满足广大人民群众日益增长的精神文化需求，促进我国社会主义文化事业的进步。

（一）智能化发展方向

信息传播的主要形式为信息共享，博物馆在构建完善的公共文化传播体系过程中，要加强对多元化信息技术的应用，从之前单一的“虚拟博物馆”到人工智能、物联网、云服务、沉浸式体验等各种“颠覆性技术”的全方位进入，通过信息技术强大的储存、分析和发布功能，让博物馆各类信息和数据得以保存、保护、使用，直至实现博物馆的智能化。诸多数字技术的影响会延伸到博物馆文化传播层面，创造一种全新的与公众对话的模式，让博物馆文化传播的渠道从单一或数个渠道变成全渠道。近年来，新媒体与博物馆产生了前所未有的紧密联系，突破了博物馆公共文化传播工作在时间和空间上的局限性，让公众在博物馆公共文化传播中能够获得良好的观感和体验，增强了文化传播的效果，真正实现新媒体技术对博物馆公共文化传播工作的全面创新。

（二）交互式发展方向

交互式传播简言之就是使事物之间形成信息反馈作用的传播形式。新媒体背景下，博物馆公共文化传播职责范围不仅仅体现在将藏品以静态的形式呈现在公众眼前，更应该结合信息技术创建互动体验的文化传播体系，以此来吸引公众的目光，调动公众的参与性，让公众在互动体验中对藏品背后所蕴含的文化内涵产生共鸣，使公众在博物馆文化传播中受到感染和熏陶。公众既是博物馆传播新生态中的接受者，也是内容的生产者。博物馆不再是传播内容唯一的控制者、输出者，内容的生成和传播表现出去中心化、平等、参与、协同和多元包容的特点。此外，在交互式体验过程中，还要加强博物馆的文化教育职责，从而切实发挥博物馆在文化传播中的综合效能。

（三）移动型发展方向

新媒体时代，博物馆在公共文化传播中受到技术创新的影响，其整体功能逐渐向移动终端转移。面对新态势，博物馆既要以生产优质内容为根本，又要以新媒体技术的展陈优势和传播拓展为重点。为了加强公共文化传播的影响力，博物馆应将其文化传播功能向大众的实际生活方面拓展，借助微博、微信、头条号、哔哩哔哩等平台，提高文化传播功能的趣味性，将文化传播工作与公众的文化需求进行有机结合，依托新媒体技术为公众提供符合其个性需求的服务。另外，要根据公众的需求积极开展宣传、教育工作，使公众能主动从博物馆搭建的平台中获取相关的文化信息，彰显博物馆公共文化传播的价值，促进我国社会主义文化事业的长足发展。

三、博物馆计算机技术与网络安全

（一）跨入数字化博物馆的新时代

当代科技进步对人们的生活和工作影响最深的，大概非电子计算机和网络莫属，凡与信息有关的行业和生活内容都在日益电子计算机化，为人们带来了巨大的利益和方便。作为大众文化载体的集中地和信息发散地的博物馆也不例外，近年来从报刊上常能看到一些“网民”的经验之谈，说是工作之余可通过国际互联网自由进入国外著名古代艺术博物馆观赏珍贵藏品，真是令人羡慕。这大约就是人们头脑中的数字化博物馆印象，国外的确有不少博物馆进入了数字化时代。

目前我国已有很多家博物馆上网，但内容比较简单，上网的内容大多是馆方小型书面简介的翻版，除短短几行文字的博物馆设施及展览简介以外，还有几个分别代表“青铜器”“陶瓷器”“书法绘画”等藏品类别的图形导航按钮，扭动按钮后只有几件典型藏品的列表，所链接的内容又是短短几行文字的相关简介和一张正面图片，到此为止。尽管这样的做法有利无弊，但这与真正意义上的数字化博物馆还有很大区别，因为现实中没有哪位观众在博物馆入口处购买了简介后就调头离开的。确切地说，这仅仅是馆方一份对外宣传材料的电子化而已，这叫“博物馆上网”（主要起着招徕观众参观现实博物馆的广告作用），还不是“网上博物馆”（不受时间、空间、主题限制，可浏览大量馆藏数据库）。有学者将前者称为“商业博物馆”（最大获益者在馆方），将后者称为“学习博物馆”

（最大获益者在公众），两者的区别甚显。区分两者的本质差异，关键在明确数字化博物馆的大概念。

1. 数字化博物馆的概念、原理和特点

数字化博物馆是近年来继数字化图书馆之后新出现的、引起世人关注的领域之一，是以计算机为核心的现代信息技术在文博机构的重要应用。它将使传统的内部藏品管理和外界信息查询工作发生巨大的、根本性的变革，使博物馆在实物藏品信息的储存、传播与共享方面大大向前迈进一步。美国麻省理工学院多年前就在进行数字化博物馆的项目研究，我国在该领域的研究起步较晚，但目前也有10多家单位开展了有关工作。目前，我国至少有上百家博物馆的藏品数据库正在建立过程中，虽然其目的不见得在于通过Internet发布馆藏信息，但一些有条件的博物馆已经或正在准备实现局域分享馆藏信息的愿望。其结果是，不仅内部员工可以通过自己办公室里的电子计算机终端适时分享馆藏信息，从而大幅提高工作效率，而且外界普通观众也可以通过博物馆门厅等开放地带放置的电子计算机终端享受整个馆藏的信息服务，这也为部分藏品信息的广域网发布奠定了基础。馆藏信息数字化的趋势无疑将对科学技术和文化艺术的发展产生深刻的影响。

从原理上讲，所谓“数字化”是指把信息用电磁介质，按二进制编码的方法加以储存和处理，把原先用纸张或化学感光材料记录和存储的实物藏品信息，转变为用计算机存储和处理的信息。与图书馆一样，博物馆也是人们存储与处理信息的集中地点之一，也是人类知识、文化、科学、文明得以保存和延续的重要纽带之一，只不过其载体偏重于多维性的实物而已。我们知道，博物馆之所以要收藏某些物品，不是为了物理或生理意义上的应用，而是因为它们本身凝聚着有助于人们认识世界的信息，是作为信息载体来加以收藏的，而信息又恰恰是可以做载体转换的。

所谓“馆藏信息”，是指每一件藏品自身所具有的或今人所强加的一些特征和属性，可分为具象的形态信息和抽象的知识，以往是用照相、绘图、摄影、录音等方法将形态信息转化为图片、图纸或影像材料，用文字描述方法将知识转化为文献材料，以便保存其信息，也可以手稿或印刷品形式用于远程的交流和传播。而今运用数字化技术，把原先用纸张或图片形式存储的信息，转换成为用电磁信号存储的信息，可以大幅提高博物馆的内部管理工作效率和外部利用效率，这就是数字化博物馆思想的由来。与传统博物馆相比，数字化博物馆至少有以下几个正面意义的特点。

信息存储的主要形式从纸张上的文字记录和视觉图像变成了磁性介质上的电磁信号。这种载体变化为压缩存储空间、方便用户检索和查询、改进组织方式、提高服务速度、扩大利用者范围、加快更新维护、降低维护费用等一系列进步提供了条件。对人类而言，通过实物等图像性媒介要比通过文字媒介认识世界更具本能的品质。所以从理论上讲，博物馆的潜在利用者要比图书馆的潜在读者范围更大、数量也更多。人们通常都不否认博物馆藏品所凝聚的知识量是巨大的、有价值的，尤其是真实可信的第一手资料，几乎每个常人都能或多或少地从博物馆藏品中找到自己感兴趣的、解惑答疑的、具有客观依据性的信息对象，因此，博物馆藏品的潜在市场需求可谓广阔。

然而，由于传统博物馆的媒介多为不便移动的实物藏品，大多又带有不可再生性和非副本性，并且需要占用较大的展示空间，因而多少年来人们一直主要采用陈列展览的方式向社会提供藏品信息服务。虽然每一项陈列展览都可能针对某一类人群的需求，但在到达博物馆展厅参观陈列展览之前，免不了一定的时间和资金花费，站立式观看又不是人们习惯的学习姿势，尤为关键的是馆方只能提供“群体服务”，不能像图书馆那样做到“个体服务”，从而形成每位个体利用者免不了一定的花费而又常常无法充分满足自身需求的态势。所以，“普遍承认博物馆藏品有利用价值”虽属不争的事实，但“普遍感到传统博物馆的藏品信息发布方式（陈列展览）不能充分满足自己的个性需求”也是客观事实，这是导致人们对参观博物馆态度比较冷淡的原因之一，博物馆的社会利用率远不如图书馆。社会利用率低下则会引来馆方经营管理难以走上良性循环的问题，我国不少博物馆的现状令人担忧。

冷静地分析一下，可见其障碍主要在两个方面：一是空间性的，您若不到博物馆去，藏品信息不会主动跑到您眼前来；二是选择性的，馆方只能按“群体需求”发布某类信息，普通观众即使有某种超乎展览内容的个体需求也无法选择。而数字化博物馆，除在质感（触觉）、嗅觉、味觉、机体运动觉、环境投入感（临场感）等短距离的或综合性的感觉信息方面有所不足以外，可将最主要的视听觉等转化为电磁信号的信息，在一定程度上突破上述空间性和选择性的障碍，从而大大提高社会利用率。就空间性而言，通过国际互联网可以足不出户地坐在家里查询、观赏博物馆藏品信息，或坐在博物馆门厅的电子计算机终端前就能从整个藏品库范围选看目标藏品信息；就选择性而言，等待人们选择的将是几乎全方位开放的博物馆藏品库，而不再是有限的几个主题展览和更有限的几件感兴趣的展品。可见，这是人们凭借各自的兴趣主动访问的博物馆，眼前不会出现大量非目标藏品信息所形成的“噪声”；若采用国际互联网的发布方式，则又是突破了空间和时间障碍的博物馆，既无开放时间限制也无地域国界限制，随时随地都可查阅感兴趣的藏品信息。因此，数字化博物馆是能够使人们从海量的藏品库中迅速而准确地查找出目标藏品加以观赏或研究的博物馆，需求者只要凭借便捷的检索引擎就可直接调阅而不用兜圈子。

与传统博物馆相比，数字化博物馆使观众投入的无关花费减少了，而个性化的信息需求满足程度却提高了，对于这样的博物馆，人们还会敬而远之吗？不敢独自出门的孩童和不便出行的年老体弱者乃至腿脚不便的残疾人还有什么顾虑呢？对于那些平时总在苦叹门庭冷落的传统博物馆来说，眼下计算机科学已经打造出的硬软件环境和网络通信技术条件，难道不是令人眼前一亮的机遇吗？

信息的组织形式从顺序排列的、线性的方式转变为直接的、网状的组织方式。传统博物馆的陈列展览要让人们在行走中观看，因而展品是呈线性排列的，大多讲究先后逻辑序列。展厅参观行为就像看书翻页一样，遇到感兴趣的部分驻足多看一会儿，不感兴趣的也得辨认一下才能忽略而过。坦率地说，一位普通观众能对展厅里十分之一的展品感兴趣就算不错了，何况展品仅仅是库藏的几十分之一乃至上百分之一。出于维护藏品安全和内部工作秩序的考虑，传统博物馆的藏品库是不对普通观众开放的，即便有权利用藏品库的内部专业人员或外部专家学者，通常也得经过线性排列的藏品账簿或编目卡查询目标藏品，由于信息的线性排列难免导致“盲目遍历”的查询方式，使得寻找目标藏品的时间往往多于阅读藏品信息的时间，既费时又费力，这显然是不够经济的。处在市场经济时代，还有什么比“不经济”更危险的呢？

数字化博物馆在很大程度上弥补了顺序方法的缺陷，其检索界面多采用基于传统分类法的受控检索语言、非线性的自然语言以及两相结合的组配检索语言，使利用者能迅速到达目标藏品展示界面，得以把时间和精力更多地投放在目标藏品文字描述信息的阅读和图像观赏方面，从传统的媒体不动而人动，转变为人几乎不动而信息动，相当经济，不由得让人想起了“天动说”与“地动说”争论的历史故事。然而就其本质来说，信息的存储方法在物理上仍是单线排列的，这只要打开后台的数据库界面一看就知道了。但后台数据库的线性排列方式并不影响前台利用界面采取非线性检索方式，电子计算机的存储为直接存取目标信息提供了可能。以历史艺术类博物馆为例，众所周知，任何一件藏品都是某一时代的产物，这就形成藏品的“时间坐标点”；任何一件藏品都是由某一种或几种物质材料构成的，这就形成藏品的“质地坐标点”；任何一件人文类藏品都有其一定的用途，这就形成藏品的“用途坐标点”；任何一件藏品都有一定的形态通称，这就形成藏品的“通称坐标点”。另外，任何一件藏品还有可能具备名称、纹饰或造型等工艺特征、来源、产地或作者、国别或族属、分类号、原号、总登记账号、相关人物、相关事件、入藏时间、收集时间、内容段落等多种客观特征，以及专题、类别划分、级别或模式、描述用语等主观特征。运用电子计算机技术实现的数字化博物馆，使得信息可以方便地按藏品本身必备或可能具备的一系列特征要素及其逻辑关系组织成相互关联的网状结构，这就为方便用户提高检索效率奠定了基础。换言之，人们可以神话般地“从大海里捞针”，其速度可以“迅雷不及掩耳”喻。

多种信息可以通过多媒体技术有机地结合在一起。藏品的文字描述信息当然可以存储和查询，同时还可将图形、声音以至动画信息统一有序化地存储和管理起来。数字化博物馆向人们提供了藏品有关详细具体的文字说明和形态图像相结合的信息展示界面，与传统博物馆以陈列展览为主的信息发布方式相比，数字化博物馆的展品虽然在质感信息量上略有欠缺，但仍可满足一般非专业级的要求，而在形态角度（不同侧面）、文字性客观描述、抽象分析、动静态背景或相关材料的信息量方面，其丰富程度、通俗程度和解释深度要远远高于陈列展览方式。这种集宝贵的文物标本形象与其深度解释说明为一体，而又突破时空限制的信息服务方式，为人们的观赏性或研究性利用创造了极为有利的条件。大大拓宽了藏品展示面，缩短了信息传递与提供的周期，使藏品和展品之间的数量差异，以及信息利用者和信息提供者之间的距离都大大缩减，从而加快了人类的信息交流与反馈的速度。传统博物馆一般是以主题性和空间性的陈列展览方式对外发布藏品信息的，虽然形式比较独特，但传播渠道相当有限，这就使得大量藏品长期处于无法为人们利用的“死藏”状态。并且问题在于，即便死藏也毫不降低收藏和管理的成本。据说有的馆长期以来所能展出的展品量连馆藏总量的 1% 都达不到；

即使遇到符合现有陈列主题的新藏品进馆，也要经过较长的内部处理过程才能放在展厅中与世人见面，其处理周期很长，这些都令人十分遗憾。数字化博物馆则有条件大大拓宽信息发布渠道，从过去的展品量扩大到整个藏品总量；也能大大缩短内部加工处理周期，使新藏品得以很快与世人见面，发挥新闻价值。

与人们熟知的数字化图书馆相比，博物馆更容易做到真正意义上的数字化。我们知道，博物馆的一件藏品能有几百字的文字描述就算相当详细了，因而将博物馆库藏文物标本的文字信息数字化并不难；但图书馆的一本书所含的文字量却是数以万计、十万计，乃至百万计的，要想把图书馆的每一种藏书内容全部数字化是很难做到的，而且，让人们通过电子计算机屏幕长时间地阅读大部头图书的设想也不太现实，因为那不是人们长期形成的习惯学习方式，而且是否符合生理卫生标准以及是否耗费得起也都是个问题。其实，人们指望电子计算机大型数据库所发挥的作用主要是“短时间查询性”的，而不是“长时间阅读性”的。如今的数字化图书馆已突破传统局限，实现了功能和资源呈现的飞跃。借助 OCR 等技术，大量普通书籍、学术文献、珍贵古籍都完成了文字内容数字化，图像识别技术也用于古籍物理特性保存。其服务趋于多元化，通过开放访问平台，用户可随时随地访问海量资源，除书目检索外，还能利用智能检索、推荐系统获取精准、个性化内容。资源类型丰富，涵盖图片、音频、视频等，还推出互动式数字展览、文献关联推荐等拓展服务，不同数字化图书馆间加强合作，形成共享网络，丰富资源储备，提升服务效能。当然，数字化图书馆的意义主要在于“工具性”的书目检索和查询。虽然压缩检索时间和远程检索查询的意义十分重大，却终究不易替代人们亲身去图书馆办理借阅手续和捧着书本阅读的过程。

而数字化博物馆中作为信息单元（相当于图书馆一本书）的一件实物藏品，完整描述其内涵抽象意义和客观表面形态信息所需的文字、影像篇幅十分有限，通常用电子计算机的几幅屏幕就足够了，所占磁盘存储空间不大，阅读时间也不长。因而，无论是馆方的信息媒体转换工作还是观众阅读一件藏品信息的过程，其单位时间、精力、财力等方面的花费当然也就微乎其微，具备可承受性。对于馆方而言，做到整个馆藏信息的数字化都是完全有可能的，对于利用者而言，限于几屏的信息篇幅就使得利用过程可以兼具检索查询和详细观赏阅读的双重作用。由此可见，数字化博物馆的意义不限于“工具性”的、确定有无目标藏品的检索查询，还能在很大程度上满足人们阅读了解目标藏品详情的需求，尤其对于本来就重信息而轻质感的兴趣目的或研究目的的利用者来说，在一定程度上可以取代亲身观摩实物藏品的过程。所以说，博物馆更有可能做到真正意义上的数字化。

2. 数字化博物馆涉及的问题与技术

数字化博物馆将会给世人带来优质的物质文化信息服务，但实现这一愿望的前提是，拥有实物信息载体资源的文博机构必须处理好一系列新问题，主要有以下几个方面。

（1）信息的组织与管理方法

数字化博物馆的利用者所面对的不再是相对有限的某个主题的陈列展览及其展品，而是相对无限的整个藏品库房内的若干件藏品。就像饭店提供的菜单很丰富却没有人会吃遍后才离开一样，数字化博物馆的利用者也不大会产生盲目遍历整个馆藏的需求，往往是根据自己有限的具体需求，选择性地调阅其中若干件藏品加以观赏或阅读，既满足需求，又比较经济，但在选择方式上较以往有一个很大的变化。数字化博物馆属于多媒体展示和信息查询系统（Kiosk），这种展示或演示系统与 CAI（辅助教育系统）有类似之处，但与产品展示不一样，Kiosk 是“邀请”观众来探究问题的答案。Kiosk 的用户以两种方式来使用它：一是快速获得信息，一般观众希望在 30 秒左右解决问题；二是相当于雇请一个耐心、始终如一、有相当知识的销售员，在这种情况下，典型的“会见”需要 2—3 分钟。

人们在传统博物馆的参观行为一般也是有选择性的，虽然激发观众访问的关键在于陈列展览的主题，但文字性的陈列展览主题只能做到模糊匹配，具体的信息对象选择大多带有“形态优先”的性质，由形态而引发观众停步注视的关心态度抑或一带而过的忽略态度，使得参观行为带有相对被动和有限的随意浏览性。由于世人的兴趣广泛而又各异，馆方制定的展览主题既有激发某类观众参观欲望的作用，但同时也会打消某些人前来参观的欲望，因而主题实属带着正反两种作用，必然带有主观性。且不论其利弊与否，博物馆举办陈列展览是不可无主题的。而对于数字化博物馆的利用者来说，产生访问欲望的激发机制主要在于自己的学习或工作中遇到的某种疑惑，以及非功利性的艺术观赏或趣味探索，主题客观地存在于利用者心中，希望通过电子计算机像查字典一样寻求相关问题的解答或更为深入的了解。因而具体的信息对象选择大多带有“问题入手”的性质。另外，形态总是个案性的，在电子计算机系统中又存在需占较大显示面积和存取速度较慢的问题。由此导致数字化博物馆的目标信息选择方式必须十分注重非形态性的、文字逻辑检索途径设定问题，而不是人为地只按某一方面特性排列，最好使利用者凭借常识性的藏品要素知识即可从封面主页迅速到达目标藏品信息展示界面。

换言之，传统博物馆的藏品库是不对外开放的，因而其原来设定的藏品检索方式一般都比较专业化，只顾及中介用户（内部业务人员或同行专家学者）的需要，并不考虑如何便于最终用户（非专业的普通利用者）检索查询的问题；而数字化博物馆意味着藏品库的局部乃至全方位开放，利用者层面包含了大量非专业的普通人，原来那套过于专业化的检索途径就显得诸多不便了。所以说，数字化博物馆首先要解决的是大众化检索方式设定等用户接口问题，其所提供的途径越宽容越好，力求达到凡识字者均可利用的程度。从复旦大学文博系统研制开发的 2.0 版数字化博物馆系统软件来看，查找任何一件人文类藏品的不同检索途径可达 79 条之多，3.0 版可达 200 条之多，目前已升级到 4.0 版的系统软件又有大幅度提高，检索途径多得几乎难以计算，实现了检索宽度的最大化，基本对应各层次利用者的已有知识结构。

（2）信息与知识产权问题

由于电磁介质上的信息极易复制，而且从原理上说，电子计算机上的信息只要能读就能复制下来，远方利用者就有能力下载网络上发布的信息，因此给知识产权问题带来了很大的困难。尽管总体而言博物馆藏品信息的共享有利于社会进步，但若知识产权不能得到有效保护，也会影响馆方实施藏品信息数据化的积极性。曾有位从图书馆转行到博物馆来工作的同志感慨地说：同属于公共机构，图书馆毫无保留地欢迎外界读者充分利用馆藏，并以此衡量工作业绩；相比而言博物馆的态度却十分“暧昧”，既希望有更多的人利用馆藏，同时又不愿意充分地、高透明度地暴露馆藏信息，显得十分矛盾。我认为其间的区别产生于馆藏知识产权所有者不同，以及机构本身是否具备科研属性。图书的知识产权或版权属于原作者或出版单位而不是图书馆，并且图书馆偏重于科技服务性。但博物馆就不一样了，藏品的知识产权是馆方的，藏品研究的首次发表权也是馆方的，甚至是该藏品收集研究者个人，假如因公开发布而被外界夺走了研究发表优先权，则意味着馆方及具体研究人员的科研利益受损，具有科研性质的博物馆不愿意看到这样的结局；另外，人文类馆藏中有可能包含一些不宜公开的信息，例如，与现行社会政治体制和政策不太吻合的，凝聚民族传统工艺机密的，含有国家军事、政治、经济机密的等等。鉴于这些原因，博物馆有保留地发布藏品信息是无可厚非的，因而选择哪些藏品数据投入网络发布就成了一个十分严肃的问题。

几年前曾有一家软件用户问我能否将已经录入的馆藏一级品数据投入广域网发布，由于当时还没有成熟的电子水印加密技术，广域网发布方式又无法控制用户端的下载行为，我们感到这是个涉及国家保密政策的严肃问题，因此立即向国家文物局有关部门反映，并建议尽快制定相应的政策。文物局迅速作出反应，不久即通过《中国文物报》宣布“凡一级文物上网须经国家文物局同意和备案”的通知。所以，我们对广域网发布人文类藏品信息问题的处理态度一直是比较低调的。对于人文类博物馆而言，在国家文物局没有颁布新规定之前是否要继续执行几年前的政策呢？在阻止网络下载行为的电子水印加密技术已经成熟的今天，是否保护知识产权的问题就迎刃而解了呢？这个问题还须同有关部门商量。从国际经验来看，我们最近收到一名日本籍博物馆学进修生（佐木智子）提交的结业论文，其中谈到网上博物馆如何保护知识产权的问题。她在两年前曾试着从互联网上下载一幅日本博物馆珍贵藏品的图像，结果很轻松地就如愿以偿，这令她十分惊讶。

在自然科学标本的信息发布方面，因其具有浓厚的国际性和“无阶级性”，来自政治因素的顾虑不那么严重，动植物标本的国际间交流是通行的做法。有位自然标本馆的藏品管理员曾向我们介绍说，对于国外学者的标本需求，不仅要提供书面记录信息，甚至可以将标本实物邮寄给对方使用，听到这后一点做法着实令我们大吃一惊，但仔细想想也没什么不可思议的，大概是我们习惯了人文类博物馆工作方式而少见多怪吧。不过，自然标本馆同样不愿意将那些尚未研究或有待充分研究的藏品信息公诸于世，这一点和人文类博物馆的想法差不多，这是机构的科研属性所致。在数字化博物馆（尤其网上博物馆）建设热潮来临之际，的确有必要深入探讨知识产权保护的政策和技术问题，否则就会担心该项事业“前途莫测”。

当数字化博物馆问题被提上议事日程时，馆方首先就会因网络信息下载行为的不可控和库藏品的高透明度暴露而顾虑重重。这个来自藏品拥有者一方的问题若解决不好，人们是无法指望获得数字化信息服务的。据我们所知，目前的计算机科技已经提供了各种水印加密方法，可以控制网络图片下载行为；而且信息上网也分注册和非注册两种方式，前者可从法律上获得知识产权保障，看来馆方不必为此多虑。对于实在不愿意发布的藏品信息，只要将其排除在网络数据库之外即可，因而仍属可控范畴。正由于存在知识产权问题，电子水印加密方法尚未普及并涉及较高的制作成本，所以许多博物馆（主要是人文类博物馆）目前开展的数字化工作，主要目的在于提高内部工作效率，至于外界普通观众的利用需求，则最多通过馆内局域网或单机方式，在可控下载行为的状态下使其满足，至少眼前并不过多考虑广域网那种难以控制下载行为的信息发布方式，这也是大可理解的。实际上，国外许多网上博物馆也是最近使用各种加密技术之后才投入广域网发布的。值得一提的是，我国教育部作为远程教育规划的组成部分，提出了对大学博物馆进行数字化改造的工程计划，并且得到了中央年度财政计划的支持，也得到了各大学博物馆的积极响应。

（3）对博物馆经济收入的影响

过去，传统博物馆一直是羞于谈钱的，国际博物馆协会（ICOM）也将博物馆定义为“不以赢利为目的的机构”。自20世纪80年代以来，这一传统看法引起人们的怀疑，现在人们觉得博物馆有钱才能为社会提供更好的服务，于是许多人更倾向于将定义理解为“不以赢利为最终目的的机构”。世界上的博物馆很少单凭官方财政拨款就能完全满足管理需求，相当一部分实际运转资金缺额需由馆方自行努力解决，这就是现状。除社会个人或团体赞助等不够稳定的资金来源以外，各馆通常都把希望寄托于较稳定的门票收入和餐饮服务、纪念品出售等方面，这显然要靠吸引观众亲身登门参观才能实现。而广域网意义上的数字化博物馆，正如前述可在一定程度上替代人们亲身参观的过程，这是否意味着影响博物馆的经济收入呢？从表面看，答案是肯定的，但实际上未必如此。如果馆方对这个问题没有正确的认识，同样会缺乏数字化建设的积极性。

本书认为，博物馆工作者不必为此担忧。首先，如果希望有偿的话，采用注册方式上网发布信息即可，利用者通过网络访问本馆信息是要付费并记录使用时间和次数的，费用只不过从门票形式变为网站反馈的信息使用费分成而已；其次应该想到，本来因地域遥远或行动不便等因素而不大可能亲身登门参观的潜在观众，也因馆藏信息的数字化而有可能成为显在观众，数字化博物馆被利用的可能性更大，其潜在利用者的数量会更多，而且随着网络技术的普及会更有前途；最后，也是较关键的一点，可以说电子计算机屏幕的显示形式终究不能完全取代真品的质感魅力，有些通过若干短距离感官和环境气氛综合表现才能体验和认知的信息，还是以亲身参观方式为最佳。运用“好的陈列表达方式”（陈列语言技巧）发布信息，不但能给予知识，还能给予极大的精神享受，其效果是难以言表的，既然“难以言表”，当然也就难以数字化。数字化博物馆可以在较大程度上取代的，是那些陈列方式和手段落后到“罗列”水平的实物展览。毋庸讳言，我国博物馆目前的陈列总体水平普遍比较落后，因而藏品信息的数字化就显得更有必要了。综合我国博物馆工作水平现状和群众文化水平的分析，可以预感到数字化博物馆不会对机构的观众量构成威胁，反而很有可能会起到积极的推动作用，因而经济来源只会拓展，不会萎缩。

（4）对机构实力的要求

实现数字化博物馆的前提，是作为机构而存在的文博单位愿意并有条件将其藏品信息数字化。在人们深受电子计算机科技影响的今天，大概很少有人从感情上拒绝运用电子计算机帮助自己工作。国内文博机构普遍具备计算机管理的意识，这是可喜现象；之所以绝大多数单位尚未实施，主要因为缺乏行业应用软件供应，以及馆方决策人员对该领域所需人才和硬件资金条件认识不足，更难以想象数字化能够带来怎样的效益，担心由此是否会产生一些负面效应等等。我们通过近年来的有关探索和实践体会到，普遍实现数字化博物馆的前提在于各单位内部实现藏品管理电子计算机化，其关键又在于高质量应用软件的研制开发和推广。目前我国已有好几家单位自行开发了应用软件，从教育部的大学博物馆数字化改造工程规划及某些大型博物馆的数字化工程实践来看，其投资额较大，如此算来，我国上千家中小型博物馆很难普遍实施。

实际上，数字化博物馆包含着多种形式，主要有以下四个方面。

第一，通过馆内单机拷贝或局域网形式运行的、基于数据库技术的藏品信息管理系统，连接馆内各个业务部门办公室，除了提高保管工作效率外，还服务于馆内其他部门的业务工作。

第二，通过馆内单机拷贝或局域网形式运行的、基于数据库技术的藏品信息管理系统，在开放地带设立电子查询室或触摸屏装置，服务于来馆参观的观众。电子查询室面对懂得电子计算机基本操作的人们，使用鼠标键盘查询，因所需硬件设备比较廉价，可设置多台以对应数量较多的利用者；触摸屏面对“电子计算机盲”，接口更加大众化，但所需硬件设备比较昂贵，一般设置数量有限。

第三，通过国际互联网（Internet）形式运行的藏品信息数据库，不受时间和空间限制地服务于广大“网民”，以网络浏览器方式点播和查询，或运用虚拟现实技术演播专题场景和相关动态背景资料。

第四，运用电子计算机管理内部事务性工作，包括人事、财会、文字处理、安保监控、楼宇自动化管理……以直接服务于内部管理工作并间接服务于社会公众。

其实，数字化博物馆的核心意义在于藏品信息的数字化传播，并不用实时传播范围的大或小来界定是否属于数字化博物馆。所以，一个单位不见得非要全部实现上述四种形式才叫数字化博物馆。之所以有些单位对这类工程投入了大量资金，主要是因为采取了基于局域网乃至广域网的大范围发布技术，涉及高档硬软件设备添购和维护人才配备等问题。如果采用单机方式而暂不考虑网络化技术，是完全可以用较低的投资来实现藏品信息数字化愿望的。已有的研制开发实践表明，中小型机构在内部实现馆藏信息的计算机管理并达到多部门分享库藏信息的理想状态，所需的硬件资金投入相当有限。如果藏品量少于 50000 件，奔腾 350 电子计算机就能满足要求，而这种电子计算机的售价已降到了 3000 元；另外，对应用软件的操作者要求很低，大凡具备一般电子计算机打字知识即可，不必为此专门引进目前尚属难得的计算机专业人才；系统软件充分考虑到了与各馆原有工作状态的衔接，按内部业务标准为一件藏品信息的数字化投资微乎其微；至于应用软件，若打算自行开发则需一笔不小的资金投入，若打算购买产品化的现成软件，则花费不多；机构的主要投入在于藏品信息转换登录工程，需要花费一定的操作时间和人工劳动，但估计这恰恰不会使我国文博机构感到太沉重的负担。当数据库建立后，即可在机构内部实现数字化所带来的便利，如果在普通观众经过的开放地带设置终端，就等于实现了“限定上机地点的数字化博物馆”。可见，如果应用软件提供用户机构解决内外部所有问题的“一揽子方案”，那么，所谓数字化博物馆可以看作是机构内部藏品管理电子计算机化的简单派生物，无须太多花费；进一步实现网上博物馆的投资数量虽然较大，但有望通过未来有偿使用的网站收费分成或广告费途径加以缓解。虽然我国博物馆（尤其中小型馆）的综合实力水平普遍较低，但在实现数字化改造方面，可谓不存在难以逾越的根本性障碍。

总之，数字化博物馆工程涉及观念、科学、技术、资金、人才乃至政策等一系列问题，就其中的技术问题而言，有些是需要研究开发的，带有创新性质，也有的属于利用现成电子计算机科技成果而无须研究开发，可以采取“拿来主义”策略。笼统而言，大凡涉及硬件设备和操作平台软件的部分无须研究开发，纯属资金条件、利用技巧和选择使用的问题；该工程的关键、核心和难点在于怎样处理好博物馆业务与电子计算机结合的问题，在应用软件的开发思路和功能设置等方面，没有现成可用的技术，必须有博物馆学思想渗入其中，具有研究开发和创新的性质。本书拟根据我们在该领域的有关理论探索和工程技术实践，着重探讨一种被初步认为是比较通用和可行的数字化博物馆建构方案。

（二）实现数字化博物馆的意义

对博物馆进行数字化改造，显然需要一定人、财、物力的投入，而投入是要讲求相应的回报的。那么，我们看看数字化改造究竟能为文博机构和社会公众带来哪些利益。

1. 减轻保管员在检索和提供信息服务方面的工作负担

在任何一座藏品较多而致使人们难以记忆其具体信息和收藏方位的博物馆或类似收藏机构，无论保管员、馆内业务人员或馆外利用者，以往在查找一件藏品时，大都要先找出该藏品的信息记录卡，这是用编目卡形式检索，就像图书馆的编目卡检索室那样，要去翻动卡片，记录编号，然后再去调出所需书籍，此项工作在博物馆是家常便饭。图书馆可以用开架方式为检索者提供方便，而博物馆却因受藏品安全问题的制约不能这样做，它绕不过卡片或账册等书面材料的手续途径。亦即，图书馆可以先接触实物后补作信息记录（先取书后登记），而文博机构的藏品库却要先检索，确定了目标藏品后才能接触实物。所以，文博机构的藏品保管业务讲究完备的单据作业程序，由若干套账本、凭证单据、编目卡片，以及档案册等组成。问题是，这些做法原本都是面向中介用户的，而不像图书编目卡那样是面向最终用户的。由于藏品分类标准不一，各馆的卡片排列方式因馆而异，只有熟悉其特定的分类方式，才能较迅速地查找到相关卡片。显然，只有保管员因时常接触这项工作才较熟悉它，任何外人通常会感到一时摸不着头脑，检索工作往往要依靠保管员帮忙，这相当占时间，并会由此产生一系列管理问题。

我们可以回想一下在图书馆借书的情景。查询并确定借阅某本书，可能要用去你一小时，但最后办理登记借出的手续却只花几分钟甚至几秒钟，而看书的时间则几乎与图书管理员毫不相干。借书过程中固然要由管理员来办手续，但所花的时间很少，类似于现代化图书馆采用的电子计算机扫描记录方式，为一册书办理借阅手续只需两三秒钟。假如找书也与管理员分不开，那他（她）就不像公共机构的工作人员，而像读者的“私人秘书”了。往日外部专业利用者在藏品库要想看一件藏品，要有一位保管员几乎“全程陪同”地帮助检索，这对其业务和工作秩序干扰较大，其结果就是不得不采取“限制利用率”这一消极办法，使保管部形成一个十分封闭的“堡垒”，令人望而却步。现在，我们要从检索系统入手，就像图书馆的“开架化努力”一样，试图用电子计算机来便利检索工作，使这最花时间的工作能不借助保管员而由利用者自己承担，使查询检索与保管员的本职工作不相矛盾，这也可说是理顺两者关系的措施。如能减免帮助检索的时间，那么，利用者在调出一件藏品使用的过程中所要占用的保管员工作时间将大大减少。甚至利用者仅凭电子计算机显示的信息卡内容就能获得满意的信息服务，不一定非要做实物目测。后文还将谈到，这样的利用情形很常见。如此完全不依赖保管员就能获得较完善的库藏信息服务的情形，只有通过数字化管理才能实现。

另外，实现藏品管理电子计算机化还有其他一些内部业务利益。一是可减轻利用者站立式翻阅手工卡片的劳累，二是可避免因过多翻动而致伤卡片的问题，三是可随时获取有助于思考和填写报表的统计数据信息，四是可使编目卡片、档案册、出入库单据作业、总账文件备份、陈列大纲以及展品标签等撰写工作从以往繁重的手工抄写方式变为轻松的电子计算机打印方式。亦即将藏品信息内容登录输入系统数据库后，点取统计输出功能模块中的“打印藏品编目卡”或“打印藏品档案册”项，用预切好的卡纸或A4纸放入打印机，则可将当前卡片或所需的一批卡片、档案册内容全部打印出来，然后插入卡片夹或档案柜，这种用电子计算机写卡或写档案的方式可提供明显优越于手写体的正规汉字。当保管员要为某一件或一批藏品写出入库凭证单时，只要点取统计输出功能模块中的“打印藏品出库单”项，则可按分类号、总登记号、文物名称、级别、件数、时代、现状描述、来源等记录项作横行打印输出；当陈列工作者需要为目标藏品配备陈列标签，或自然博物馆藏品保管员需要按国际标准获取藏品摘要目录单时，只要点取统计输出功能模块中的“打印藏品标签卡”项，则可按任选的“名称”“时代”等记录项作纵向排版，并另存为文本文件，经字体、尺寸、间距和空行等必要加工后，即可打印出所需的纸面标签卡（此外保管员还可借助该功能制作总账等单据的备份）。总之，这套系统的最大受益者就是保管员和陈列设计工作者。

2. 科学的自助检索方式为利用者提供了开放型的信息服务

机器的最大好处就是能快速而不知疲倦地从事机械性、重复性的工作，这使电子计算机首先在运算和信息处理领域投入运用。用电子计算机帮助人们检索藏品信息卡，其中最重要的一环就是：其途径必须是人们所熟悉的，最好是不经培训即可用眼睛和一般经验加以识别的。图书检索有国际或国内相对统一的分类方法，使读者借助一张内容不多的表格就可知晓该馆图书是怎样分类的，然后按此线索去查找。我们要想借助电子计算机让利用者自己去查找藏品编目卡，也必须按照直观的原则为用户建立一套检索程序，由此构成利用者需求与目的间的途径。在我们讲述的这套系统软件中，大众化标准检索途径是由基于传统分类法的三层必然型递进式菜单和基于组面分类法的或然型平行式菜单构成的。亦即，在藏品收藏数量较多的情况下，从开始走这条路一直到目的地（信息卡片），途中可能要经过三个关键的交叉路口，那里分别树立着一块指路牌，让您选择其中一条往下走，每选择一次也就越接近目的地（如果选择正确的话）。显然，这三个路口的标牌相当重要，如果选错了，您就不能到达目的地。这就要求路牌上的指示必须十分清晰易辨，每条指示间的区别明显。“路”并不要您走，由电子计算机在瞬间完成，主要面临的还是辨别并确定自己走哪条路的问题。此所谓“辨别”，意味着利用者要调用自己的相关知识经验，但最好只调用一般的常识性知识经验，尽量不要有特殊经验的成分。以历史艺术类博物馆的文物藏品为例，对于一位普通的非专业利用者来说，任何一件藏品必须具备的质地、用途、器形通称等要素可能是自己很清楚或较清楚的，所以可按这三种要素分别建立三种指示牌（菜单）。每张指示牌上的若干提示语之间的差别要极容易识别，排他性明显，这才能使用户几乎不假思索地选定其一，从而加快检索速度。而要想使提示语易辨别，就必须讲究符号的科学性和逻辑性。系统中这类极难的词语推敲工作并不由最终用户来承受，而是由中介用户的藏品分类学专业人员承担，普通利用者所面对的只是三张排他性极强的菜单。这才为人们提供了凭借该领域一般的常识性经验按路标自己走下去的可能性。

总之，应该按照直观的原则为普通用户建立检索体系，由此铺设利用需求与利用目的间的平坦途径。从这一角度出发，精心为用户设计十分友好的检索界面，使得利用者在检索过程中可省去过重的记忆负担。如果初次使用时仍感到界面不好理解，可随时点看联机性的“帮助”功能按钮，获得对当前界面的使用方法简介。这样一来，即使在没有保管员帮助的情况下，也能快速、自如地查询到所需藏品信息。正由于采用了自助性的检索利用方式，才使得藏品信息服务工作有条件由原来较封闭的状态向开放型的理想状态转变。我们从一开始就设想，如果今后能在陈列室里也设置终端，使广大观众能按自己的兴趣查询未展出的藏品，这无异于扩大了藏品的展示利用空间，从而实现藏品信息服务的全方位开放。有两种利用方式可供选择：一是“进入键鼠式利用状态”，其效果正如前述，主要是针对键盘鼠标操作工具设计的下拉菜单利用形式，适合内部专业人员的快速利用，同时也可采用电子计算机查询室的形式，让外界利用者进行快速查询；二是“进入触摸屏利用状态”，是专门为放置在馆内开放地带的触摸查询台使用系统而设计的。

触摸屏利用状态的功能选择界面，其选择按钮都比键鼠状态要大一些，以免观众触摸时的误操作。其查询功能选用了系统最大众化的四种检索方式，实际包含了数十种各具特色的检索途径。

3. 对馆内其他业务部门的信息支持

在本系统主要目标用户的各类型博物馆，保管工作属于基础职能，它在全馆职能链中处于收集与利用之间，而前后若干职能部门都有频繁利用藏品的业务要求。以陈列部为例，保管部较少受陈列工作制约，而陈列部却较多受保管工作制约，在这两个部门之间形成了单向的制约关系。陈列部门在制定陈列计划时，总要先了解与既定主题相关的藏品，这就要查询，甚至要目测。有时依据卡片觉得某件藏品适合展出要求，请保管员取出来目测，目测后可能因尺寸、形态或残损程度等原因不适于展出，又要退还并再提取，这种涉及实物移动的“重操作”行为显然会增加保管部的工作量，而陈列工作的藏品调用量又往往较大，因而形成一对矛盾。而且，实物藏品的频繁移动本身就会降低其安全指标。

当电子计算机化藏品管理系统建立后，由于可提供图像及有关较详细的文字记录资料，陈列工作者在制定陈列计划之前，就可以通过局域网自己查询从而大致确定所需的藏品。即便单机版也可通过磁盘拷贝将系统和数据库输入陈列部办公室的电子计算机里，使陈列工作者足不出户就能对将要用于展出的藏品大致心中有数。在没有依赖保管员帮助的情况下，就已经形成了一份展品清单（分享数据库信息的工作站也可自行打印）。如果陈列工作者觉得其中有几件必须靠目测才能选定，这时去保管部要求调出实物藏品目测，就相当有针对性了，不会那般漫无边际，减少了对保管工作的干扰。实际上，陈列内容设计偏重于逻辑表达，一般不会有太多因形态信息而提出的目测要求，往往仅凭电子计算机数据库信息就能完成计划书的编写工作。计划书完成时，自然会形成一份藏品出库清单，保管部会据此将所列藏品集中在出入库准备室或某一处，待形式设计提出经常需要的目测要求时，条件就比较现成了。

陈列部是保管部最大的用户，每年为陈列调出或归库的藏品最多，若电子计算机能帮助我们协调这两个部门的工作关系，则善莫大焉。以前我们在教学中推荐中国国家博物馆的做法，他们在藏品编目过程中同时写两份手工卡片，一份存入保管部的卡片箱，另一份交陈列部。在手工编目时代，这也许算得上最佳工作方法，但毕竟相当烦琐，而且要花费成倍的抄录劳动。若在馆内采用磁盘拷贝或局域网络方式，将会形成多部门共享库藏信息资源的工作状态，其他部门的业务人员不必为查询而跑来跑去，在自己的办公室就可以查询藏品信息，年老体弱的研究人员也可以在自家的书房里从事研究工作了。这样的情景十分美妙，在使用这类系统软件实现藏品信息数字化检索查询后，不再是幻想。这对馆内其他业务部门人员是如此，对馆外利用者也同样如此，系统软件及数据库记录拷贝到哪里或网络终端连接到哪里，哪里的人们就可以在一定程度上共享库藏信息资源。

总之，在博物馆占绝对主导地位的一切业务性工作都围绕“物”开展，而这种关系又不同于食品加工厂围绕着做蛋糕开展工作，博物馆并不像食品加工厂那样要对“物”做物理或化学意义上的变形，也不消耗“物”本身。藏品之所以对人们有用，主要是因其为某种特定信息的载体。人们在许多场合并不非要接触实物，只要了解它内含的信息即可达到目的，而信息本身恰恰又是可以做载体转换的。所以，用信息来连接人的需要，就能把许多复杂的工作变得简单，把许多繁重的工作变得轻松，作为信息工具之一的电子计算机在这方面能为我们做许多事，使工作速度加快，效率提高，获取信息服务的时间和空间少受限制，减少人为制约因素，利用者心态从被动转为主动……由此可见，在博物馆工作中投入一定的人力、财力、物力来建立健全电子计算机化的藏品信息管理系统，可谓抓住了要害和关键，是相当值得的。以往我们都用文物标本的收集保管、科学研究及教育传播等三项职能来描述博物馆，其实完全可以把博物馆看作不折不扣的信息处理机构，在信息机构采用当今最有效的信息工具——电子计算机，理由再充分不过。在博物馆运用电子计算机开展业务，绝不是赶时髦，它能带给我们远不止上述的这些利益。例如，这台电子计算机还可用于事务性的机构人事管理工作、财务管理、办公打字、印刷品排版、通讯传真、上网查询公共信息、文献或图像参考资料的储存、安全监控等等。对博物馆进行数字化改造，正是我们应该努力的方向。

（三）数字化博物馆工程的技术性分析

之所以说我们有条件在文博机构普遍实现藏品管理及信息传播的数字化，是因为计算机科技在最近几年的发展十分迅猛，无论是在硬件还是软件方面，都越来越有利于各类型博物馆采用计算机来实现对藏品信息的管理和传播。

1. 硬件设备

在硬件设备方面，计算机 CPU 运算能力越来越强，奔腾级电子计算机每秒钟能处理上亿条指令。同时，由于市场竞争激烈，电子计算机的性能价格比不断上升。关于硬盘容量的要求，藏品管理系统软件本身所占的磁盘空间并不大（约 100MB 左右），数据库的文字部分也很有限（平均每件藏品的文字信息所占的磁盘存储空间不超过 2KB），电子计算机留出 200MB 空间并不困难，而 200MB 空间已经可储存 10 万件藏品的档案文字信息。但若在藏品量较大的情况下也想为每一件藏品输入一张乃至一组图片，就得考虑硬盘规格问题了。大约储存一张较高清晰度彩色图像需占 0.05MB（50KB），储存一张黑白图像需占 0.01MB（10KB）。用户可用较高分辨率储存彩色图片，所需磁盘空间可达数百个千字节乃至兆字节，但图片资料可用黑白格式输入图片库，所需磁盘空间顶多 10 个千字节就够了，大体可按每张藏品图片平均占用 20KB 的磁盘空间量计算。除上述电子计算机主机以外，藏品信息管理工作还需要使用其他一些外围设备，如用于采集图像材料的扫描仪或数码照相（摄影）机、用于海量数据移动的光盘刻录机或移动存储器以及打印机设备等等。这些外围设备的市场价格都已经不那么昂贵了。

几年前当电子计算机性能价格比还比较低的时候，已有一些文博机构拥有电子计算机设备，一般是出于事务性办公自动化需要而添置的，但大多是386或486电子计算机，不仅运行速度较慢，而且硬盘容量也不大。考虑到这一点，当初我们采用FoxPro2.5数据库软件作为开发环境，并以编目卡为蓝本开发了十分经济的藏品管理软件（1.0版和2.0版），使系统软件的运行环境既能够用Windows3.2，也能够用Windows95或Win-flows来管理硬件，前者可装在386或486电子计算机上，后者只宜装在386DX、486或586及更高档的电子计算机上（Windows98需要16MB以上的内存空间）。不过Windows3.2没有GBK汉字库，很难适应古代文物博物馆藏品管理的要求，现在看来操作平台软件起码要用Windows95以上的版本，数据库支撑软件也需要采用更高的版本。虽然对硬件档次要求较高，但在今天硬件性能价格比大幅提高、586电子计算机已经被淘汰出一手货市场的情况下，采用奔腾第三代以上的电子计算机已不算奢侈。所以我们在开发第三版和第四版软件时，已不再考虑586以下的低档硬件环境。各档次电子计算机的运算速度和存储能力是不一样的，若藏品量较少，低档电子计算机用而无妨；若藏品量较大时，用低档电子计算机则有查询速度稍慢或内外存空间不足的问题了。本系统曾在奔腾第二代350型电子计算机上做试验，调阅第93600张藏品卡片仅需两秒多时间。所以，对于现有藏品量较多或今后新增藏品量可能较大的单位而言，用奔腾第三代或更高档电子计算机管理藏品是较理想的。

上面讲述的是单机运行方式所需的最基本硬件。如果想要采用服务器加工作站的局域网运行方式，所需硬件设备就比较复杂和昂贵了。一台低档服务器及网络数据库平台软件就需要数万元的投资。如果开设门户网站以实现国际互联网的发布方式，则需要配置更高档的服务器设备及平台软件、光缆铺设等，所需费用动辄数十万元乃至百万元计。我国一些有条件的博物馆已经开始了网络化建设，这也是未来的发展趋势。

2. 操作平台软件和数据库支撑软件

有了硬件而没有软件，则恰如一个人徒有身躯而没有脑子。所谓软件大体分为三类：第一类是操作系统和数据库等系统类软件，叫作“通用基础软件”，如

Windows2000 等；第二类是通用模块或通用构件，称为“通用应用软件”，如 IBM 消息队列等；第三类是面向最终用户的“个性化应用软件”，如各行各业中所见的应用软件。数字化博物馆建设事业对这三类软件都有所涉及。关于操作系统软件，我们推荐使用当前最流行的 Windows 95、97、98、2000、XP、NT 中文版，虽然购买其正版软件的价格较高，但在购买品牌主机设备时可向店家提出代为安装的要求，一般都能获得免费安装的服务。在数据库支撑软件方面，Microsoft 公司于近年间推出的 Visual Fox Pro 6.0 for Windows，是一个功能更为强大的数据库管理系统。它借助于 Windows 提供的开放功能，可以实现多媒体数据库的功能，有助于文物藏品中图像、声音等不同媒体数据的混编。本系统第三版正是在此基础上运用 FoxPro 语言来实现的。FoxPro 经过多年的不断发展和完善，已拥有了众多的用户，尤其在我国是家喻户晓的数据库系统软件。FoxPro 之所以受到用户的青睐，主要是因为它具有以下突出的特点。

①全面而可靠的数据库管理功能、方便而灵活的人机交互界面。FoxPro 提供了多种操作方法，如下拉菜单、命令窗口、功能热键等，再加上丰富的提示信息，使用十分方便。②功能强大的窗口技术。FoxPro 无论是从使用，还是从编程角度，都提供了功能十分强大的窗口技术，它支持 Windows 的窗口、菜单、对话框及各种控件技术，完全与 Windows 的窗口体系融为一体。③强有力的应用软件开发工具。FoxPro 提供了多种开发软件的工具，如程序编辑器、编译器、调试工具等，另外为了提高编程的效率，它还提供了许多应用程序的自动生成工具，如屏幕生成器、菜单生成器、报表生成器等。④丰富的附加程序。FoxPro 为了提高其功能及通用性，还不断推出附加程序，如 FOXGRAPH，FOXDOS，FOXVIEW 等，使其功能不断增强。

与上述操作系统软件一样，在购买品牌主机设备时也可向店家提出安装正版软件的要求，一般都会得到免费服务。不过，数据库软件的操作比较专业，所以面向最终用户的数字化博物馆应用软件最好能开发成独立的系统，所有功能都在界面友好的系统之内解决，最好不要依赖其他支撑软件，以减少用户在购买、安装以及使用软件方面的麻烦。几年前我们开发第一版和升级到第二版的应用软件（单机版），因部分使用功能没能摆脱对数据库支撑软件的依赖，因而要求用户安装数据库支撑软件，到第三版和第四版时已经摆脱对数据库软件的依赖而自成体系，不必安装数据库支撑软件了。

目前许多单位正在考虑进一步网络化的问题，而现今流行的网络数据库平台软件是 SQL Server。原因有以下几点。

①对于一个博物馆来说，它的成本比较低。可以与 Windows NT 线程、任务调度、性能监测器和事件浏览器集成。通过一个单一的 Windows NT 登录到网络 SQL Server 上，由此来简化用户账号的管理，为信息的可靠传播而提供的内部复制机制减小了发生故障的风险，并将及时、精确的信息传送给需要数据的客户。②并行结构。通过并行内部数据库功能，大大提高了系统性能和可缩放性。提供基于 Windows 的管理界面，并提供数据复制管理、服务器管理、诊断和调整的可视化拖放控制。③可更好地支持大型数据库，为开发和维护任务减少输入 / 输出（I/O）。④在分布式管理框架中能得到 OLE 分布式管理对象库。本系统第四版之所以改用 Access 数据库支撑软件，是因为 Access 的 mdb 数据库和 SQL Server 数据库相一致，在它们之间可以很容易地互相转换。⑤可以让单机版用户在不损失以前登录的数据的前提下得到软件和数据库的同时升级服务。它们的相同特性如下。

第一，记录级（行级）锁定消除了更新表时发生的页面锁定。Access 和 SQL Server 现在都具有 4KB 大小的页面（最小为 2KB），同时 SQL Server 对于插入操作提供了行级锁定。两个 RD-BMS 现在都为插入、更新和删除提供了行级锁定。

第二，对字符和文本字段的 Unicode（统一的字符编码标准，采用双字节对字符进行编码）支持，消除了为东欧和使用双字节字符集（DBCS）的亚洲语言指定编码页的需要。双字节字体支持使用户可以指定一种没有包含在主要字体中的字体作为备选字体。我们可以在 Access 的“选项”对话框的“常规”选项卡下选择一个替代字体。对于任何字体的字符使用 Unicode 时都需要两个字节，因此 Jet4.0 包含 Unicode 压缩使得文件尺寸的增长减少到最小。

第三，decimal 是一个新的 Jet4.0 数据类型，它仿效 SQL Server/MSDE 的 decimal 数据类型。我们可以说明 Precision 的属性（它决定着该字段数字的总个数）和 Scale 属性（它设置的是小数点右边的位数）。Jet4.0 在默认情况下 Precision=18，Scale=0。

第四，关闭时自动压缩是一项可选的 Jet4.0 功能，可以在用户关闭数据库时自动地压缩，如果需要的话，还可以修复“.mdb”文件。可以在 Access“选项”对话框的“常规”选项卡下指定是否进行自动压缩。该特征试图仿效 SQL Server/MSDE 数据库的自动压缩功能。SQL Server 的新文件——系统数据库将随着用户添加或者删除记录和其他对象自动地增长和缩小。

总之，网络版数据库采用微软公司的 SQL Server，主要因为其价格比较低廉，对于藏品管理系统的推广提供了物质条件。我国博物馆的财力并不充裕，要求我们尽量考虑得经济些。同时，SQL Server 对于客户操作、运营和维护数据库的要求也比较低，便于使用和推广。对于我国博物馆而言，人才条件是实现数字化博物馆的较大障碍，我们要设法绕过这种障碍。另外，有些单机版用户已经使用 Access 数据库支撑软件输入大量藏品信息，可以把这些信息顺利转换到 SQL Server 中，使原有的数据不浪费，不破坏，以节省人力和物力。

要想实现局域网运行或广域网发布的分享方式，则需要在单机独占式数据库基础上加入分布式网络分享功能，采用服务器加工作站的硬件配置方式，其优点是能够实时分享馆藏信息，共享打印机、扫描仪等外围设备，也便于多部门协同建设数据库。采用这种方式不仅需要较大量的硬件投资，而且需要购买正版的数据库平台软件。目前流行的大型商用数据库平台软件主要有 SQL Server 和 ORACLE 等许多种，分别适应各种规格和品牌的服务器设备，价格一般不低于 10000 元，也不能因购买硬件而享受软件的免费安装，甚至供应商要按工作站数量收取费用。网络运行方式虽然是发展方向，但涉及投资数量较大和配备高素质专业维护人员的问题，我国中小型博物馆大多还不具备这样的综合实力，暂不必勉为其难。如果想实现“网上博物馆”的愿望，也不必自行建立门户网站，可以采取委托公共网站发布的方式，以避免过重的硬件设备和维护工作负担。

3. 藏品管理软件的普适性

在我国文博系统实现藏品管理电子计算机化的进程中，硬件障碍会日益趋小化，平台软件和支撑软件的迅速发展已经为博物馆实施数字化改造提供了良好的环境，关键问题主要还是缺乏容易普遍令人接受的应用软件。换言之，文博界在该领域的进展急需好软件加以推动。那么，怎样的应用软件才能普遍令人接受？或者说，应用软件应该具备哪些基本品质呢？据我们所知，自行研究开发应用软件的单位不多，绝大多数单位还是打算使用别人开发好的现成软件产品。所以，从使用者的角度探讨软件问题，可能成为博物馆学的一个热点话题。我们出于教学研究的需要，对该课题做了较长时间的追踪研究，近年来也在系统软件开发、规模化测试、实际使用、应用性推广、后续服务以及教学培训等有关方面开展实践，从多种角度体会到了该领域问题的复杂性。对于一个刚刚打算开展这项工作的单位来说，由于缺乏实践经验，估计对软件中的一些关键的品质问题可能很难想周全，这无疑会影响人们当前的决策。我们觉得，无论是打算自行开发软件或使用现成软件产品，以下几个有关软件品质的问题不应忽略。

（1）数据库项目的标准化

所谓标准化，就是在经济、科技及管理等社会实践中，对重复性事物和概念通过制定、发布和实施标准，达到统一，以获得最佳秩序和社会效益。所谓数据库项目包括藏品描述和检索标引。众所周知，以往博物馆采用编目卡或档案册形式描述藏品信息，编目卡用于记录较为基本的信息项目，人文类藏品档案册则有国家文物局颁布的标准，项目内容要比编目卡更丰富。在计算机硬盘存储容量还比较小的几年前，软件开发者大多十分计较信息采集项目的数量，有些软件的数据库项目采用了编目卡内容，仅有 30 个左右的信息采集项目，从长远的角度来看，这显然是不够理想的。有些采用大容量服务器设备的网络版软件开发单位（大多是省级以上的大型博物馆），就直接根据档案册内容设计数据库信息采集项目，起点比较高。但网络版要有较高的技术要求，对开发资金和维护人才也都有较高的要求，暂时很难推广到只有能力使用单机版的中小型文博单位。

随着计算机硬件技术的进步，现今我们已经有条件不再顾虑单机硬盘容量，问题的焦点转移到了数据库结构和字段长度设定等方面。在人文类博物馆，尽管国家文物局颁布过标准的藏品档案册用纸及其填写要领，但那毕竟是手工时代的产物，当人们打算采用电子计算机管理藏品信息时，还觉得有许多不足，尤其在检索方面还嫌薄弱。专门为数字化管理制定数据库结构标准乃至字段长度标准，就势在必行。目前，国家尚未颁布统一标准，但已经开始讨论有关问题，相信不久的将来会产生可以作为数据库字段设置依据的标准方案。在此之前，我们只好用现行的手工档案册和有关讨论结果作为依据，至少应该能够记录、储存和输出藏品档案册所规定的项目内容，而且为今后的数据库转换留有余地。尤其采用现成软件产品的单位，应该对开发单位提出这项后续服务的要求。看来，藏品管理系统的具体功能难免会不断提升和变化，但文字描述部分的数据库则相对稳定，并将长久地服务于管理工作，眼前的起点越高，将来的补充和达标工作就越轻松，因而有理由把数据库字段项目作为评判软件质量的首要标准。目前所见几家根据藏品档案开发的软件，其数据库项目大致有 60 多个，我们根据自己的经验、用户意见反馈和新近研讨结果，认为较完善的数据库项目大致应有 100 个，其中除了档案册规定的藏品信息描述项目以外，还包括基于传统分类法和组面分类法的检索标引项目，以及未来可能会使用而目前尚未颁布具体编码方法的行业通检标引项目。

（2）大众化检索途径

作为物质文化信息集中地的博物馆，历来仅以陈列展览方式服务于社会普通公众，而藏品库并不对外开放，这一点大不同于公共图书馆，因而博物馆一直存在着藏品信息的社会利用率较为低下的问题。出于保障藏品安全的考虑，至今也很难想象藏品库能以实物形式对外开放。正因为陈列展览不存在检索的问题，藏品库又不直接面对普通公众，所以只存在专业化检索问题，却一直不太关心大众化检索问题。而今，博物馆一旦利用计算机管理藏品信息，也就意味着藏品库在信息意义上的对外开放成为可能。换言之，通过信息的数字化手段能绕过一系列物质上的限制和管理上的不便，使库藏信息全方位地直接面对社会公众。也可以说，数字化管理使得博物馆有条件从以往的“我给你看什么就只能看什么”，转变为“你想看什么就选择看什么”，从被动利用转变为主动利用，不难想象这场得益于计算机科技的藏品信息服务方式变革具有划时代的意义。

博物馆在实施藏品信息的数字化管理过程中，难免要付出较多的人力和财力投入，自然应该追求尽可能大的效用。其中很重要的一点就是尽量扩大利用者范围，要求系统软件的功能不局限于内部专业人员需求的对应与满足，最好使藏品信息管理系统具备能直接为广大普通公众所利用的品质，关键在于加入大众化检索方式。从已有的实践来看，在系统中加入大众化检索方式并不意味着费用的增加，但却能使系统具有更广泛的意义和更大的利用价值。换言之，我们不应该以“强有力的业务工具”为满足，而应使之同时成为“大众化的藏品信息展示器”，否则就存在缺憾。如果系统没有大众化检索途径，那就只能说它是藏品信息管理软件；如果系统设有大众化检索途径，那就可谓数字化博物馆软件。

所谓大众化检索，又分几种场合。在基于互联网的数字化博物馆，最大众化的检索途径要属非线性的自然检索语言。它是按人的语言方式、思维方式和文化习惯对信息作语义关联的检索，具有人工智能性。从技术上讲，就是将自然语言处理技术应用于藏品检索系统的信息组织。标引与输出，从用户来说就是用自然语言作为提问输入和对话接口的检索方式。在手工检索阶段，自然语言显出缺点，受控语言得以发展，但到了计算机检索阶段，受控语言的缺点暴露出来，曾被受控语言否定的自然语言的地位又重新得到肯定。而在以触摸屏为代表的定点数字化博物馆场合，受控语言仍然是很有价值的检索方式。这也叫线性检索语言，是以知识的分类表为基础，以严格的受控词、严格的逻辑结构关系排列，并采用符号标示词表关系的检索语言。分类法、主题词法、关键词法等都是典型的线性检索语言，它们以代表知识的符号对知识加以组织、存储，用先组式或后组式方法对信息进行检索，具有简洁、准确、实用的特点。据我们所知，有些单位在实施数字化管理时，只注意到了数据库项目的完备和对应内部业务工作的问题，后来才感到检索查询方式对于普通利用者并不友好。例如，即使取名为“万能检索”的检索查询，也没能摆脱键盘输入的操作方式，这就意味着把不会操作计算机的人们排除在可利用范围之外，这毕竟属于自然语言的检索方式，无法适用于馆内常用的触摸屏设备，只适于内部专业人员的检索利用。要想使检索方式适合于来馆参观的普通公众，就应该以“面向对象的设计”为原则，采用一系列多项择一式的主题词按钮形式组成的界面，引导观众通过简单点取方式达到检索目标。目前在邮局、银行、车站、码头等公共场所都可以看到理想的大众化检索方式的范例，数字化博物馆软件中的藏品信息查询功能，也应该达到类似的境界。

之所以基于传统分类法的受控检索语言在数字化博物馆建设中得到重视，是因为博物馆观众中的首次利用者占有很大比重，这与图书馆有较大区别。大多数图书馆读者是在知道自己打算利用某类图书的情况下走进图书馆的，毫无特定目标的读者是不大会走进图书馆的。而博物馆的观众中有相当数量的人事先并没有明确的利用目标，带有很大的随意浏览性，他们是从随意浏览过程中寻找和发现自己特别感兴趣的信息对象的，基于传统分类法的受控检索方式要能够很好地对应这种利用心态。我们从实践中体会到，如果把藏品管理系统的功能限定在馆内业务范围，或者假定系统利用者都会操作计算机键盘，那么如此基于纯自然语言检索的软件开发并不十分困难。而要想同时使之成为大众化的藏品信息展示器的检索方式，难度就大得多，因为它涉及检索标引的内容和形式必须符合普通公众的知识水平和操作习惯，既要在选择角度方面具有一定的多样性，又要使每个界面尽量简洁，把视觉噪声降到最小。一般来说，科学严密的藏品分类体系有助于我们建立大众化检索方式，因为分类本身就具备检索标引的功能。只要对现有的藏品分类方法认真做一番整理，归纳出一套层次分明的主题词表格，加入多项择一式按钮功能，就能够产生出一种适用于触摸屏的大众化检索方式。所以说，大众化检索途径的建立虽有一定难度，但并非不可能，它应该成为数字化博物馆应用软件必备的品质，也是评价软件功能优良与否的重要指标之一。

（3）快速登录

许多博物馆的藏品量是较大或很大的，而且每件藏品的信息描述也比较繁多，这意味着在建立数据库的过程中需要投入较多人工登录劳动。如果按常规程序登录，将大大延迟建库的时间，这与人们希望尽早达到正常使用和分享信息的要求有所矛盾。因而要求系统软件具备快速登录功能，提高工作效率，以尽量缩短建库时间，降低人工登录的劳动成本。我们从实践中体会到，提高登录工作效率的途径主要有以下四条：一是允许多人多机同时开展登录操作，如果是单机版则需要具备便利的数据库移动和添加功能，这一点不难做到，但可能涉及稍许复杂一些的数据库移动操作；二是设法把原本较为专业的寻码方式简易化，最好免除翻阅编码手册的过程，尽量做到只要会打字就能胜任登录操作，以扩大参与登录工作的人员范围；三是设置类似于 Word 块操作的功能，以便于对非常用古汉字或大篇幅记忆字段输入采用剪贴或直接扫描的方法；四是在登录界面设置拷贝复制功能，使得上一件和下一件之间较为近似的多件藏品数据信息只需稍加修改即可完成当前藏品登录。我们做过比较，在软件中加入快速登录功能要比常规登录方式的工作效率提高许多倍。可见，建库过程中的登录效率关系到系统用户单位人工劳动投入量，应该斤斤计较，因而就有理由把它作为数据库系统软件必备的品质，成为衡量软件功能优良与否的标志之一。

（4）简易操作

运用计算机管理藏品信息毕竟属于较陌生的新事物，毋庸讳言，我国博物馆工作者在使用计算机方面的整体素质还不够高，对于顺利使用这种高科技手段的系统存在一定障碍。这一方面要通过在职培训和吸纳人才等办法加以改善，另一方面要求系统软件的开发者考虑到这个问题，尽量把操作难度降到最低。作为计算机专家的编程人员常常会忽略初学者的能力，所设计的界面不够简洁友好，一眼看上去让人感到害怕，部分操作过程也没能完全中文化。这需要“专家系统”拟订者严格把关，假定操作者只具备一般的电子计算机操作知识，界面设计忌繁杂，步骤安排尽量少，不用英文提示，还要为每一个操作界面设置联机使用帮助。对于系统的最终用户（只读利用者）来说，肯定不能以培训为前提，应该达到“自助餐”的境界；对于中介用户（系统管理员）来说，最好通过简便易懂的音像或书面操作手册的指导能上岗，许多细节问题也能通过联机帮助获得答案；对于参与建库登录的一般工作人员来说，最好做到只要会打字就能胜任工作。数字化的藏品信息管理系统，在使用功能上一般多得令人眼花缭乱。我们觉得，功能多无疑是件好事情，但令人眼花缭乱就不够理想了，应该多而不乱，条理清晰，有关者启，无关者闭，也不会因误操作而死机，这对界面设计提出了较高的要求。

可以说，系统的操作是否简易方便，也应成为衡量软件质量的指标之一。开发者更应该注意这个问题，否则会使用户单位难以充分利用馆内人力资源，对自己的用户培训和后续服务也会造成过重的负担。

（5）图片储存

图像是藏品的重要信息内容之一，但数字化图像所占的磁盘存储空间较大，储存一件藏品的文字信息平均用几个千字节（KB）就够了，而储存一张图片却要占据数百个千字节，甚至更多，从而成为一个令人十分头痛的问题。如果使用大容量服务器则问题还不大，如果使用单机版软件，就存在怎样妥善安排和经济性处理的问题。本书认为，单机版应用软件的开发设计至少应该从两个方面考虑该问题：一是允许用户使用多个逻辑硬盘存放图片文件，并且允许用户根据馆藏特点自行调整图片存盘方位；二是选用比较经济的 GIF 或 JPG 图片储存格式，尽量降低单位空间占有量。现有的计算机科技水平已经提供了解决这个问题的条件，而且电子计算机硬盘的性能价格比在近两年间的提升速度很快，如果软件开发过程中能够妥善处理这个问题，家用电子计算机的硬盘容量是能够满足中小型博物馆需求的。换言之，用户在了解软件功能时最好问一问平均一件藏品信息的储存空间是多少，并且是否允许多盘存放。如果平均储存空间量较大或不允许多盘存放，就不够理想，说明软件开发者对这个问题考虑得不周到，导致用户对硬件设备的投入不够经济。从现有技术来看，按达到普通彩色照片水平的数字化图像来衡量，平均一张图片的存储空间可以低到十几个千字节。至于多盘存放的问题，则需系统规定较合理的图片文件名结构，只要开发设计时注意到这类问题，是能够解决好的。从发展的眼光看，如果多盘存放眼前可以应付工作，以后随着电子计算机科技进步会越来越不成为问题。成问题的倒是网络版系统软件涉及的多媒体素材规范，根据目前的看法，主要有如下几点：一是图形（像）素材。按通用的 GIF 和 JPG 格式存储，彩色图像的颜色不低于 8 位色数（256 色），灰度级不低于 128 级，扫描分辨率不低于 150dpi。二是音频素材。数字化音频采样频率不低于 11kHz，量化位数不低于 8 位，双声道。存储格式有 WAV、MP3、MIDI 和流式音频格式。数字化以 WAV 为主，欣赏的音乐使用 MP3 格式，MIDI 设备录制音乐使用 MIDI 格式，而实时交互的音频使用流式媒体格式（RM）。三是动画素材。其色彩、造型应和谐，帧和帧之间的关联性要强。存储格式有 GIF、AVI、Flash、FLI/FLC、Quick Time。四是视频素材。使用四种存储格式，AVI（PC 机平台）、MPEG（单独欣赏的较大视频素材）、Quick Time（Apple 机平台）、流式媒体 RM（网上实时传输）。每帧图像色数不低于 256 色或灰度不低于 128 级。

（6）后续升级

藏品管理电子计算机化工作模式在近一段时期不可能一成不变，因为一方面人们对该领域问题的认识在不断深化，另一方面电子计算机软硬件环境也在迅速发展变化，再加上数据库标准化本身还是一个尚在讨论之中的问题，凡此都要求应用软件开发能够不断适应这些变化。对于开发者和用户来说，这也是一个比较伤脑筋的问题。如果开发者打算把自己的产品提供给别人使用，首先自己要有长期继续工作下去的准备，反过来说，如果一个单位打算使用现成软件产品，也要看开发单位是否稳定，如果是纯粹的经济行为而缺乏事业性质，就很难使人放心，而纯粹的事业行为也大多会带有后续服务欠佳的隐患。

不过，只要数据库项目比较完备，就能使登录劳动投入不易被全盘否定；如果软件功能大致满足当前的各种工作需要，就肯定具有相当大的使用价值。从现有技术来看，这两点都能做到，因而没有必要过于担心。现在看来，单机版软件比较安全，可以借助邮路提供远程异地服务，但网络版软件就不那么简单了。根据国内中小型博物馆的实情估计，由于财力和人才条件还属比较有限，藏品数量和部门设置也不是那么多，因而在近一段时期内采用单机版系统软件可能是一个较为经济和明智的选择，甚至对内地一些省级大型馆都是如此。现在谁都知道“今天买硬件不如明天买硬件更划算”，既然数据库建立过程可能较为长久，单机版软件又不会降低建库速度，因而在工程启动阶段采用单机版系统软件并无太多的不利，反而可延缓网络版所需较大规模的硬件投资时间和缺乏维护人才的问题。实际上，网络版的意义在数据库建好后准备投入多部门分享乃至广域网分享信息时才会充分体现出来，例如，可降低工作站硬盘要求、可获取实时性的动态信息、可免除数据库移动拷贝工作等等。如果这种分两步走的想法不错，则要求单机版开发者为用户今后顺利转化为网络式运行留有余地，否则就不够理想，软件开发应该讲求可持续发展的品质。我国博物馆的数字化建设事业刚刚开头，较为关键的软件开发工作又不是各单位普遍有能力承担的，势必形成普遍使用现成软件产品的格局。从后续服务以就近为宜的角度来看，我们倒觉得最好每个省级大型博物馆能按一定的要求自行开发软件，并带动当地中小型博物馆的数字化建设。据我们所知，国内已有好几家省级博物馆成功地开发出了藏品管理软件，但对于怎样带动本省中小型博物馆的数字化问题考虑得还不够。估计是因为本身还在探索之中，加之计算机软硬件环境变化速度较快，尚未形成较稳定成熟的方案，而且个性方案和共性方案在开发思路上也是有较大区别的。看来，为保障数字化博物馆事业在我国健康顺利地发展，迫切需要对数据库标准和功能方案进行交流和研讨，综合现有各种软件的长处和经验，开拓人们的视野，也为各地的软件开发工作提供起点较高的依据和捷径。

（四）数字化博物馆工程的经济性分析

数字化博物馆属于新事物，打算开展这类工作的单位多少都要为此投入资金。谈到资金，我国中小型博物馆普遍会觉得是个大问题。目前有的单位为此投入了上百万元乃至上千万元的资金，也有的只花了几千元，虽然差别很大，但大都有各自的合理性，投资多的并不意味着比投资少的更浪费，投资少的也并不等于在基本需求的对应与满足方面相差很多。

在博物馆面临的数字化工程中，资金将主要花在硬件设备、应用软件以及相关人工劳动方面，如果对这些要素能有一个比较清楚的认识，结合自己的人力、财力、物力条件加以选择，就可能使相关决策更加稳妥和可行。首先看硬件设备。要想把藏品信息数字化并存储在电子计算机硬盘中，至少需要一台电子计算机主机以及扫描仪或数码相机等采集设备，以及便于备份和移动大量数据的光盘刻录机，而信息采集和储存又是为了输出利用，输出形式除了显示器以外，还常用打印机设备。所以说，有了电子计算机、图像采集设备、数据移动设备及打印机，就具备了开展这项工作的最基本条件。目前市场供应的电子计算机主机档次很多，价格也随之各异，决定价格的因素主要是主机芯片的运算速度、硬盘容量以及显示器规格。虽然主机运行速度是越快越好，硬盘容量和显示器尺寸是越大越好，但那是以较高的资金投入为代价的。如果某单位的财力不很充足，要求做得尽量经济些，那么在购买主机时就要把藏品量作为决策依据，以“够用”而不是以“最快或最大”为原则。以我们开发的第四版应用软件为例，如果藏品总量在 5 万件以下，那么电子计算机 CPU 主频在 500MHz 以上、硬盘有 30GB 就够用了，不必急于购买价格尚属昂贵的奔腾第四代电子计算机。

另外，当今人们都知道网络化分享信息的好处，以至于不少单位一开头就把局域网运行方式作为目标，这意味着硬件投资量是较大的，而且对网络维护人员的资质有更高的要求，这些条件暂不是我国中小型博物馆所普遍具备的。我们知道，国内数以千计的中小型文博机构，一般最多只有五六个业务部门，即使每个部门配置一台电子计算机，也不过几台，通过数据拷贝达到分享信息目标的工作负担并不重。当用户将馆藏信息卡片全部输入电子计算机并投入正常使用后，由于新增藏品量有限，并且利用形态一般限于只读范畴，从而使馆藏总量和记录内容总处于相对的静态（这与图书馆有很大区别）。保管部可以随时添加记录，而对其他业务部门的拷贝不妨每月乃至每年一次，因而单机运行方式在信息分享方面并不会构成根本障碍。我认为用户可以利用一个时间差而做得比较经济，下面对此进行分析。

正如前述，近年间电子计算机性能价格比的提升速度异常迅猛，硬件的市场价格变化是以周为计算单位的。而各馆建立数据库需要一个较长的过程，少则几个月，多则几年，实际形成一个时间差。在这种情形下，与其一开头就按网络运行方式添购大批硬件设备，不如先用单机方式开展数据录入工作更经济，这样的安排既不耽误建库时间，又可避免较高资金投入带来的压力。当数据库建好后打算多机分享数据库信息时，再考虑大批购买硬件及网络版应用软件，建立网络运行方式。那时的硬件性能价格比一定又提高了许多，当然也就经济得多。假如数据库建好后仍缺乏建立局域网的能力，则不妨用磁盘拷贝方式达到多机分享的目的，何时有条件何时考虑网络化问题，这样，用户单位就比较主动些。

其次看软件问题。实施数字化博物馆工程除了上述硬件条件以外，还需要几种软件的投入。关于操作平台软件、单机版数据库支撑软件以及图像处理软件，正如前述，可在购买硬件设备时向店家提出安装要求，一般都能获得免费安装其正版软件的服务，因而几乎不存在投资的问题。但藏品管理应用软件却是一个需要花费资金的环节，无论自编软件还是购买现成软件都是如此，值得分析。

我们知道，自编软件必然涉及该领域专家同计算机编程人员的合作。其中该领域专家一般是机构内部已经具备的人才，大多是有关藏品分类学和保管技术方面的专业人员，而具有编程能力的计算机人才则是许多单位所没有的，即或有之，也存在水平如何的问题，或有自编软件的单位，大多不得不退而求其次，采用与外部专业电子计算机公司合作开发的形式，由本单位领域专家编写相当于脚本的“专家系统”，然后交由合作方的程序员通过编程在电子计算机上加以实现。在此过程中，机构多少要支付一笔资金作为合作方的开发编程费用，据说国内有几家单位向合作方支付了数万元乃至数十万元的编程费。对于软件开发行业来说，这也许算不上一个惊人的数目，市场上现成的类似应用软件（如图书管理软件）售价也达到了这样的金额。但对于财力并不宽裕且软件开发不含经济目的的文博机构来说，哪怕几万元乃至几千元都会有沉甸甸的感觉。同时，由于领域专家首先着眼于本机构自身乃至眼前的需求，难免使自编软件在分类体系、服务功能及数据库结构设计上带有很强的个性，对整个行业的数字化建设进程起不到推动作用。即便各单位普遍有财力而选择了自编应用软件之路，不仅会导致行业总投入资金数额巨大、低水平重复建设，还会形成因数据库结构和界面形式各异而导致的交流不便等问题，更为严重的是，即使今后发现某种现成软件物美价廉，也会因惧怕否定以往投入的资金和人工劳动而拒绝采用。在电子计算机应用领域形成“诸侯割据”的局面是很不好的，那将大大限制计算机应用的长远意义。如果想要“见贤思齐”而修改自编软件程序，则有可能产生知识产权纠纷，并且少不了还要继续追加编程投资，简直是个无底洞。对于博物馆来说，系统软件只是工具，运用这种工具开展信息化建设才是目的，我们不应该把工具当作目的，否则就会使宝贵的资金处于冒风险的境地，因而对综合实力比较有限的中小型博物馆，勉为其难地自编应用软件是不够经济的，我国博物馆界已经有过惨痛教训。

如果购买现成的应用软件产品，一般都会经济得多。目前我国已经有好几家单位开发出了相对通用的藏品管理应用软件，并以相对较低的价格对外提供服务，这是一个好现象。我们觉得，应用软件开发单位必须在使用权转让价格、人员培训费用等资金方面具备普遍的可接受性，要求带有较多的事业心和社会责任感，而非纯商业性眼光看问题，这一点是我国文博行业应用软件开发者必须处理好的关键问题。应采取直接向文博机构提供软件服务的办法，象征性地收取软件使用权转让费用和人员培训费用，以尽量减少用户的经济负担，所得转让费也将主要用于跟踪服务。关于上岗培训，用户一般也得负担开销，但我们通过实践认识到，只要在开发时就强调操作的简易性，并认真编写在线帮助、操作手册、声像教学系统等，就能达到免于当面培训的要求，可谓十分经济。

那么，也许有人会问："为什么开发单位不能干脆免费提供使用呢？"因为，如果软件产品没有丝毫的利润，开发单位是无法做进一步跟踪服务的。在我国，人们在20世纪80年代开始认可硬件价值，90年代开始认可软件价值，90年代末开始认可服务的价值。只认硬件不认软件，计算机处于摆设阶段；只认软件不认服务，则信息技术（IT）应用没有多大作用。相对于服务而言，软件可以成为通用产品，只需要介质传递、安装、培训即可用起来，软件是含有降价空间的，但服务却没有降价空间。事实上，用户购买的原版软件是买服务，人们应该逐步习惯于这样一个重要理念："软件就是服务。"目前国外IT产业界认为硬件、软件及服务的费用比重为1∶2∶4。在这里提倡用户有偿使用软件似乎并没有站在用户的立场上，但一个含有服务的产品最终得益的是用户本身。这是因为，软件开发单位有合理的利润就能请到高素质的人才来为用户单位服务，服务素质提高了，用户就是第一个得益者。相反，如果软件产品服务费含量低，乃至免费提供使用，最终不得益的首先是用户，然后制约开发单位的发展。

数字化博物馆应用软件开发在我国仅仅是开头，还处在探索和经验积累过程中，即便眼前觉得某种软件很不错，但电子计算机硬件和平台软件领域毕竟发展迅速，应用软件本身也存在继续扩展功能的可能性，这使得一套应用软件的生命周期比较短暂，因而十分需要开发单位继续工作下去。我们在推出第一版后短短三年之内就曾先后三次升级版本，每次都对应用软件做了大规模的、十分必要的功能提升，回过头来看，如果当初免费提供使用，那将是无力开展这种后续升级服务的。总之，在软件领域实行有偿服务是正当行为，不宜作一般消费品式的理解。所以，购买现成应用软件产品时，不仅要求价格经济，更要讲求后续服务保障。如果没有规范的后续服务允诺，哪怕免费提供使用软件的也不宜采纳。反过来说，提供良好的后续服务也是对开发经营单位的最基本要求。

综上所述，通用型应用软件首先必须在构造、性能、技术及价格等方面具备普适性，要求分类方法合理、主题词表清晰易辨、操作简便、尽量免除记忆负担、对硬件运行环境要求不高、建库和培训成本低廉等等。国内已有学者在这方面做出过可行性探索，但在多重利用角度的对应、登录员记忆负担的免除、分类框架结构自由伸缩的余地、时刻掌握藏品状况的统计服务面、图片库的管理和运行安全性等方面还不能尽如人意。我们组织博物馆学和电子计算机编程两方面的专业人员对此做了多年的研究开发工作，终于获得了高性能软件开发的阶段性成果，已经有来自数十家文博单位的专业人员给予了充分肯定，并首先在复旦大学博物馆、河北博物院、河北省文物研究所、上海中医药博物馆、上海豫园管理处、重庆大足石刻艺术博物馆、杭州市萧山博物馆、中国烟草博物馆、云南玉溪博物馆、四川宜宾市博物院、杭州章太炎纪念馆、杭州南宋官窑博物馆、中国科学院南京地质古生物研究所标本馆、甘肃省博物馆、贵州省博物馆等单位经历了较长一段时间的实践检验，也就是您在前述第一部分看到的一幕。

（五）博物馆系统数据库的安全备份方法

1. 整个系统的备份

经系统软件安装操作后，本系统自动安装在指定硬盘分区中。如果用户感到需要备份整个系统，可在安装并登录完成后再用光盘刻录方法将系统移至光盘中保存。方法是：通过系统所在盘选定本系统文件名 CPGL，然后发送到光盘刻录机所在盘符即可。但请注意，如此操作只能备份系统所在盘中的图像文件（PHOTO），而放置在其他盘符下的 PHOTO 文件需要另外操作其备份。这种备份方法的好处是，用户单位在多机分享操作时，不必为每台参与分享的主机分别安装 conf、data、photo 等数据库文件，而是一气呵成。当然，其前提是用户必须具备大容量存储的光盘刻录机设备。

2. 系统安装盘的备份

由系统软件经营单位提供的用户安装盘，无疑将长久地服务于用户单位的业务工作，而一套安装光盘却是有一定使用寿命的。所以，用户在拿到安装盘后，可以在自己的电子计算机硬盘中为系统安装盘做个备份，以便一套安装盘坏了后，再自行制作另一套继续使用。备份的方法很简单，将安装盘放入光盘驱动器，从 Windows 桌面打开它，先选定其中的“系统安装”文件夹，用编辑菜单中的复制命令将其转入剪贴板；然后打开某个作为目的盘的硬盘区（如 D 盘），再运行编辑菜单中的粘贴命令，即可将上述安装盘文件转入 D 盘保存；一旦安装盘坏了，用光盘刻录机即可重新制作另一张安装盘了。

3. 系统数据库（子盘）的备份

由系统软件开发经营单位提供的安装盘，是针对所有类型博物馆用户的，其检索界面中出现的专业词目限定在模糊匹配的水平，我们称之为“母盘”。对十多种检索界面中的专业词目做具体适应性的修改，我们称之为“二次加工”，该功能可以使用户获得类似于“量体裁衣”“定做服装”的服务。当用户对初始安装盘（母盘）中的系统数据做了必要的修改加工之后，则该系统就已经不同于母盘（由开发单位提供的系统安装盘）了。当用户出于内部多台主机共享系统软件及其数据库信息的需要，打算在其他主机中装入系统软件和数据库信息时，必然先要用母盘将本系统软件安装进主机的硬盘，然后再从写入数据库信息的那台主机中拷贝出数据库部分，并安装到分享信息的这台主机中的系统之下。用户将母盘安装到自己的电子计算机主机后，必然要对检索界面做二次加工，以致现在所需的系统跟母盘有了一定的区别。那么，用户是否要在每一台分享系统及其数据库信息的主机中逐一修改检索界面主题词呢？这当然不理想，其实我们可以用“系统数据库（子盘）备份与移动”的办法，使所有参与信息分享的电子计算机主机在系统界面上保持一致。用户在使用系统软件登录藏品信息卡片的过程中，会不断修改系统数据，因而会经常通过上述方法使馆内所有电子计算机中的本系统界面提示词保持一致。

4. 文字数据库的备份

出于保障登录劳动成果安全的考虑，本系统需要用户经常备份的数据库有三个，它们分别是：data、photo、conf。所谓“文字数据库”包括新库和旧库，文件夹名称分别为 data_new 和 data_old。从本系统所在盘打开 CPGL 文件夹，再打开 data 文件夹，即可见到这两个文件名，分别单击选定，然后从“文件”菜单选择“发送至移动硬盘、U 盘或上传至指定云盘”即可。如果文字数据库规模超过了移动硬盘、U 盘的剩余容量或云盘单次传输限制，则只好用光盘刻录机将其移出。这些备份盘片即可用于保存，也可用于子盘安装。有了文字数据库备份，再加上系统安装盘，就不必为使用过程中的误操作或病毒侵害而担忧了。它保证用户的文字登录劳动不被全面否定。

以上讲的是文字数据库规模不大时的移动方法。实际上，当用户输入了较多量的藏品编目卡信息之后，亦即旧库文字量超过了移动硬盘、U 盘的剩余容量或云盘单次传输限制之后，就不便再用小磁盘作整体移动拷贝了。如果对以往登录的卡片没有必要修改，则用户实际上经常面临的问题是怎样把新登录的那部分卡片信息添加到其他分享本系统资源的主机硬盘中去。也就是说，需要采用有选择拷贝和移动部分数据库的方式，既要达到数据库移出和添加的目的，又能避免因整体拷贝产生的数据库容量过大而不便于移动硬盘、U 盘操作或云盘传输的障碍。

当用户采用多人多机同时进行登录工作时，除了其中保管部那一台电子计算机为主外，其他电子计算机登录都算是帮忙的，以后这些电子计算机都会参与藏品信息数据库的分享，这就意味着帮忙的多台主机中的数据库不能覆盖保管部那台电子计算机中的数据库内容，而保管部那台主机中的文字数据库可以覆盖其他部门电子计算机的数据库。所以，其他帮忙的登录人员在自己的电子计算机系统中输入了藏品数据后，不要急着进行“新库转拷旧库”的操作，使这些新登录的数据库内容保留在新库，以便于这部分新登录的数据库内容转移到保管部那台电子计算机的系统中去。这样做的好处是系统管理员只要使用一般复制和粘贴操作方法就能完成该任务。

例如，当其他部门帮忙的某台电子计算机用本系统输入了若干件藏品信息后，系统首先会将它们自动保存在“新库”，当系统管理员打算将这组数据库内容转移到保管部那台电子计算机中去时，只要逐层打开这台帮忙的电子计算机主机系统所在盘的 CPGL、DATA 文件夹，选其中带有 data_new 名称的文件并发送到 A 盘，就能把帮忙登录的那部分数据库转移出来。然后再拿到保管部这台电子计算机上插入 A 盘驱动器，打开它并选定和复制这带有 data_new 名称的文件，再逐层打开系统所在盘的 CPGL、DATA 文件夹，可见其中已有一个带有 data_new 名称的文件，上选“编辑”功能中的“粘贴”命令，则可将 A 盘中的新登录数据库内容转移到当前主机中本系统的“新库”中来了。然后保管员可打开自己这台主机中的本系统，用“系统维护”功能块下的“新库顺序修改”命令打开这些新登录内容并可进行校对修改，然后再运用“新库转拷旧库”命令将它们添加到旧库中，即可投入正常使用。

显然，这种数据库移动方法十分简单方便，但前提是帮忙的那几台电子计算机的登录人员将所登录的数据保留在系统的“新库”中，不要急于把它们转拷入“旧库”。如果转拷入旧库，则意味着这些新登录数据归属在“data_old”文件名之下，要想局部移动这部分数据库内容，就得采用本系统提供的“选择数据移动”功能了，它能轻松地把目标记录从旧库复制到新库，然后再将该新库记录发送到 A 盘，接下去用 A 盘新库文件替换另一台主机中的本系统的新库，即可实现添加目的，这种方式避免了较大数据库移动带来的困难，一般用小磁盘就能达到数据库局部移动的目的。

5. 图片数据库的备份

当用户运用本系统软件和图像录入设备输入藏品图像信息之后，在本系统图像数据库（CPGL/photo）中就存有其数字式图像信息了。这时，我们可以通过磁盘拷贝对这些数据库信息作安全备份或空间移动。正如上述，之所以要备份或移动数据库，是出于快速建库、保存登录劳动成果和多台终端电子计算机共享数据库信息的需要。显而易见，图像数据库移动，也是系统管理员常会用到的功能。

当图像数据库内信息量尚不太大或部分拷贝时，可通过 U 盘、移动硬盘等存储设备将其移出；若图像数据库内信息量较大时，还可用大容量移动硬盘、云盘等将其移出（由于图像所占磁盘空间较大，因而常用大容量存储媒介或云存储服务）。然后可作单独保存或用于信息共享目的的多机拷贝。

需要注意的是，本系统图像数据库以大类码（一个英文字母）加总登记号再加最多一位数的分号为一个单位，每件藏品很可能包含着好几张图片数据，因而其所占磁盘空间往往超出了普通 U 盘的容量，需用压缩软件处理或较大容量的存储设备才能将其完整地拷贝出来，由此看来，添购大容量移动硬盘或使用云盘存储等方式更便于操作；或者采用硬盘对拷的方法转移这类大容量数据库，正如前述，这种办法比较经济，不涉及高档外围设备的添购，用拆换下来的小硬盘即可。如果用户暂时不打算购买大容量存储设备，也可临时向别人借用一下，拷贝到移动硬盘或上传至云盘后就比较方便了。

第二节　博物馆多形式新媒体传播应用渠道

一、巨幕投影技术

受客观环境因素的影响，许多历史文物无法长时间进行展示传播，例如举世闻名的《清明上河图》受自身材质及光照影响，会在展示过程中出现一定程度耗损，因此难以展示长卷书画的全貌，这便给参观者带来诸多遗憾。巨幕投影技术的应用，使得相关文物展示不再受时间和空间的束缚，同时对书画进行比例放大，并且实现画中人物、景致“活”起来，能够给参观者带来更加真实、身临其境的感受。

二、全息投影技术

全息投影是一种运用干涉原理记录并实现物体真实三维图像的 3D 技术，随着相关技术的不断发展与进步，全息投影技术被广泛应用于物品展示展览活动中。在博物馆展示传播中，全息投影技术的应用打破了传统展示的束缚，在全方位展示历史文物的同时还给参观者带来更具冲击力的传神感。现阶段，全息投影技术被广泛应用于博物馆展示传播中，如上海世博会中许多珍贵文物都进行全息投影展示，同时这种方式还能避免文物运输所形成的昂贵费用。

三、VR 技术

VR 技术是当前一种十分流行的 3D 虚拟技术，通过计算机技术、传感技术及人工智能等多方面前沿科技实现模拟现实。VR 技术在博物馆展示传播中的应用，能够更加真实地探知文物背后的故事与价值。例如故宫博物院所举办的瓷器展中，参观者通过 VR 技术实现文物出土地的考古模拟，并参观窑炉烧造瓷器的整个过程。在博物馆展示传播活动中，参观者通过 VR 技术能够“零距离”接触历史文物，给参观者带来更加真实、丰富的参观体验。

第三节　后疫情时代博物馆新媒体传播样态

随着 5G 时代的到来，人工智能（AI）、大数据等数字技术给当前博物馆的发展带来了更多的新机遇新挑战。众多传统实体博物馆也相继采用了 AR、VR 等科技手段，赋予展品以更立体、更生动的形态，突破用户视觉和媒介局限，丰富了展览形式，大大增加了游客与藏品之间的互动性和趣味性。

一、游览方式的改变

对于大多数以传播传统文化为主的博物馆而言，游客游览时，讲解员的现场导览是游览过程中的最大“幸福”体验。首先，伴随讲解游览博物馆，会使这个过程更有方向性；其次，许多展品背后的历史典故、艺术精髓、人文内涵等，仅通过观看展品是无法轻易获得的，而只有通过博物馆讲解员的讲述，才能获得更多信息，更有收获；再次，游客还可以通过与讲解员的交流互动，获取更多藏品外的相关历史和文化知识。

近年来，伴随着科学技术的普及和应用，多数博物馆除了传统的馆藏展览配合讲解员导览形式外，还利用“互联网 +”技术，增加了手机语音、微信导览、手机 App 等导览方式，并在馆内设置免费 Wi-Fi 供游客使用。相对于讲解员导览方式，微信、手机 App 导览无须考虑经济因素，大大节省了游客的经济成本，只要有台智能手机，无需要办理专门手续，就可以实现线上畅游。特别是在客流量大的情况下，节省游客时间成本的优势更加凸显。以往在嘈杂环境中，要听清讲解内容需要花费更大气力，而通过微信、手机 App 导览只需自己戴上耳机，即可享有一个相对独立和纯粹的游览体验，更能了解许多展品“背后的故事”，对于喜爱的内容还可以反复收听，游览的顺序、速度也可以随着自己的喜好而定。对游客而言，更便捷、更智能化、可控性更强的游览方式会越来越符合游客的行为习惯。对博物馆而言，这种导览方式大大节省了人力成本，释放了生产力，使其能够将有限的人力资源投放到更能体现效能的岗位上去。当然，这种游览方式牺牲了人与人之间的互动性，存在游客被动性体验的缺点。

二、馆内藏品的数字化复制和复原

博物馆作为珍贵传世文物的收藏、保护、展览机构，不仅要持续加强文物存藏保护工作，更要不断探索陈列展览、展示传播的创新性举措。在这方面，馆内藏品的数字化复制和复原是重要的途径之一，从20世纪末开始，欧美地区一些发达国家先后引进了数码影像、声像技术，陆续启动了虚拟式博物馆数据库管理及交互式网络化系统的开发与建设，这对传统展陈模式产生了重大影响。因此，整合现有藏品资源，对馆内藏品进行数字化复制，是博物馆亟须开展和推进的重要工作，此外，通过充分发挥网络空间作用，海量存储、立体展示、快速传播藏品及文化内容更是解决现实物理空间不足的有效途径。

由于不同时期、不同材质的文物藏品对保存环境有着不同要求，这给博物馆展览陈列造成了一定的困难。对于许多传统博物馆而言，展出的藏品大多是珍贵的历史文物，随着时间的流逝，陈列环境因素的影响，这些文物正在经历着不可逆转的自然氧化和侵蚀，还有些在出土时就已残缺。这种种遗憾都可以通过数字化复原，让它们获得“新生”和“永生”，以一种更持久、更完整的形态呈现在大众面前。因此，将馆藏文物通过数字化复制和展示，在实现对文物本体保护的同时，更缓解了当前博物馆在陈列环境、空间布局等方面的压力，是兼及文物保护、修复、研究、利用等多方面价值的重要举措。

三、展览形式的丰富

在大多数传统博物馆展览过程中，展品会以最完美的角度，在精心设计的灯光照射下，出现在游客面前，游客只能隔着透明展柜，按照工作人员指引好的角度观赏品鉴。藏品的数字化为创新展览形式提供了更多可能，博物馆通过AR技术、全息影像等手段，使数字化藏品完整地展现在游客面前，方便游客从各个角度进行观赏，这不仅能够成倍增加游客获取的信息量，更能使游客与藏品间的交互性显著增强，甚至数字化藏品可通过动态化展示手段，配合声光电辅助，呈现出更加生动的效果。

第四节　博物馆新媒体传播提升策略分析

新技术的革新以及媒体宣传的影响，使文博资源成为人们津津乐道的话题，优化媒体宣传策略是当前博物馆传播工作的重要方面。

一、讲好博物馆故事

让文物活起来，主要就是讲好博物馆故事。这就要从传统的考古、文物方面的展示上作转变，可以从提高文化自信的角度去赋能，为博物馆的传承赋予故事性，比如文物修复的高超技术、文物背后的感人故事、海外流失文物回国都可以作为素材。同时还要兼顾趣味性，很多明星博物馆都是通过趣味性话题出圈，创造一场现象级的文物娱乐化专题活动，比如中国国家博物馆的 H5“第一届文物戏精大会”。

二、充分了解媒体用户侧面像，利用各媒体优势精准推送

在信息发布时要根据媒体平台的特点进行筛选。微信平台更适用于增加受众黏性，可以提供优质的文博知识、丰富有趣的互动话题、能激发受众转发的内容；微博平台更能提高公众影响力，互动话题和重要公告都可以通过微博进行宣传；抖音短视频更能激发新一代年轻人的参与热情。所以对于博物馆资源的传播，要充分利用多媒体的优势，寻找可供传播的话题、虚拟（实物）形象、文创等，既要满足受众的猎奇心，又要兼顾受众的求知欲望，把握好网红效应，塑造高品质的文化平台。

三、融入时代需求，提升话题热度

博物馆发展须紧跟时代需求，加强新技术的应用，充分利用大数据的优势，增强与用户的互动。提升人才的专业素质，打造明星宣讲团，能够将文物的故事传播到人民大众中去，要树立博物馆为人民的理念，不能只是居于庙堂之所，可以进校园、进社区、进商圈、进景区……可以通过热门话题融入文物知识。

四、博物馆运营要从“以物为中心”向“以人为中心”转变

加强与公众的对话。选取公众感兴趣的话题，贴合日常生活，又能引发潮流趋势，还可以通过互动活动或者话题吸引观众参与展览设计。同时要注重用户原创作品，注重裂变式传播，博物馆的影响力不能仅仅靠自己拥有数量众多的珍品，更需要立足于大众呈现出创新思维的转变。随着时代的变迁，博物馆的功能也不

能仅仅满足于为大众提供展品，还需要运营和策划思维，要探索大众的需求和兴趣，甚至引领大众的需求。

五、充分利用社会力量，加强与社会内容生产者的互动与分享

博物馆作为公共服务体系，馆藏资源也属公共资源，所以有很多社会力量参与到传播与教育的环节中，博物馆不能将馆藏资源视为自有物，而是应该借助社会力量，通过新媒体的传播带动社会的关注。例如，“耳朵里的博物馆”致力于推广儿童博物馆教育，制作和传播了很多优质的线上文物讲座、云观展、音频视频节目，还有很多优质的博物馆课程，深受小朋友喜爱；涂思美育的“你好呀，故宫”系列音频节目被评为“全球世界遗产教育创新优秀推荐案例”，该节目利用故宫领域专家的学术力量，利用互联网和科技手段，“听 + 看 + 学”的多媒体形式，跨越线上线下，让更多的小朋友爱上了故宫，这有力地证明了社会力量生产优质内容的影响力。

融媒体时代，博物馆要充分利用新媒体环境和新技术发展，重构当代意义。博物馆不仅仅是物品的展示场所，还是城市文化活力的窗口，更是民族文化自信的源泉。

第五章 新媒体环境下博物馆社会教育的实践与探索

第一节　新媒体环境下的博物馆社会教育实践

博物馆作为一种特殊的社会教育机构和文化基础设施，具有收藏、研究、教育的基本功能。教育功能是实现博物馆社会功能的主要方式，是联系博物馆与观众的桥梁和纽带，也是博物馆的使命之一。博物馆是以教育、研究和欣赏为目的，收藏、保护并向公众展示人类活动和自然环境的见证物，经登记管理机构依法登记的非营利组织社会公共机构，把博物馆教育职能放在首位。在社会高速发展的新时代，博物馆作为国民教育的延伸和补充，其公益性社会教育功能正日益彰显。进入新时代，党和国家高度重视博物馆事业的发展，积极推动各类文物“活”起来，利用多种渠道传播文物蕴含的人文精神和时代价值，全国博物馆事业进入了快速发展的时期。随着国家对博物馆事业日益重视，博物馆融入经济社会发展的能力不断增强，赋能人民群众美好生活的渠道和方式日益丰富，提供精神文化产品的能力和质量显著提升。与此同时，博物馆作为最佳的表现历史变迁和民族文化的重要收藏和展示场所，肩负着社会教育、引领大众以及传承文化的重要使命。时至今日，博物馆作为精神文化产品在传播知识、解读文化、弘扬传承历史文化方面具有重要的积极作用，公众对博物馆社会角色的期许也达到了前所未有的高度，博物馆已成为人们了解社会实践教育活动的最佳“打卡点”。

在新的历史时期，博物馆逐渐向集观光、互动、体验、休闲、教育服务于一体的动态的展示模式发展。如果把藏品比作是博物馆的心脏，那么教育就是博物馆的灵魂，这句话很恰当地说明了博物馆社会教育职能的重要性。博物馆是保护和传承人类文明的重要殿堂，是连接过去、现在、未来的桥梁，在促进世界文明交流互鉴方面具有特殊作用。博物馆的核心作用是宣传教育社会服务职能，不仅是城市文化客厅，更是整个城市文化传播的重要窗口。博物馆社会教育不是一蹴而就的，它是一个由认识、实践到探索的过程。对于博物馆来说，观众是博物馆发展的动力源，应充分利用馆藏文物的潜在价值，打造出贴近大众生活的优质服务。只有用心服务观众，才能真正实现博物馆教育服务这一功能。除了科学认真策划、研究之外，应当树立社教品牌意识，增强创新活力，根据观众不同的社会需求，充分挖掘馆藏资源蕴含的地域特色文化，立足打造有包容性、开放性、娱乐性、体验性的教育平台，不断提高服务水平，更好地为博物馆高质量发展提供新动能。真正让博物馆更深层地融入市民百姓的日常生活，让中华优秀传统文化更有生命力，让馆藏的文物“开口说话”，这就是新时期博物馆社会教育意义之所在。

第二节　新媒体环境下博物馆社会教育的模式与路径

博物馆在开展社会教育工作方面应与时俱进、勇于创新，坚持以文物资源为依托、以精品展览为生命线、以创新社教活动为切入点、以人性化服务为着力点，大力提升公共文化服务水平，全力以赴满足人民群众日益增长的精神文化需求，真正让收藏在博物馆里的文物“活”起来，在开展社会教育活动中探索出一条切合自身发展之路。

一、盘活有限资源，举办特色展览

博物馆作为时代发展和社会进步的产物，应为观众提供风格迥异、特色独具的展览享受，让博物馆的展览“常看常新”。应通过引展、自筹、联办展览的形式举办各类展览活动，满足广大群众的精神文化需求，为收藏在博物馆里的文物“活”起来提供更加广阔的空间，实现创新资源共享发展之路。

二、扶持基层展馆，延伸服务链条

基层博物馆作为弘扬传统文化、实施优秀人文教育的重要载体，在乡镇社区，挖掘地方特色，建设基层展馆，让更多的老百姓在参观展览过程中产生对家乡文化的认同感，有深刻的现实意义。逐步形成以市级博物馆为主体、基层博物馆为补充的博物馆展馆体系，为实施脱贫攻坚、乡村振兴战略、文旅融合发展提供了新资源、新动能。

三、创新教育载体，打造文化品牌

为弘扬传统文化，拓展博物馆的社会教育功能，扩大博物馆知名度和影响力，博物馆应利用自身馆藏资源优势，坚持把社会教育贯穿到“以文育人”的全过程，积极创新教育载体，努力打造社教特色品牌，开展互动体验及研学社教活动。同时，应推进夜间经济繁荣发展，促进消费升级，激发城市活力，创新夜间开放的新模式。通过举办特色社会教育活动，真正让陈列在博物馆的文物“活”起来，初步探索出一条符合自身实际的教育模式和自主创新的文化社教品牌。

四、紧跟时代步伐，探索线上服务

随着时代的发展，博物馆数字化建设在国内各大博物馆已蔚然成风，动辄投入上千万的建设费和高昂的维护费用。但面对时代的发展，基层博物馆观众同样需要数字化服务，但如何从实际需要出发，量力而行，推动数字化建设，是摆在博物馆面前的一道难题。博物馆可尝试启动数字化服务，制定门户网站、微信导览和 360 度虚拟展馆一揽子建设方案，满足现阶段在线上、线下数字化服务的基本需求。博物馆爱好者不但可以身在异地网上关注博物馆信息，浏览虚拟展馆，同时也可以走进现实中的博物馆，打开手机微信自由享受语音讲解服务。博物馆应因地制宜，精准发力，创新服务方式，积极采取应对措施，顺势而为，化危为机，充分利用已有的数字化资源平台在文博系统内推出网上观展活动，通过网站、微信公众号、抖音、微视频先后推出线上服务活动。博物馆应制定内容丰富、形式多样的特色教育活动。

五、激发内生活力，打造情怀团队

基层博物馆不但面临着办馆资源的匮乏，对于肩负事业兴衰的博物馆人来讲更是要面对职位（职称）晋升空间小和待遇提高难的现状。针对博物馆年龄结构老化和专业人才缺乏的突出问题，应有效调动干部职工的积极性和主动性，激发内生动力，努力打造一支有温度、有情怀的专业型团队。为实现“千斤重担有人挑，人人肩上有指标”，在推动改革发展中经风雨、见世面、长本领，根据单位每名职工个人能力和专业特长，把工作责任、工作质量指标细化量化、责任到人，各司其职、各尽其责，充分发挥全体职工的积极性、主动性、创造性，避免“出工不出力”现象，有效增强了团队的凝聚力和战斗力。在每次外出培训、重大任务完成后，定期组织大家总结经验，撰写心得体会，分享学习成果，建立长效的奖励机制，逐步形成了结构优化、布局合理、基本适应文博事业发展需要的人才队伍。

第六章
新媒体环境下博物馆文化衍生产品的内涵、特点和价值分析

第一节 新媒体环境下
博物馆文化衍生产品的内涵界定

作为本论著主要研究对象的“博物馆文化衍生产品”这一概念，其实未曾在学理上予以严格界定，而是在博物馆业界发展文化创意产业的实践中提出并逐步推广使用的。与此同时，在各类相关研究论著中，提及这一类文化产品时，存在称谓不一、含义模糊、范围不清的现象。因此，有必要对“博物馆文化衍生产品”概念的内涵和外延进行梳理与界定，厘清其与“博物馆文化产品”“博物馆创意产品”“艺术衍生品”“博物馆商品”“旅游纪念品”等诸相似概念的联系与区别，在“正名”的基础上展开归类和价值构成分析。

一、“博物馆文化衍生产品”相似概念辨析

（一）文化产品与博物馆文化产品

“文化产品”有各种定义，学界较为认可的是联合国教科文组织（UNESCO）的说法：个体和集体创造性劳动的成果均可视为文化产品，一般由文化产业相关活动提供，可细分为文化商品和文化服务。文化商品指的是用于表现特定生活理念和生活方式的消费品，具有传递文化信息或提供消遣娱乐的作用，能够通过工业大量生产并广泛传播，有助于族群建立集体认同感，进而影响文化实践。文化服务则是指由政府、公立机构、公司或个人提供的用以满足大众文化需求或者获取自身文化利益的活动，如博物馆和图书馆提供的服务及艺术表演等非物质形态的文化活动。

从“文化产品”的定义来看“博物馆文化产品”，亦可分为文化商品和文化服务两个方面。广义上讲，博物馆作为主要的公共文化服务机构，其对外提供的所有有形产品和无形服务，包括展览、教育活动、审美体验和衍生商品等均可视为“博物馆文化产品”（museum cultural products）。狭义上讲，博物馆文化产品主要包括展览和商品两类：博物馆组织的一项常规展览或者特展即为一个整体性的文化产品，博物馆开发和售卖的旨在传达展品信息的商品也是一类文化产品。后者即本书的研究对象“博物馆文化衍生产品”。

（二）创意产品与博物馆创意产品

“创意产品”与“文化产品”既有联系又有区别。概言之，文化产品侧重于文化艺术价值，创意产品虽内含文化性，但更强调创造力与科技创新的元素。索

斯比（Thorsby）界定“创意产品”为在生产过程中涉及创意的产出，传达某种象征意义，体现了某种形式的知识产权的产品和服务。

从“创意产品”的定义来看，包括侧重于文化艺术创意和侧重于科技创新元素的两类产品，博物馆创意产品一般都具有较强的文化性，因此“博物馆文化衍生产品”的称谓更为恰当。基于博物馆资源开发的产品在研发设计过程中涉及较多创意思维的运用和创意元素的融入，称之为“博物馆创意产品”亦未为不可，且此含义可以囊括艺术类博物馆、自然科学类博物馆、行业博物馆等所有博物馆开发的衍生产品，定义的外延实现了最大化。但考虑到博物馆建筑设计和展览设计等无形创意设计也可归类为“博物馆创意产品”，范围过于宽泛，为研究对象的聚焦，本章仍倾向于采用“博物馆文化衍生产品”的定义。

（三）艺术衍生品与其他

“艺术衍生品”（art derivatives），是指以艺术家的艺术作品或具有艺术价值的历史遗产作为原型，继承了原作的特色艺术元素与符号，采用创意设计的手法将符号价值寓于新的载体之中，设计、生产的兼具美感与实用性的特殊艺术产品。就销售渠道而言，除博物馆商店出售部分艺术衍生品外，大多数艺术衍生品可以在画廊和艺术超市交易，网上艺术品电商也成了新兴的重要交易平台。艺术衍生品的概念包含但又不限于艺术博物馆和综合性博物馆开发的基于藏品资源设计的文化衍生产品。设计原型必须从具有较强艺术价值的角度出发，自然科技类、行业类博物馆开发的文化衍生产品并不能简单地归为艺术衍生品。

博物馆文化衍生产品的“别名”还有“博物馆商品”和“旅游纪念品”等。其中，“博物馆商品”（museum product）来源于西方博物馆零售业的语境，特指在博物馆商店中出售的产品。“商品”的指称更加强调此类物品的商业交易性质，但未能涵括其蕴含的文化创意要素。因此，虽然“博物馆商品”的概念范畴和“博物馆文化衍生产品”基本重合，在具体使用时，采用“博物馆文化衍生产品”的说法更加能够凸显其有别于一般商品的文化创意特性。“旅游纪念品”（tourist souvenirs）统称旅游市场上出售的具有纪念性质的商品。随着博物馆和旅游行业的深度融合，博物馆文化衍生产品也可视为旅游纪念品的一种形式。但以“旅游纪念品”指代博物馆文化衍生产品，含义过于宽泛粗放，无法彰显此类产品的文化价值和创意内涵。

二、博物馆文化衍生产品的内涵与外延

通过对各种不同称谓的梳理与比较，发现“博物馆文化衍生产品”这一概念最能准确、有效地涵括本书对象的主要特征。“博物馆文化衍生产品”（museum cultural and creative products，简称“博物馆文创产品”），可以具体定义为“在博物馆实体商店或者电商平台销售的，创新性提取、运用馆藏文物的文化艺术元素设计、制作的，融观赏性、纪念性、实用性为一体的特殊商品”。该定义包含三个方面的内涵。

其一，限定了产品的设计、销售和服务主体。首先，博物馆文创产品必须基于博物馆馆藏资源开发，其研发设计原型是博物馆的展品或者藏品。任何未进入博物馆收藏的艺术作品，无论具有多大的价值，以此为原型开发的产品只能归类为“艺术衍生品”，不属于博物馆文创产品。其次，该类产品只能在与博物馆有关的渠道上销售，如博物馆内设商店及其馆外分店、博物馆官方网站或者授权经营的交易平台等。再次，博物馆文创产品的研发主体和服务对象主要是博物馆，它存在的意义是为了延伸博物馆展览的教育传播功能，并为博物馆创造经营性收入。

其二，突出了产品的文化和创意特质。博物馆文创产品同时具有文化产品和创意产品的特点，既有较强的文化性、艺术性、观赏性，又融合了创意思维和创新技术的运用。不同于纯粹的科技类创意产品，博物馆文创产品的研发原型为历史文化遗存，通过对原型文化艺术元素的提取和挪用进行设计，使产品体现出相当的文化价值。但博物馆文创产品不是对馆藏文物的简单复刻，而是研发人员巧妙创新设计方法与技术，结合人体工程学和心理学研究成果，融入对时尚趣味的理解打造的具有较高使用价值的物品，实现了审美性和实用性的统一，其质量和价位都应高于具有同等功能的普通商品。

其三，规定了产品的类型和经济属性。不管是文化产品还是创意产品，都包括有形和无形两类，博物馆文创产品亦是如此。虽然在目前人们的认识中，博物馆文创仍以具有物质载体的有形产品为主，但无形的数字化文创产品越来越受到博物馆的重视，其在宣传博物馆展览方面的影响力和传播力也日益扩大，并逐渐形成了一定的营销推广模式。产品的经济属性内含于博物馆文创产品的定义之中，博物馆文创产品是博物馆发展文化创意产业的直接产物，与一般文化产业生产文化产品一样，博物馆研发生产文创产品的主要目的是创造经济收入，拓宽资金来源渠道。

第二节　新媒体环境下博物馆文化衍生产品的分类和特点

相比于国外博物馆商店销售的丰富多样的产品，品种单一和同质化现象严重是国内博物馆开发文化衍生产品的一个突出问题，随着互联网时代的到来，深度融合数字化技术开发的新型文创产品也不断出现。因此，有必要从文化产品、创意产品的分类切入对博物馆文创产品类型的探讨。

关于“文化产品”的分类，和对其定义的界定一样，有着多种说法。联合国教科文组织（UNESCO）在 2005 年将文化产品区分为核心文化产品（core cultural goods）和相关文化产品（the related cultural goods）。前者更多是传统文化产业的产品，文化含量较高，且多具有物质载体，主要包括文化遗产、书籍、媒体、视觉艺术等；后者更多涉及文化服务和支撑“核心文化产品”生产的活动、设备及支持要素，如软件、广告、建筑等。亦有学者将文化产品分为私人性、纯公共性和准公共性三类。其中，公共广播与电视、公共文化服务机构提供的免费展览等属于纯公共性文化产品，而大多数需要购买消费的产品属于准公共性文化产品。从物理形式来看，文化产品可以分为有形和无形两类，更多学者倾向于将文化产品分为文化商品和文化服务。从一般的经济学定义出发，所谓文化商品即可供交换的文化产品，以实物形式满足和提供人们的文化消费需求；文化服务则是以提供劳动的形式满足人们的文化消费需求。从产品供给来看，文化产品可分为生产性和服务性产品两个类型，前者是为陶冶教育、欣赏收藏和娱乐消遣提供的物化产品；后者是不为人们所实际占有的精神性文化产品，如文艺演出、展览和旅游休闲等。

创意产品的分类和文化产品有所不同。从用途角度看，可以分为生产性创意产品和消费性创意产品。生产性创意产品是无形的创意思维和技术投入，用以提升产品的附加值，如工业设计、软件开发、广告策划等；消费性创意产品用于满足消费者心理、精神、情感层面的需求，主要由个人或者家庭购买。从表现形式来区分，创意产品可以分为内容性和设计性两类。内容性创意产品的核心是品牌和知识产权，设计性创意产品是在设计过程中创造性融入文化元素，提高产品附加值。对于艺术衍生品，按照加工和创意结合的程度，有学者将其分为“简单复制品”“高端复制品”和“解读文化内涵后再创造的创意产品”三类。

博物馆文创产品兼具文化产品和创意产品的特征，是文化产品中创意含量较高、创意产品中文化性较强的一类产品。由于文创产品一经购买即为家庭或者个人拥有，因此属于私人性文化产品，有别于表演、影视等公共性文化产品；文创产品是用于市场交换，从而创造经济收入的文化商品，也是生产性文化产品，多数以物化的形式满足人们的精神消费需求。在创意产品的分类范畴中，文创产品属于典型的消费性创意产品，尽管在研发设计过程中也融入了生产性的创意思维和技术；文创产品的设计原型是拥有品牌与知识产权的内容性创意产品，但文创产品本身却是有较高文化附加值的设计性创意产品。从艺术衍生品的分类视角来看，博物馆文创产品大多数都属于“解读文化内涵后再创造的创意产品”，仅有少量是简单复制或者高端复制品。

博物馆文创产品的具体分类，从涵盖范围来看，可以分为狭义上的文创产品和广义上的文创产品。在博物馆商店和电商渠道上出售的有形文创产品即为狭义上的博物馆文创产品，既有直观表现博物馆藏品和展览面貌的画册、出版物、文物复制品等，又有提取展品文化元素设计的兼具实用价值和流行趣味的各种生活用品。如美国大都会艺术博物馆网络商店销售出版物、印刷品、雕像模型、首饰手表、服饰配件、家居用品、文具用品、儿童玩具八大类共计一千余种文创产品；台北故宫博物院网络商城出售的两千多种文创产品，涵盖了图书影音、畅销礼品、书法绘画、典藏精品、生活风格、设计文具、饰品配件、流行趣味八个类型。即使是销售品种相对单一的上海博物馆网上商店，也拥有复刻文物仿制品、出版物、生活用品、文具等多个价位的商品。

值得注意的是，博物馆发展文化创意产业的形式日趋多样化，围绕博物馆文化资源和文物 IP 开发了各种广义“文化衍生产品”，包括文博影视综艺节目、博物馆应用类 App、博物馆数字体验项目、博物馆动漫游戏、博物馆游艺教育活动、博物馆时尚展览、博物馆主题餐厅、博物馆综合休闲设施等。广义上的博物馆文化衍生产品虽然目前在数量、开发程度和产业规模上还不如博物馆实体文化衍生产品，但随着互联网技术的快速发展以及博物馆和其他行业的深度融合，将在未来成为重要的发展方向。

第三节　新媒体环境下博物馆文化衍生产品的价值构成分析

长期以来，对物品“价值”的讨论更多属于经济学和哲学的范畴。“价值”产生于主客体间的关系，即客体的属性与功能满足主体需要的程度。如果客体的功能或者属性可以满足主体的需要，无论是物质需要还是精神需要，即可认为客体对主体具有某种价值；客体价值的高低则取决于满足需求程度的高低。基于博物馆文化衍生产品是一类特殊的商品和文化产品，探讨它的价值构成，有必要从一般商品、文化产品和创意产品各自的价值构成来展开分析。根据马克思的劳动价值论，一般商品是使用价值和交换价值的统一。商品的“价值”（value）是凝结于商品中的无差别的人类劳动，价值量的大小可以用生产中投入的社会必要劳动时间的多少来衡量，在市场中表现为商品的价格。马克思将一般商品的价值视为特定社会关系的产物，作为抽象劳动的凝结，价值是看不见的。

对于文化产品这一类特殊商品，由于其中涉及的社会必要劳动时间无法准确估量，因而马克思的劳动价值论很难对它的价值做出满意的解释。19 世纪，西方经济学提出的效用价值论更适用于文化产品的价值判断。“效用”是指消费者基于商品消费所获得的满足感而赋予商品的主观属性，所谓效用价值论，即用商品满足心理需求和欲望的能力或者消费者对商品的主观评价来解释商品价值的形成。运用效用价值论分析文化产品的价值构成，呈现出几个特点。

第一，文化产品具有象征性、创新性、娱乐性和超前性等基本特性。

第二，文化产品具有意识形态性、公共性、衍生性、可复制性、传播快速性等特殊属性。

第三，文化产品具有一定的外部性。文化产品具有正外部性，其中的优效品具有很高的价值。文化产品最主要的外部性有：同群效应、促进社会利益和经济发展、关注明天的文化。文化产品的正外部性对于传播先进思想文化、提高国民素质有重要的作用。

第四，文化产品的价值形成具有主观性、偶然性和动态性。文化产品价值不同于一般商品价值之处在于，它事实上处于流动、开放的体系之中，表现出明显的动态性，在生产、流通、消费各个阶段的不断运动过程中形成和实现。文化产品的价格决定于一系列非常偶然的因素，如注意力效应的作用和由文化生产者、批评家、消费者和流通渠道组成的“文化场域”的影响。

创意产品作为一类特殊的商品，结合了艺术和技术、文化和经济、物质和精神，处于商品、文化和社会的三重结构中，其价值同样不能简单地用劳动价值论来判定，而是具有多层次、多维度的价值体系。体验是创意产品实现其价值的主要方式，价值的形成和高低主要取决于消费者的心理感受，因此效用价值论在分析创意产品的价值构成上也有一定优势。但是，创意产品的价值核心在于其提供的内容创意以及知识产权等客观价值，因此需要结合客观价值理论进行分析。国外学者往往从市场 / 经济价值和非市场 / 文化价值两个层面切入分析创意产品的价值构成。艺术会给大众带来收益，无论其是否为此付费。艺术可以参与市场买卖，但公共利益不能被售卖。作为社会建构现象的一种，价值是内在连接文化和经济的基石。国内学者何琦、高长春构建了创意产品的价值模型，区分出三类价值：一是使用价值，可视为功能、创意、文化和体验价值的结合；二是市场价值，可以用价格的形式体现，包括物及物权、知识产权、消费者感知与文化符号价值；三是非市场价值，反映创意产品固有的特征，是具有公共属性的长期价值，可以作为文化资本积淀，不因消费者的主观意愿而变化，如科技创新、美学艺术、教育价值、遗赠价值、选择价值、声望价值等。对创意产品价值体系的分析为探讨博物馆文创产品价值构成提供了重要借鉴。

博物馆文化衍生产品既是文化产品中的特殊类型，也是创意产品中独特的一类。因此，它的价值构成兼有文化产品和创意产品价值构成的诸多特点。作为文化产品，博物馆文创产品的价值可以用效用价值理论予以分析，具有创新性、娱乐性、衍生性、可复制性等特点，且有相当的正外部性，它的价值形成于动态的过程，受到主观评价的一定影响。但是，区别于影视广播等无形文化产品，博物馆文创产品多数有物质载体，供私人或者家庭购买，意识形态性和公共性较一般的文化产品薄弱；定价虽然受到主观评价的影响，但基于其内在工艺和使用价值，仍然有一定的客观标准。博物馆文创产品和创意产品一样处于多维度的价值体系之中。创意产品的价值构成模型基本适用于博物馆文创产品的价值分析，亦可分为使用价值、市场价值和非市场价值三个层次，但其美学艺术和历史文化价值高于科技创新价值。以往国内外研究者对于博物馆文创产品价值特征的系统性总结较为罕见，通常泛泛归纳为经济性、实用性、观赏性、知识性、文化性、收藏性等。本书认为，对于博物馆自身乃至社会经济的整体运作而言，开发文创产品具有显著的经济价值和教育价值；对于消费者而言，购买文创产品除实用性的考虑外，在很大程度上亦源于审美需求和内在心理需求的驱动，由此形成博物馆文创产品的审美价值和情感价值。

一、符号消费理论视角下的经济价值

作为文化创意产业的有机组成部分，开发文化衍生产品无疑将为博物馆乃至整个社会创造可观的经济收入，其中蕴含的巨大发展空间源于现当代文化的视觉符号转向，消费逻辑逐渐取代生产逻辑的背景以及体验经济的兴起。部分从事视觉文化研究的西方马克思主义学者，根据马克思对于文化商品特殊性的论述，提出了“马克思的符号经济学”理论。他们的主要观点是，与传统的以语言为中心的理性主义形态不同，当代文明正在日益转向以视觉为中心的感性主义形态。而在以视觉和图像为中心的文化语境中，形象符号的生产、流通和消费越来越重要，成为主流形态。

体验经济的兴起是推动现代文化产业发展的主要背景，以超越同质化和标准化的产品与服务营造增值效应，以提供给消费者某种良好的心理体验为目的，形成个性化的生产与服务，提高人们的幸福感和生活质量。从这个意义上来看，所有文化产品和文化服务都有赖于体验经济的发展，但是体验经济格局的全面形成，主要表现在企业将提升产品体验感的思想融入和应用于产品设计及市场营销环节。博物馆文创产品的开发即是顺应体验经济潮流的举措，通过对文物资源及艺术元素的提取和运用，创新性开发满足精神和物质双重需求的产品，使消费者在日常生活中体验到文化的浸染和艺术的熏陶，从而提升生活幸福感和人文素养。在符号经济、消费经济和体验经济勃兴的时代，博物馆发展文化创意产业已经创造了可观的经济收入，成为现代文化产业体系中不容忽视的一环，并且面临重要的发展机遇和广阔的发展空间。

二、基于心理学和传播学理论的教育价值

随着“新博物馆学”理念的确立，博物馆的创立宗旨经历了由“以藏品为中心”向“以观众为中心”的转型，公共教育责任得到充分的彰显和重视，成为博物馆的核心功能。而公共艺术教育在现代社会中的重要性不容忽视，有利于培养公众的审美品位和创造力，提升文明素养。参观博物馆是公众接受公共艺术教育的主要途径，现实生活中，博物馆主要通过展览提供公共艺术教育，辅之以讲座、导览、论坛、活动等多种教育形式。但是，传统的博物馆参观模式面临着三个问题，阻碍了公共教育和传播目标的顺利达成。

其一，展品陈列方式在观众和作品之间制造了距离感。即使进入博物馆展厅，艺术品的神秘感并未削弱，观众在欣赏作品时仍然怀有无意识的膜拜心理，保持敬而远之的心态，观众和作品间的天然鸿沟和永恒的距离感始终存在。而许多历史上留存下来的作品是需要通过近距离欣赏、观看，乃至抚摩、把玩，才能充分显示细节艺术魅力，最大程度发挥其文化浸润和美育的功能。如中国古代书画多为卷轴的形式，方便观者在手持、展玩间感受艺术之美。展品所处情境的改变和距离感的营造无疑妨碍了文化价值的有效传达。

其二，遗忘规律的存在导致观众对博物馆和展品的印象不断淡化。步入博物馆的观众需要面对成千上万件文物和附着其上的大量信息，而参观时间至多一天不超过十个小时，人脑在短时间内接收信息的能力有限，必然会无意识地有所选择。人在接收和学习陌生知识之后，如若不进行有效复习，第二天仅剩下 25% 的记忆。因此，除少数专家和艺术爱好者反复参观博物馆研究展品外，大量的普通观众一年内步入同一家博物馆的次数有限，对展品和博物馆本身的印象必然会不断弱化，最后只留下模糊的记忆，极大地违背了博物馆开展公共艺术教育的初衷。

其三，单向灌输式的教育方式不利于深入理解和感受。按照一定的时间序列和叙事方法设计的博物馆展览，根本上还是信息灌输式的单向传播教育模式。既有的教育学研究成果表明，相比于双向交流的互动式教育，这种教育模式并不利于知识信息的吸收和美育目标的达成。因此，博物馆为更好履行公共艺术教育职能，必然需要对现有的教育模式进行变革。

博物馆开展的讲座、论坛、导览和亲子活动等辅助教育形式在一定程度上是

展览教育的补充，而容易为人忽视的是，博物馆开发的文化衍生产品亦是强有力的教育资源，其具有的教育价值和传播潜力恰好可以有效弥补博物馆教育的天然弱点。首先，文创产品提供的切身文化体验满足了观众亲近展品的需求。随着机械复制时代的到来，文化产业的出现和发展使艺术品成为可以被大规模生产和复制的物品，因而丧失了其独一无二的原创性，展示价值取代了膜拜价值。从某种意义上说，博物馆文创产品也是对艺术原作进行机械复制的产物，因而对于艺术品进入大众视野，实现广泛的公众艺术教育具有显著的意义。观众可以通过购买和拥有文创产品的方式持有、把玩缩小版的艺术作品或是其一部分，笼罩在艺术品之上的“灵韵”消失了，艺术品正变为可亲近、可感受、可接触的寻常之物，从而加深了对其文化艺术价值的理解。其次，文创产品长久延续了观众对博物馆和展品的记忆。对抗遗忘规律的唯一方法是不间断的复习和巩固。对于没有条件在短时间内反复出入博物馆参观同一个展览的普通大众而言，保留文物原貌或是展现其核心艺术元素的文创产品是对博物馆之旅最好的纪念和提醒。随手可得的文创产品以融入日常生活的方式，巩固、延续了消费者对博物馆的美好记忆，每一次的使用都宛如昨日重现，唤醒人们脑海中对某些曾经留下深刻印象的展品的回忆，催生出再次参观的欲望。对于偶尔来访的客人，它们还将传达来自博物馆的讯息，传播博物馆文化，令其萌生前去参观的愿望。再次，文创产品营造了沉浸式和互动式的学习氛围。与单向灌输式的教育方式相比，互动式和沉浸式的教育模式显然更具优势。虽然在博物馆开展的展陈设计和教育活动中已经有意识地运用了多种体验式学习方法，但虚拟的数字化文创产品可以让观众在远离博物馆的情境中依然沉浸于博物馆的传播场域，从中获得知识信息和审美陶冶。AR、VR等虚拟现实技术在博物馆文创产品中的运用创造了虚拟情景体验，结合传播学、心理学知识开发的导览和游戏类App等无形文创产品，让观众在轻松自如的心态下观赏和了解展品，更好地激发观众对博物馆文化的兴趣以及主动探究的积极性。博物馆教育的覆盖面得以有效扩充，成为随时随地可以获取的教育资源，与传统的教育方式相比，显示出极大的优越性。

三、视觉文化背景下的日常审美价值

博物馆文创产品有别于一般商品，形成其核心竞争力的另一个重要价值是审美性。审美需要是人类有别于其他动物的高级精神需求。人的需要分为基本需要和成长性需要。基本需要包括生理需要、安全需要、归属与爱的需要、尊重的需要；成长性需要不受本能支配，它的满足可以带来最大的快乐，主要包括求知需要、审美需要和自我实现的需要。其中，审美需要属于高层次的，对人的成长具有重要意义的需要。审美需要使人希望处于愉悦、舒适和美观的环境之中，当这种需要无法满足时，会产生心理障碍。在某些人身上，确有真正的审美需要。丑陋会使他们致病（以特殊的方式），身临美的事物会使他们痊愈，他们积极地渴望着，只有美才能满足他们的欲望。

在“审美泛化”的背景下，博物馆文创产品的开发以满足消费者的审美需求为内在驱动力，是日常生活审美化的具体体现。博物馆文创产品的审美价值来源于两个方面：一是作为开发原型的文物资源自身具有的审美意蕴；二是通过艺术化设计方式最大程度提取和表现产品的美学内涵。作为卢浮宫的三大镇馆之宝之一的达·芬奇名作《蒙娜丽莎》有着极高的艺术审美价值，卢浮宫授权合作制造商，通过截取画作元素开发了几十种文创产品，让《蒙娜丽莎》走入千家万户，这些产品携带了画作原型的部分动人韵致。台北故宫博物院也基于翡翠白玉摆件开发了多种多样的文创产品，多数是日常用品，传达了原作天青月白的淡然飘逸之美。凡·高博物馆所有的文创产品都来源于馆藏的凡·高画作，无论是缀满杏花的靠垫、丝巾、服饰，还是遍布星空意象的文创伞，无不将人带入凡·高的美学世界。文创产品中的仿真复刻品，直接被应用于家居装饰，更是充分发挥了审美效用。设计产业融合美学观念是审美经济的表现，艺术与技术、文化与设计结合在一起的技术美学观，使文化因子、文化元素广泛地渗透物质产品中，通过商品中文化价值的强化，走向家庭艺术化、社会审美化。博物馆文创产品充分发挥和利用文化艺术元素在物质产品设计、制造中的作用，通过改变产品的外观造型设计或内部构造设计，在提高产品实用价值的同时，赋予或提升产品的审美价值。

四、文化资本理论视域下的情感价值

情感价值是博物馆文创产品所拥有的一类特殊价值，有别于一般文化产品的体验性。从广义上说，博物馆文创产品的审美价值、教育价值等都可归为“情感价值”的范畴；从狭义上说，“情感价值”特指消费者因拥有文创产品而获取的身份认同感，属于马斯洛需求层次理论中“自我实现需求”的一部分。由于附着审美和符号价值，博物馆文创产品的价位一般比同等功能的商品高。消费者购买文创产品并不仅仅是出于使用的目的，更多源自“炫耀性消费”的心理动因，展示自己不俗的品位和文化修养，以区别于普通的民众阶层。

在博物馆文化衍生产品价值构成体系中，经济价值和教育价值属于社会和博物馆自身从开发文创产品中获得的价值，审美价值和情感价值则是消费者从购买、拥有和使用文创产品的过程中体验到的价值。这四种价值有着极强的内在联系，审美价值和情感价值的存在提升了产品的经济价值和教育价值；而对产品经济价值和教育价值的认识也从侧面增强了消费者的审美和情感体验。在此四种价值的基础上，衍生出文创产品的收藏价值、装饰价值、实用价值、投资价值、传播价值，进而形成博物馆文创产品复杂而多样的价值系统。

第七章
基于“价值链”理论的
博物馆文化衍生产品开发模式

第一节　博物馆文化衍生产品的基本开发模式

作为全球文化产业的组成部分，博物馆文化创意产业的价值塑造适用于“价值链”这一普遍的产业经营活动理论的分析框架。“价值链”理论的关键点在于，在企业的这一系列经营活动中，并非每个环节都能通过创造价值而形成比较优势，能够创造价值、形成企业优势的只有一些特定的环节，这些环节就是企业的“核心战略环节”。

博物馆在身份定位上虽然不同于企业，但其开发文化衍生产品的过程和其他类型的文化产业相似，其价值生产机制亦适用于“价值链”理论的分析模型。应用“价值链”理论分析博物馆文化衍生产品的生产过程，可以将整个生产过程分为产品的研发设计、生产制造和流通销售三个主要环节。研发设计是博物馆开发文化衍生产品价值链的开端，主要包括调查受众市场需求、提取和解读博物馆文化元素、运用创意思维进行设计转化、形成设计图稿、评估审核通过并交付厂商生产等步骤，由博物馆产品设计人员或者委托企业设计者、独立设计师完成，也要咨询和征求博物馆研究部门、教育部门、市场部门相关人员的意见。生产制造是博物馆开发文化衍生产品的中间环节，主要是指生产企业根据上游环节的订单要求，进行文化衍生产品的实际生产，关键在于成本控制、质量控制和确定生产数量。流通销售作为下游环节，是指文化衍生产品投入市场、被消费者购买和接受的过程，一般由博物馆市场部门和合作企业共同承担，采用渠道策略、定价策略、品牌策略、推广策略等多种现代化营销策略实现文化衍生产品销售额度和市场接受度的最大化，并对产品销售情况进行评估反馈，将反馈结果用于下一轮的研发生产过程。

以“价值链”理论审视博物馆文化衍生产品的生产机制，和其他文化创意产业价值链类同，其能够创造价值和形成竞争优势的主要是“研发设计”与“流通销售”两个阶段，分别是产业价值链的前端和后端，构成了核心战略环节。这和运用“微笑曲线”理论分析得到的结果相一致。

“微笑曲线”理论尤其适用于以生产高附加值产品为特征的文化创意产业的价值实现路径分析。“附加值”指由生产主体新创造的价值。对于产品来说，其附加值的高低和生产过程中蕴含的知识及技术投入的多少成正比。产品附加值有两大来源，一是在研发设计和生产制造中创造的价值，二是在市场流通过程中创造的价值。具有高附加值的产品，其中蕴含的知识技术、文化创意等均高于一般商品，因而具有较大的市场增值和利润空间。产品提供的价值可以区分为硬性和软性两种。硬性价值是商品的实际使用功能，软性价值是商品满足购买者精神需求的符号价值。当代消费社会中同质商品大量出现，人们在作出消费选择时，更倾向于追求软性商品价值，而软性商品价值主要存在于产品的附加值之中。博物馆文化衍生产品的附加值集中体现于其中蕴含的文化价值、创意思维和品牌价值，在产业链的形成过程中，主要由前端的研发设计和后端的流通销售这两个核心环节创造。根据“微笑曲线”理论的价值创造模型，博物馆开发文化衍生产品应该着重加强上游的研发设计和下游的流通销售环节，而博物馆开发文化衍生产品采用何种商业模式，则是贯穿整个产业价值链的核心策略。

一、博物馆文化衍生产品开发的五种基本模式

从国际上来看，博物馆开发文化衍生产品的基本模式可以分为独立研发、代销、合作研发、市场采购、艺术授权五种类型。

（一）独立研发模式

独立研发指博物馆自负盈亏，独立设计产品、推动产品研发，并承担所有的研发费用和营销风险。博物馆自行研发的产品（museum-developed merchandise）通常与博物馆的宗旨和藏品紧密联系，这些产品划定了博物馆文化衍生产品交易平台与博物馆之外的书籍、礼品店的分野。由馆内自行研发的产品若能充分结合目标消费者的需求，将达到专业零售的最大利益。观众购买的意愿越强烈，行为越频繁，文化衍生产品交易平台的收益增长越快，对博物馆整体发展的回馈也越充分。因此，博物馆自行研发产品，应成为所有产品开发的重要部分。许多专家相信，独立研发产品将是博物馆的优势所在。

（二）代销模式

博物馆代销，是指由博物馆之外的企业或厂商等提出开发文化衍生产品的方案，提交博物馆审核。博物馆审核通过的方案，则由厂商自行出资投入生产。博物馆与厂商签订合同，产品可在博物馆的营销渠道出售。相对于独立研发模式，这种代销的方式可以为博物馆节省开支，规避部分营销风险。

（三）合作研发模式

合作研发是指由博物馆发出创意招标，中标的设计企业或设计师负责研发和

生产，最后的成品在博物馆的渠道销售，收入在博物馆和企业之间进行分成的模式。博物馆无论规模大小，均可采用合作研发模式。在产品设计之初，企业就与博物馆密切合作，就博物馆想要研发的产品进行充分的沟通，确定并落实方案，由企业投资研发制造，博物馆提供营销渠道。这种方式与前述代销方式相似，不同之处在于，博物馆参与程度更高；同时，博物馆需要支付的费用和产品销售风险可得到更大程度的降低。在这种模式下，博物馆通常需要支付研发费用，例如铸模（mould）、打版制作（pattern making）和艺术品塑造费。如博物馆自己拥有铸模工具，则在研发费用上可取得适当的杠杆平衡作用。也即，当原始供给博物馆产品的厂商改变时，博物馆由于拥有模具的所有权，能够立即着手委托其他厂商另行制造产品，而不会因更换厂商而重复支出研发费用。通常这一类的产品，博物馆会要求专卖权，消费者无法从其他博物馆购得产品，因此更具特色和纪念性。有些博物馆专卖的产品已经成为博物馆特定品牌的重要营销工具。

（四）市场采购模式

从公开市场（如贸易展、手工艺博览会等）采购产品也是博物馆文化衍生产品的来源之一。博物馆根据其需要达成的教育和传播目标，选购市场上已有的文化产品。这种方式多用于短期特展纪念商品的采购，有利于把握时效、节省成本。并且，通过此渠道，博物馆可以广泛且仔细地搜寻与博物馆教育目标相符的商品，并进而与厂商接洽。此外，对于参与贸易展或手工艺博览会的博物馆而言，可以借此全面了解博物馆文创市场的概貌、流行趋势以及产品的相对售价等，并获取博物馆开发文化衍生产品的灵感，或与更多有潜力的主要制造商建立联系。

（五）艺术授权模式

博物馆的艺术授权（art licensing）指博物馆将受到法律保护的藏品图像数据、设计、文物资源或博物馆商标等授权给厂商，用于开发文创产品，而厂商必须支付博物馆产品的版税或权利金。对博物馆而言，艺术授权的方式可以使其免于商品研发的财务负担，同时，博物馆也必须扮演管理者的角色，监督厂商并确保所生产的产品能够兼具质量与实用性。通过授权的行为，附有博物馆标志的众多商品得以散布至全世界各角落，更能远及那些不会或不曾到过博物馆的潜在观众，除为博物馆开拓更多财务来源之外，凭借商品的流通，也充分发挥了博物馆的广告宣传效益。

对营运能力强的大型博物馆而言，灵活采用这五种文化衍生产品开发模式，可以应对不同的状况。市场采购模式更适用于特展和合作办展；当博物馆缺少经费与人力，但又需开发文化衍生产品时，多采用第二种或第三种模式；当博物馆外企业对博物馆藏品的商业运用表示高度兴趣时，则采用艺术授权模式；而就产品开发活动的形式来看，从第一种至第四种方式，博物馆皆是为了供应博物馆商店而为之，唯有第五种艺术授权方式，是厂商主动、博物馆采取配合的情形。

从博物馆文化衍生产品的开发模式与营运状况来看，绝大部分博物馆开发文化衍生产品的初衷乃是增加博物馆的收入，因此从产品的目标市场定位、开发预算经费、产品规划到产品的销售渠道等，均易于局限在博物馆的框架之内。然而，在文化创意产业蓬勃发展的当今时代，博物馆拥有文化创意产业的核心创意资源，这也是工业设计领域与文化产业界取之不竭的创意和灵感来源。博物馆虽自身资源不足，但如能凭借拥有的“文化资本”，与工业设计界和文化产业界密切合作，则博物馆文化创意产业能够触及和影响的范围，将大大突破博物馆传统的框架限制，扩大至整个社会层面。而博物馆希望对外传播的文化特色和意欲实现的教育目标，也将更容易达成。因此，在上述五种博物馆文化衍生产品开发模式中，第五种艺术授权模式应可跃升成为合作主流。目前，多数博物馆对于授权方式仍采取被动态度，只是等待着馆外厂商找上门，博物馆应更积极主动地寻求授权合作。博物馆最了解自身的藏品与特色，若能主动出击，应会取得更好的合作成果，同时，博物馆应制订与授权方式相关的配套措施与行政体制方案，做好应对准备。

二、中外博物馆开发文化衍生产品的模式异同

（一）国际博物馆开发文化衍生产品的主流模式

国际知名博物馆多数都拥有文化衍生产品设计团队，同时也希望利用品牌合作商的资源扩大市场，并建立了完善的艺术授权产业链，因此多采用“独立研发+合作研发+艺术授权”的混合开发模式。如大都会艺术博物馆不仅拥有自己的产品设计团队，而且直接经营工厂，其独立研发的产品直接由馆方经营的工厂生产。博物馆设有专门的销售部门，下设“总馆商店经营”“分店、视觉促销、商店规划”“批发零售”“财务和营运计划制定”“营销和公共关系”“商品管理”六个子部门，负责从文化衍生产品开发规划制定到商店营运、顾客服务的各个环节。在具体的研发设计过程中，与销售部门并行的教育部门、研究部门也会参与其中，负责对产品方案的审核把关，真正将文化衍生产品开发融入了博物馆运行机制和总体发展规划。负责销售业务的员工，全力协调展览部门与工厂之间

的合作，规划相关产品，并随时注意消费者的需求与流行趋势，开发新产品，或将旧产品披上新的流行色彩。文创团队通常在展览前两年即着手进行展览衍生产品的研发工作，与展览研究员的沟通平均持续一年以上，以求研发极具教育意义的衍生品，又不致曲高和寡。

（二）我国博物馆开发文化衍生产品的主要模式

国内目前拥有自己的文化衍生产品设计团队、具备自主研发能力的，仅有北京故宫博物院和上海博物馆等几家大型综合性博物馆；在艺术授权环节上，多数博物馆尚未构建完善的产业链，因此采用最多的是第三种模式，即通过招标形式委托合作研发产品。在实践中，也有许多博物馆采用“独立研发 + 合作研发”“合作研发 + 艺术授权”“独立研发 + 合作研发 + 艺术授权”等两种或者三种混合的运作模式。在具体的经营模式上，我国博物馆也呈现出多样化的特点。部分中西部中小型博物馆仍采用场地出租或职工承包经营文化衍生产品的方式，开发产品品种单一、规模较小。部分人力资源丰富的博物馆采用内部经营管理模式，成立独立经营网点。比如，南京博物院特设文化创意部，负责博物馆文化衍生产品的设计、开发和营销，并对委托招标的文化衍生产品经营开发项目进行审核与论证、监督与管理。部分资金充足的博物馆将文化产业开发部分和公益性服务部分相分离，成立隶属于博物馆的文化产业公司实体。采用博物馆内部经营和下属公司运营是相对成熟的做法，适用于我国规模较大的综合性博物馆，由这些博物馆开发的产品也构成了我国博物馆文化衍生产品的主体。

第二节　博物馆艺术授权模式的发展应用

“授权”的字面意义有“许可”或“特权”的内涵，也即授权人将其所拥有的产品或产品相关标的物的权利，许可他人分享并以签订合同的形式予以约束。被授权人根据合同约定，将授权标的物用于其他产品的设计、生产、销售等活动，并支付给授权人一定的授权费用。被授权的厂商必须要有和品牌有关的商业潜力，也即被授权的厂商在其所能掌控的领域，必须与被授权的商品或商标有一定程度的相关性及潜力。授权范围十分广泛，不仅限于品牌授权（brand licensing）和娱乐授权（entertainment licensing）。许多大型企业和媒体都认为，授权是有力的现代营销和品牌延伸工具。在国际上，授权已经成为一项独立的产业，每年约有 500 个组织参加国际授权展，授权的主体包括卡通造型、艺术设计、流行商品、品牌商标等，每小时全球商品授权零售产值达到 150 万美元。

艺术授权是使艺术产业化的重要手段，让艺术从传统印象中的消耗资源转变为具有实际经济价值的产业。艺术授权的方式非常多元，主要有作品授权（艺术家直接授权厂商复制和买卖作品）、商品授权（将具有版权的艺术图像融入商品设计，博物馆授权多属此类）、促销授权（如荷兰银行将绘有凡・高作品元素的商品作为促销礼品）和数字授权（博物馆影像资料授权）等。艺术授权的产值虽然比不上娱乐、运动、动漫授权，但艺术授权市场一直在持续稳定增长，有赖于良好的艺术设计驱动，在市场上历久弥新。

博物馆艺术授权就是博物馆以订立合同的形式，将其拥有的知识产权授予企业等社会主体设计开发文化衍生产品，并收取一定费用作为权利金的做法。被授权的社会主体需按照合同规定，利用被授予的版权等博物馆知识产权进行与博物馆相关产品的设计、生产、宣传、展览和销售等活动。博物馆艺术授权的方式主要有直接授权、委托授权和混合授权三种，其中，委托授权又可分为代理授权、中介授权和平台授权三类。

一、博物馆直接授权

博物馆直接授权是指以博物馆为主体的授权方式，具体来说，是博物馆将馆藏文物的知识产权等相关权利授予被授权方，被授权的厂商根据合同约定在特定的时间和区域内以此为基础进行文化衍生产品的设计、制造和营销等经营活动或者其他非营利性活动，并支付给博物馆授权费用的一种模式。博物馆直接授权的优势在于，一是博物馆对自身文化特色和藏品价值更为熟悉，在授权过程中，占据主导的市场部门与博物馆教育、研究等其他部门的沟通更为方便；二是便于博物馆掌控和管理整个授权的流程，避免出现不利于博物馆利益的情形。不足之处在于，博物馆作为非营利性质的文化事业单位，长期游离于市场之外，缺乏市场敏感性，在与厂商的直接联系和洽谈中容易处于被动地位。尽管如此，由于博物馆在直接授权操作中占据主导性，具备一定市场营销经验和资源的博物馆多选择直接授权的模式。

二、博物馆委托授权

博物馆委托授权是指博物馆通过第三方即授权经纪和厂商接洽，将拥有的藏品知识产权等权利委托授权经纪授权给厂商，被授权的企业根据合同规定使用授权标的物，并反馈权利金给授权经纪，授权经纪再根据约定将一定比例的权利金支付给博物馆的模式。作为文化经纪的一种类型，博物馆授权经纪的角色是随着授权产业的发展应运而生的，在博物馆、被授权厂商和公众之间起到沟通联系的作用。授权经纪的出现，是对传统博物馆授权模式的重构，为博物馆开拓市场，实现跨行业、跨领域合作提供支撑，并有效解决博物馆和被授权方之间信息不对称的问题，使两者的沟通更为顺畅。在实际操作中，博物馆委托授权一般可以分为代理授权、中介授权、平台授权三种形式。

（一）代理授权

代理授权是指博物馆指定授权代理商，由其代表博物馆的立场与利益和被授权的厂商进行沟通洽谈、订立合同，完成授权过程。例如，古根海姆博物馆指定360EP公司为其代理授权商，代理古根海姆的品牌授权业务。知名的代理授权商拥有较好的市场资源，可以引入更多有潜力的厂商和博物馆进行合作，给博物馆开拓市场提供契机，并降低博物馆的交易成本。但如果博物馆未能寻找到规模大、知名度高的代理商与之合作，则代理授权模式不易开展。

（二）中介授权

中介授权模式是指博物馆委托授权中介进行授权，授权中介收取权利金后，将一定的比例同馈给博物馆。与代理授权不同的是，授权中介大多组建了自己的数据库，汇集了各博物馆的影像、商标和专利资源，以此吸引潜在的被授权者。被授权者直接通过授权中介的网站操作，给付授权金后获取授权。

（三）平台授权

平台授权是指博物馆将授权标的物置于授权平台，由平台代表博物馆进行对外授权。平台由企业或非营利机构建立，一般分为线上平台和线下运行机构两个部分。国际上典型的博物馆授权平台有法国的国家博物馆授权联合会（RMN）。该平台是法国各博物馆统一的授权平台。

三、博物馆混合授权

国际上一些知名度高、藏品资源丰富、授权标的物类型多样的大型博物馆，经常会采用直接授权和委托授权相结合的混合授权模式。该模式结合了直接授权和委托授权的优点，部分博物馆标的物直接授权给厂商，厂商向博物馆直接交付权利金；博物馆同时将另外部分的标的物委托给授权经纪，授权经纪根据合同约定向博物馆回馈一定比例的权利金。虽然混合授权具有相当的优势，但由于交易成本较高，一般不适用于中小型博物馆。采用混合授权的典型案例是大都会艺术博物馆。

第三节　博物馆艺术授权的影响要素

一、影响博物馆艺术授权能力的因素评估

基于资源基础理论，博物馆的授权潜力根本上源于博物馆拥有的丰富且独一无二的文物资源。企业之所以具有持久的竞争优势，是因为其拥有异质性且不完全移动的资源。由于这类资源所具有的四项特性而得以享有持久的竞争优势，包括有价值的（valuable）、稀少的（rare）、不可复制的（unreplicable）及不可替代的（unsubstitutable）。而这四项优势正是博物馆文物藏品的特征。因此，博物馆具有的资源优势是一般授权主体难以具备的，使其在授权产业中具有强大的基础优势。博物馆进行授权时，创新能力和行销能力最为重要。在对外授权和拓展行销时，管理者的支持是重要的关键因素，若能设置专职推动的部门，并制定相关的阶段性计划，也就是对艺术授权的执行有近期、中期和远期计划，而且通过行销与对外授权合作，形成多向交流，则艺术授权将建立在更为坚实的基础之上。

二、联合品牌策略对博物馆艺术授权的影响

在艺术授权模式下，越来越多的博物馆基于社会效益与经济利益的缘故，开始以品牌联合（co-branding）策略营销博物馆特有的文创商品。如北京故宫博物院和知名设计公司洛可可合作开发了“故宫猫”系列文创产品，台北故宫博物院、美国费城美术馆与“法蓝瓷”品牌合作推出文创瓷器系列。品牌联合策略是指不同公司的品牌彼此结合，设计、生产各自均扮演推动角色的产品或服务。

品牌联合策略尝试结合两个知名并被消费者喜爱的品牌，共同推出第三方独特品牌产品，通过这样的方式，使新产品能快速为消费者所接受。组成该策略的

两种品牌区分为领导品牌（leader brand）和伙伴品牌（partner brand），领导品牌是联合品牌的主宰者，控制市场流通系统，拥有顾客基础。

对于品牌联合的艺术授权模式来说，品牌契合度是主要的影响因素。研究发现，合作品牌间的契合度将显著影响消费者对联合品牌产品的评价，合作品牌的契合度越高，共同推出的产品越容易成功。产品契合度有两个层面，即产品特质相似性与品牌概念一致性。以“星巴克咖啡”及“壹咖啡”为例，两者皆为连锁咖啡品牌，然而其品牌概念并不相同。“星巴克咖啡”标榜提供最高质量咖啡给全世界消费者，其咖啡饮料价位较高，环境布置呈现典雅中带有美式风格的气氛；“壹咖啡”标榜是人人都喝得起的平价咖啡，其咖啡饮料价位相对较低，店内气氛明亮简约。因此，尽管博物馆并无咖啡相关产品，然而从品牌概念的角度可发现，“星巴克咖啡”与带有高雅文化气息的博物馆是契合度较高的组合，博物馆在设置咖啡厅等餐饮服务设施时，“星巴克咖啡”更适合作为合作伙伴。

但是，研究也发现，博物馆与其合作品牌间契合度对博物馆产品评价的影响，将受博物馆知名度和产品艺术呈现风貌的调节。博物馆知名度越高，则消费者越熟悉该品牌。高知名度的品牌与低知名度的品牌合作时，高知名度品牌的品牌权益会使消费者对于两者的品牌联合产品产生正面评价。当博物馆的品牌知名度较高时（如故宫），消费者的品牌联想较为强烈，进而对博物馆所推出的联合品牌产品的正面感受增强，这可能使得品牌间契合度受高度正面品牌联想的影响，带动对联合品牌产品评价的提升。如故宫与“法蓝瓷”的品牌合作，正是结合了故宫拥有的国际文化知名度与“法蓝瓷”具备的国际营销能力。

品牌间契合度对博物馆品牌联合策略推出产品评价的影响，亦受到产品艺术呈现调节。商品的视觉艺术呈现对于品牌延伸评价有正面效果。对博物馆的合作品牌而言，与博物馆合作的产品有助于提升消费者的联想或强化消费者的奢华知觉。具有声誉性品牌特质的博物馆如推出具有艺术图案的文创商品，即便是对产品不熟悉的消费者也可能会因该表征相似性（博物馆形象与艺术呈现外貌）而对该产品有较高评价。产品受欢迎与否则取决于象征符号的阐释，因此开发产品的重心便从制造流程与成本合理性，转变成由工业设计、产品包装和广告营销主导的美学领域，营销人员试图让消费者能融入由产品象征符号所暗示的某种理想化生活风格中，让消费者能够“把生活变成艺术品”。

建议博物馆在选择合作品牌伙伴时，契合度可列为主要考虑因素。博物馆与一般市场品牌合作推出文化衍生产品时，消费者可能有矛盾心态，一方面消费者认为博物馆并不是制造商，而可能对该商品产生怀疑；另一方面又因为这类艺术组织所具备的高质量文化象征意义，使得对此品牌产品产生正面评价。对于故宫等知名度较高的博物馆，与一般市场品牌合作，将有效拉动合作品牌的竞争力和市场影响力；对于知名度一般的中小型博物馆，在采用品牌联合策略开发文化衍生产品时，应首选知名度高的市场品牌。

三、知识产权争议对博物馆艺术授权的影响

一般而言，博物馆艺术授权涵盖了内容授权、专利授权、品牌授权、影音授权、图像授权、出版授权和传统技艺授权等多种类型。博物馆藏品来源一般分为旧有藏品和捐赠所得两大类，对于通过考古发掘和市场拍卖获得的旧有藏品，藏品的著作权大多已经过期，博物馆作为藏品物权所有人，有权利优先对藏品进行扫描、摄影、复制等处理，建立藏品影像资料，并据此开发文化衍生产品。他人若未经博物馆授权对该藏品进行文创开发，博物馆可以主张版权利益。对于捐赠所得的藏品，多数仍处于著作权保护期限内，第三方如进行文创开发，不仅需要获得博物馆的授权，还需要得到文物原持有者的许可，否则就构成版权侵权行为。因知识产权问题引发的博物馆和第三方的纠纷屡屡见于公众。对于商业上使用博物馆藏品影像资料构成的侵权问题，国内外博物馆都采取制度规范的措施予以防范，明确要求对馆藏文物影像资料的商业使用必须获得博物馆授权许可，产品需附上授权信息等。

四、资源免费共享对博物馆艺术授权的影响

在现实经营过程中，博物馆知识产权的归属问题较为复杂。知识产权的垄断性和公众认知中博物馆应具有的共享性和公共性相悖。因此，在倡导博物馆加强知识产权保护意识、利用知识产权资源开发多样化文化衍生产品的同时，也存在部分质疑，即博物馆是否真正拥有馆藏文物的占有、管理和使用权？博物馆凭借产权开发文创产品取得经济收益，或者通过文化艺术授权方式获取权利金，是否和公众对博物馆藏品的共享权利冲突或是有违博物馆的公共性？或许是对于这些

质疑的回应，近年来，荷兰博物馆、纽约大都会艺术博物馆和我国台北故宫博物院陆续开发馆藏文物的高清影像资料，免费无偿提供给公众欣赏、下载和使用，文创企业、设计师可以据此开发文化衍生产品，与授权方式不同的是，博物馆不会通过收取权利金的方式从中获利。

博物馆分享藏品影像资源的举措有三个特点：其一是“无偿”，任何人都可以免费下载图像；其二是“无条件”，下载使用影像资料不需要通过任何申请和审批程序；其三是“无限制”，下载的图像可用于出版和文化创意开发，博物馆对其用途没有任何限制，因而是真正意义上的资源共享。对于越来越多的博物馆免费分享数字化藏品资源的做法，业内人士多数表示赞同，认为这是互联网时代博物馆发展的大势所趋，能够更好实现博物馆的公众教育目标，对地区文化创意产业发展也有明显的推动作用。亦有反对者认为，此举将影响博物馆通过授权等方式创收，损害博物馆的经济利益，或是担心公众会因为容易获取文物资源而减少去博物馆参观的次数。对于降低参观率的担心，公众调查已经显示，免费分享图片并不会减少观众参观博物馆的频率，反而会促使更多公众关注博物馆，激发其步入博物馆一睹藏品真容的愿望。然而，对于利用文物资源发展文化创意产业尚处于初级阶段的博物馆而言，要在博物馆的共享性和经济利益、知识产权利益之间做出博弈和选择，殊为不易。或许有鉴于此，目前，中国博物馆尚未迈出免费共享图片资源的步伐。部分博物馆如北京故宫博物院和敦煌研究院等，都推出了导览 App 或者网上虚拟博物馆，提供高质量的虚拟参观体验，文物图片清晰且有详细的讲解，但不能下载使用。

然而，从长远来看，免费共享文物资源是互联网时代的大势所趋。其一，博物馆向社会大众分享文物资料符合知识产权法规。博物馆的文物藏品大多是超过著作权保护时间范围的作品，默认已经进入公共领域，公开并不会造成知识产权上的异议或是纠纷。其二，博物馆共享文物资料符合博物馆的教育宗旨。公众教育是博物馆的核心使命和一切工作的最终旨归。为此，博物馆应努力将藏品信息的传播实现最大化，覆盖最广泛的人群，提供便捷化的图像下载使用渠道可以更好实现这一目标。其三，向社会分享文物资料符合互联网经济的发展规律。文物图像资料是文化创意产业重要的文化资本，对其公开利用符合互联网时代共享经济的发展规律。世界范围内，共享文物资源依然是部分博物馆的先行探索，我国博物馆距离普遍推广共享资源，仍然有很长的路要走。但是，当前国家对于博物馆藏品活化利用政策的若干规定，或已释放出有利信号，表明我国博物馆已经走出了共享资源的第一步。从国际经验来看，共享资源需要在完善博物馆艺术授权产业链的前提下予以推广，是对博物馆艺术授权产业链的延伸和增值，而非对博物馆经济利益和版权权益的损害。共享文物资源是从社会整体层面上推动文化创意产业发展的有效方式，博物馆必须实现观念更新和升级，拓宽视野，不再囿于博物馆短期内的利益得失，真正将博物馆文化衍生产品开发融入城市乃至国家的文化创意产业发展战略规划之中。

第八章
艺术创意学视域下的
博物馆文化衍生产品设计策略

第一节 博物馆文化衍生产品的设计原则

根据价值链理论和微笑曲线理论，研发设计是博物馆开发文化衍生产品的产业链前端环节，也是创造产品高附加值、形成核心竞争力优势的关键战略环节。博物馆文化衍生产品独有的教育价值、审美价值、情感价值及延伸的经济价值，主要通过设计研发阶段对原型文物的内涵解读、元素提取、符码转化、创意思考等有机融入产品设计，体现于产品的使用功能和象征意义之中。在不同的开发模式下，博物馆各相关部门、委托设计公司、外聘设计师乃至消费者等主体均不同程度地参与到研发设计环节中，彼此的互动沟通和协调配合对这一环节的顺利进行至关重要。国际上开发文化衍生产品较早的知名博物馆均十分重视产品的研发设计，并积累了可供参考的经验。相比之下，我国博物馆文化衍生产品的研发设计尚处于摸索阶段，研发设计水平不高、经验不足是制约我国博物馆开发文化衍生产品迈上新台阶的主要瓶颈。

目前我国博物馆文化衍生产品在研发设计层面主要存在以下九个问题：一是质量粗糙，使用感受较差；二是缺乏文化深度，与博物馆宗旨结合程度不高；三是外形平庸，缺少吸引人的美感设计；四是简单挪用古代文物元素，无法很好融入现代生活；五是艺术呈现过于诉诸理性而忽略情感设计；六是面貌偏于严肃教化，趣味性不强；七是大量同质化设计，特色不明显；八是产品类型分散，缺少鲜明的博物馆品牌标识；九是产品开发难以涵盖所有背景和年龄结构的人群。国际上，文化衍生产品开发起步较早的欧美博物馆，在早期开发过程中也曾出现过类似的问题，并通过深入调查市场、强化研发设计、完善产品结构等方式，逐步克服或改善了这些问题，为处于文化创意产业发展初级阶段的我国博物馆积累了足资借鉴的丰富经验。针对这九个问题，借鉴国际博物馆学界和设计界的观点与经验，本书特提出博物馆文化衍生产品研发设计阶段需要遵循的九个原则：精品设计原则、深度设计原则、审美设计原则、亲民设计原则、情感设计原则、新奇设计原则、特色设计原则、系列设计原则、分众设计原则。

一、精品设计原则提升产品使用舒适度和便利性

品质良莠不齐一直是我国博物馆文化衍生产品的主要问题之一。文化衍生产品首先要具有普通商品的使用功能和实用价值，其次再以附加于其上的文化艺术因子彰显独特的符号价值。在当今品牌竞争激烈的消费型社会，严格把控产品质

量是企业永续经营的根本之道，也是文化衍生产品从许多功能相同的产品中脱颖而出，获得消费者青睐的重要因素之一。对于文化衍生产品来说，品质的重要性丝毫不亚于附加其上的文化意蕴。提升文化衍生产品的质量，不仅要对产品的生产制造工艺和技术进行严格选择和控制，更重要的是，从产品前端的研发设计环节开始就必须树立“精品意识”。所谓“精品意识”或称“精品原则”，一是必须对产品的材质选择、色彩装饰、整体造型、细节布局、生产工艺等因素精益求精，力求产品呈现最为精致和吸引人的外观；二是充分运用人体工程学、设计心理学等理论进行产品的功能性设计，使产品具有超过或至少是不逊于同类商品的使用便利性和实用性。目前我国的很多博物馆更为注重开发文化衍生产品数量和种类的多样化，精品意识有待加强。值得注意的是，贯彻精品设计原则并非要一味提高产品的定价，以“昂贵”来凸显品质，而是在研发设计文化创意类日常用品的过程中融入精品意识，关照到产品的每一个细节，给予消费者良好的使用体验。

二、深度设计原则有效传达博物馆文化信息

博物馆文化衍生产品的设计需要遵循的深度设计原则，一是指产品要具有文化深度，而非仅注重从外观意象上来传达文化信息；二是指产品的设计需要符合博物馆的教育宗旨，有效传递博物馆文化。博物馆文化衍生产品必须展现蕴含于文物中的深度文化内涵与魅力，塑造人文艺术情境，从而延伸过去的生活、文化与记忆，传达文化艺术专业知识。如仅将文物的纹饰、造型等简单运用于产品设计，偏重于外观的再现，则会使产品流于表面化和肤浅化，无法有效传达文物深邃的历史文化价值和内在意蕴，亦无法展现博物馆特色文化，达到辅助教育和传播的目的。

对于博物馆文化衍生产品的设计师而言，要在研发设计层面实现深度原则，对文化衍生产品的定位，应超越博物馆纪念品的层次，而将其视为博物馆在展览之外的另一种与观众沟通的有力工具，并善加利用其可以被携出馆外，且常伴观众左右的特性。同时，文化衍生产品所传达信息的层次，除了所谓的“正确知识”之外，应以更宽广的视野来提升观众制造意义与诠释意义的能力。因此，产品的设计思考重点，应从“信息的传达”转变成为“经验的创造”，而“经验”来自博物馆重要的知识或信息，将信息与产品作巧妙而创意的联结，以吸引使用者的青睐，方是产品设计的真正挑战。文物和博物馆的信息不能只是“印在”文

化衍生产品的表面，而要让观众使用产品的行为具有深度文化意义，真正提升使用者对于产品的兴趣，进而衷心喜爱产品，频繁使用产品，从而真正实现博物馆文化衍生产品所欲达到的教育目标。

三、审美设计原则提供消费者美感体验与艺术涵养

有学者提出，美学经济（The Economy of Aesthetics）时代已经来临，将审美因素大量渗透于商品之中，提供给消费者充分的审美愉悦感，是文化衍生产品的重要特点。对应于“日常生活审美化”和“审美泛化”的趋势，审美价值成为文化衍生产品的重要价值。成功的产品需符合“感质”（quality）产品的特点，即具有“魅力”（attractiveness）和“美学”（beauty）、“精致”（delicate）等美感特质。在未来的设计中，技术只是辅助工具，美学才是最终旨归。设计师对于产品设计的责任，除了为消费者提供使用便利和舒适度外，也需要模拟消费者使用时的心境，让其得到艺术熏陶和情感浸润。

如何在产品设计中实现美感最大化，值得博物馆和设计师仔细思考和研究。大部分文物本身即具有较强的艺术审美价值，如绘画和雕塑作品等，以之作为原型设计的产品要注意保留、强化、凸显其美学特征，有效传达展品的审美价值，避免由于文物元素提取不合理或者任意切割破坏了产品的美感。而部分独具历史文化价值的文物，外观上的审美性可能并不明显，这就要求设计者善于灵活提取、运用文化元素，结合现代美学设计风格，强化产品美学特质，同时传达文化内涵。设计者主要通过产品的色彩、质感、造型、线条、表面装饰、细节处理等传达美感，使消费者的感官获得审美愉悦。台湾学者研究表明，单一材质的文化衍生产品在美感上胜过复合材质的产品，简约设计风格的产品胜过复杂设计风格，为文化衍生产品的美学设计提供了参考。

四、亲民设计原则使产品走进大众日常生活

博物馆文化衍生产品的开发要确立亲民的价值取向，一是注重开发能够融入普通消费者日常生活的“接地气”产品；二是产品的定价要适中，符合一般博物馆观众的消费能力和消费需求。发挥博物馆品牌和展品文化价值的教育传播功能是开发文化衍生产品的最终目的。文创只有真正步入百姓的日常生活，成为使用

频率高、使用性能好、使用口碑佳的亲民产品，才能彰显产品的文化意味和审美内涵，从而在潜移默化中起到艺术熏陶和人文浸染的功效。

长期以来，我国许多博物馆之所以观众寥寥，除展品陈旧、不善自我推销和宣传等原因之外，更为重要的是博物馆一直以“高高在上”的严肃面目示人，给观众制造了心理距离和情感隔阂。新博物馆学运动推动博物馆确立了以人为本、以教育为核心使命的发展目标，博物馆如欲通过文化衍生产品实现教育传播，正要通过“接地气”的亲民设计改变博物馆给人的刻板印象，使博物馆吸引到更多的注意力资源。有研究表明，在博物馆开发的众多文化衍生产品系列中，销量最高、受到好评和关注最多的正是价位在 100 元以内的生活用品。

五、情感设计原则给予消费者愉悦和感动

进入互联网时代，以人为本的设计更为重要，即所谓的“感性设计”（emotional design）或称“体验设计”（experience design）、“情感设计”（emotion design），而这正是创意产品的核心价值所在。与一般工业设计注重物性、理性和合理性不同，文化衍生产品设计需要满足的是人性、感性和故事性的诉求。在功能之外，我们还需要一些故事来点缀生活，创意产品通常都有一个动人的故事。故事性是情感化设计的一个重要元素。在与同质产品竞争时，携带“故事”的商品因诉诸人的感性思维更能给人留下深刻印象，激发消费动机。

过去常用“3C”来代称高科技信息产业，这类产品设计给消费者的感觉是比较冷酷和缺乏个性的，仅提供立即使用功能，鲜少愉悦性，消费者无法从中感受到生产者或者设计者的人性。而文化衍生产品可以用“4C”来概括：文化的（cultural）、精选的（selected）、愉悦的（cheerful）、创意的（creative）。给予使用者愉悦和感动是文化衍生产品的重要特征。因此，博物馆开发了一批融入文化创意元素的“3C”周边产品，一改科技产品冰冷和纯粹理性的外观，给消费者更多的情感触动。

文化衍生产品的故事来源有两种，一是利用原型文物本身的故事，二是融入文物在流传过程中发生的故事。如英国一家博物馆的一件拼图类产品，表面看只是普通的拼图，完成后却呈现三件中国瓷瓶的图案，背面注明：“这三件瓷瓶去

年由一个没有系好鞋带的游客不慎打碎，但我们已经将它们全部修复好了。”这样的“事故”也给消费者耳目一新之感，使产品显得与众不同。

情感性设计中需要注意的是，对于一些文化特征标志性鲜明的产品，无须过多说明即可让消费者领会其中的“故事”，而对于信息不够明显的产品，需要在包装设计或者产品本身的设计上添加有关“故事”的说明性文字，如上述拼图产品的做法，才能引起消费者的注意，并通过这类说明文字进一步阐释原型展品的文化艺术价值。运用情感设计也要考虑不同族群对文物背后故事的理解可能有歧义，应尽量选择可以跨越文化和时空差异的“通用型”故事元素。

六、新奇设计原则激发眼球效应和消费欲望

博物馆文化衍生产品的主要消费人群是热衷于网上消费，又具有一定审美能力和精神文化需求的年轻群体（25—35 岁）。35 岁以上的博物馆专家型观众和具有较高消费能力的中产阶级群体往往并不满足于普通的文化衍生产品，前者倾向于购买图录等学术类出版物，后者更中意文物复制品等具有一定收藏和投资价值的高价位商品。现阶段年轻人组成的消费群体更注重个性表达和对时尚潮流的追逐，外观新颖、活泼有趣、与众不同、充满现代感的产品设计更符合他们的趣味，富有新奇感的设计更能满足他们的心理需求。其实，文化衍生产品的重要特性之一“创意”（creative）本身就意味着“新奇”（faddy）。“创意”的特点就是要打破传统观念和形式的束缚，追求产品新的立意、新的设计、新的技术、新的外观和新的功能。以文化衍生产品的立意而言，设计师运用发散性和创造性思维，对看似不可能有联系的文物元素和现代产品进行巧妙融合，特别能给人新颖的感受。其次，新奇的外观造型和图案装饰也会给人强烈的心理冲击，充分吸引消费者的眼球。新技术、新材料的运用赋予产品新的功能和使用感受，成为“创新”价值的突出体现。大量的博物馆文化衍生产品被评为“脑洞大开”的商品，即源于其给人的新奇感受。古老的文化元素和现代化设计理念相结合，产生了强烈反差，制造了时空穿越、今昔融为一体的错觉，引发思古幽情和对当下的反思，正是博物馆文化衍生产品“新奇”感所要追求的最终效果。

正如年轻的消费者是对产品“新奇”设计最为感兴趣的群体，如欲充分体现文化衍生产品“新奇”的设计点，博物馆需要吸纳更多年轻的新锐设计师和设计专业学生的想法和理念，通过不定期组织文创设计大赛等形式发掘新的设计人才和设计方法。台北故宫博物院每年举办“国宝衍生品设计竞赛”，择取有新意的

设计开发文创产品，“朕知道了”纸胶带等多款畅销产品的创意都源于竞赛作品。近年来，上海博物馆等国内多家博物馆也组织文创设计大赛，发掘了一批创新设计作品和设计人才。

七、特色设计原则打破产品同质化困境

同质化现象严重是博物馆文化衍生产品受到广泛诟病的一个主要问题。创意产品的类型、设计方式、外观面貌大同小异，无法彰显博物馆和特有藏品的独特文化，导致吸引力下降、销量不高，无法使消费者产生真正兴趣和购买欲望。国外博物馆在开发文化衍生产品的过程中早已意识到特色设计原则的重要性。博物馆应该开发展现自身文化特色的产品，从实物层面观之，独特性是吸引观众购买文化衍生产品的主要原因。何谓展现博物馆自身文化特色的产品呢？博物馆的营销应抓住其“与生俱来的特殊文化情感”。博物馆既无固定的“产品”，也无一定的“顾客”形态或与之沟通的固定方式，因此，须了解自身特色，传达给顾客，才能达到一定的营销质量。所谓“与生俱来的特殊文化情感”，指的乃是博物馆基于收藏和展览形成的文化特色，以及观众在观展和体验过程中产生的特有感受，如漫步于博物馆中庭时的视觉意象、参观展览的经验感受等。博物馆开发文化衍生产品的核心重点应在于“充分表达博物馆的文化特色”，要达到这一目的，设计师首先须在博物馆人员的帮助下深入研究、把握博物馆的独特文化，如博物馆藏品的文化艺术价值、博物馆通过展览想要达到的教育效果，才能研发切合博物馆独特文化的产品，达到传播博物馆文化、树立博物馆品牌、发挥教育功能的作用。特色设计原则另一层面的含义在于，博物馆应结合举办大型特展的契机适时推出配套文化衍生产品，一般能取得良好的销售业绩。如大英博物馆每次举办特展都会研发配套文创衍生品，并提供展后继续购买的渠道。

八、系列设计原则打造明星展品和博物馆品牌

作为特色设计原则的补充，围绕明星藏品研发成系列的文化衍生产品也是博物馆需要特别予以注意的设计原则。推出系列性产品，一则可以突出明星藏品的元素标识，给消费者以深刻印象；二来可以树立博物馆的特色品牌。源于同一文物原型开发的具有同一元素主题的各类文化衍生产品在博物馆商店里集中展示，给人以强烈的视觉冲击力和品牌识别性，其研发的程度和多样性也是对设计师功力的考验。

九、分众设计原则精准定位营销市场

如果将博物馆文化衍生产品作为一种有效的信息传播工具，则从分众传播理论来看，以分众设计原则指导产品开发能够达到更好的传播效果和教育目标。博物馆观众具有不同的教育经历和经济背景，来自不同的社会阶层和年龄结构，具有多样化的参观需求和差异化的消费能力，因此对购买文化衍生产品也呈现出多种多样的需求。拥有较为成熟的文化创意开发产业链的博物馆会充分考虑到受众市场的分层化结构，在研发设计阶段即根据分众传播理论开发针对不同类型观众的产品。对于专家型观众，深度解读展览内容和展品文化的图录类出版物更能满足他们的需求；对于具有较高经济消费能力的中产阶级，购买博物馆文化衍生产品不仅是身份的象征，也是一种潜在的投资工具，售价不菲的文物微缩复制品主要以他们为营销对象；对于接受过高等教育、具有一定审美能力，同时又追逐时尚潮流和个性化体验的年轻人，融合传统文化元素和新颖趣味、售价适中的生活用品类产品更能引起他们的兴趣；对于携带儿童和青少年的亲子家庭，更要兼顾到博物馆对青少年的教育目标，开发设计未成年人喜闻乐见的食品、玩具、教具类产品。

分众原则要求博物馆首先做好受众和目标消费市场的前期调研与数据分析工作，厘清博物馆主要受众的年龄结构、知识背景、经济能力和消费偏好。不同类型博物馆面对的受众主体结构是不同的，决定了文化衍生产品的开发侧重点不可能千篇一律。有调查表明，从广义的博物馆体系构成来看，美术馆（art museum/gallery）观众的综合素质、审美能力和经济实力最高，其次是以历史文物展览为主的综合性博物馆，自然科技类博物馆的观众以青少年和亲子家庭居多，而动物园、植物园的参观者经济能力相对较低。因此，不同类型博物馆研发文创产品必然在内容、种类和价格上要有所区别。从实践来看，大都会艺术博物馆、大英博物馆等国外知名博物馆在研发过程中较好地贯彻了分众传播理论，而起步较晚的我国博物馆在这方面偏弱。近年来，上海博物馆在提升教育功能的同时，也注重开发针对青少年儿童的寓教于乐型文创产品。

第二节　博物馆文化衍生产品的设计方法

从设计方式来看，博物馆文化衍生产品的设计既需要遵循一般文化产品和创

意产品的设计法则，也有自身的特殊性。设计师需充分运用发散思维、联想思维和创意思维，从不同角度解读文物元素，实现符码转化，创造出各类博物馆文化衍生产品。以往从设计方式和设计策略来分析博物馆文化衍生产品的研究成果尚不多见，近年来部分艺术类院校设计专业教师和学生的论文对此略有涉及。博物馆文化衍生产品的设计方式有装饰性设计（产品外观上融入文化元素的平面设计，为多数产品使用的设计方法）、骨架式设计（将文物造型和产品功能相结合，以简化、形象化、夸张化文物外形的方式设计产品整体造型）、意蕴式设计（挖掘文物的深层内涵，通过隐喻的方式融入产品设计）、体验式设计（产品和消费者产生互动体验）四种。

博物馆文化衍生产品设计的关键在于，萃取蕴含于文物文化元素中的象征意义，将之转换成视觉消费符号，再将这些消费符号设计成为创意产品。综合已有的研究成果，本书认为，博物馆文化衍生产品的主要设计方式有五种：元素提取式设计、功能融合式设计、意境传达式设计、情景复原式设计、互动体验式设计。

一、元素提取式设计

元素提取是博物馆文化衍生产品设计中使用最普遍，也是最容易采用的一种设计方法。通过提取原型文物具有辨识度的特色纹饰、图案、色彩和造型特征，用平面设计的方式刻印、绘制在文化衍生产品之上，创造出具有较高文化附加值和艺术审美价值的产品。元素提取式设计主要分为整体运用、局部截取和解构重组三种方式。

所谓整体运用，即将文物的整体造型纹饰进行微缩化处理后，改变材质，应用于创意产品的外形塑造。占据博物馆文化衍生产品一定比例的文物复制品就属于这种设计方式，另外，通过这种方式还可以开发许多在外形上可以直接应用文物原型的产品。如根据罗塞塔石碑开发的拼图、明信片、首饰盒、书立、镇纸等，外形均为石碑形状且印有石碑的完整图案。

相对于整体运用，局部截取文物的纹饰图案并应用于产品装饰的做法更为灵活和常见。衣物首饰和生活用品类文化衍生产品的设计多采用局部截取文物元素的手法。在文物信息的保留和传达上，局部截取不如整体运用完整而一目了然，这就要求设计师对文物的背景信息和文化价值有较深的了解，且自身具备较高的审美能力，能够从众多文化元素中选择和提取特色最为鲜明、最有辨识度、最具美观性的元素，用于产品装饰，以画龙点睛的方式实现产品的文化增值。如凡·高博物馆通过局部截取的设计方法，以凡·高花卉名作《盛开的杏花》《向日葵》《鸢尾花》等为原型开发了一批各种类型的文化衍生产品，极具创意和美感；卢浮宫围绕馆藏展品《蒙娜丽莎》开发系列文化衍生产品，也多采用截取部分图案并绘制于产品表面的方式。由于人们对馆藏的明星展品如《蒙娜丽莎》和罗塞塔石碑印象深刻，以之为纹饰来源的产品可以省却说明；但是，对于并不那么出名的展品，截取图案后容易给人迷惑感，最好附上设计说明让消费者了解产品背后的文物信息。

对文物元素的解构重组是设计要求更高的装饰手法。某件展品可能有两处以上的标志性外观特征，而产品限于造型和大小无法展现全貌，仅截取部分图案亦不足以诠释展品的独特文化艺术价值。在这种情形下，充分解读文物内涵，提取其中多处特色纹样，结合产品功能和外观设计予以重组，是一种比较好的设计方法。该种设计方法还适用于根据两件以上彼此间有密切联系的展品设计的文化衍生产品。比如上海博物馆以馆藏书法名作为模本设计的服装、环保袋、文具等文创产品，许多都通过对若干件同一作者或者同一时代的书法作品进行元素解构，提取标志性书体，合理重组并绘制于产品表面，充分展现中国书法或凝重浑厚、或洒脱俊逸的独特风情。

元素提取式设计方法虽然运用简单、可操作性强，但在实际设计过程中要特别注意文物原型和产品契合度的问题，一般来说，这种设计方法更多适用于装饰性较强的衣物首饰、生活用具等产品的设计，以平面化的设计方法为主。对文物的选择和对元素的提取要经过仔细考虑：一是围绕馆藏明星展品设计，易于辨识，更多展现博物馆独有特色；二是选择有较强艺术美感和视觉辨识性的展品，如主题和色彩鲜明、纹饰独特或给人以较大视觉冲击力的绘画和工艺美术作品等；三是选择展品原型要和设计产品本身的功能特点相契合，产品本身的材质、颜色和风格与文物原型接近或者一致为佳。如风格厚重而带有神秘气息的罗塞塔石碑，更适合开发硬盘、杯子、手机壳、镇纸等质地比较坚硬的产品，或是黑色的巧克力、拼图等衍生品；首饰、衣物等产品所依据的文物原型，以风格飘逸、色彩绚丽的花卉绘画或瓷器的纹样为佳。

二、功能融合式设计

功能融合式设计是指根据产品的功能需要，将文物的文化元素或者造型形态予以简化、变形、夸张化处理，与产品的使用功能融为一体。成品符合人体工程学理论和消费者的身心需求，既可以使人自然联想到原型文物，又不会有强行拼接、生搬硬凑的斧凿之感。功能融合式设计其实也可以视为元素提取式设计的一种，属于元素的解构和重组，不同的是，一般的元素解构重组偏重于平面化设计，功能融合式设计偏重于立体形塑和整体框架结构的重新组合，这种元素符码的转化是基于产品功能的要求，类似于有些研究者提出的“骨架式设计”方法。功能融合式设计旨在满足消费者行为层面的需求，设计功能合理、操作便利、安全的产品，同时又能使人联想起原型文物，体味其中的内涵。这种设计方法对设计师的创意思维有较高的要求，产品往往表现得新奇而不落俗套。

三、意境传达式设计

“意境”是东方传统美学和艺术的重要审美范畴，用以形容书法绘画等艺术作品所传达的一种能使欣赏者产生感动和共鸣，却难以言表的独特韵味和境界。意境开启了审美想象空间，虚实交融、形与神会，使观者驻足，低吟徘徊于审美想象中不能自已。而西方的艺术作品风格虽偏于直白显露，然亦有内含深邃意蕴悠远的作品，现代艺术也多以简洁造型和线条传达言外之意，因此，本书认为，意境传达式设计方法可通用于中西方博物馆文创产品的设计，要求设计师深入把握、感受、解读文物和艺术作品的审美意蕴、文化内涵，通过创意设计将之有机融入产品，使产品有效传达同样的文化意蕴，使消费者感受到类似的艺术美感。意境传达式设计通常运用明喻、暗喻、隐喻等方式表达原作和产品的联系，含义比较隐晦。对设计师来说，运用“意境传达式”方法设计产品是难度较高的挑战，如果对原作只有走马观花式的浅层次了解，是远远不够的，容易设计出让观众“看不懂”“不知所云”的产品。设计师必须具有较高的文化素质和艺术品位，必须经常“到博物馆里上上课”，在博物馆策展人、释展人和教育项目策划人等的帮助下深入学习、掌握文物背景知识和文化内涵，并具有扎实的设计功底和较强的设计技巧，方能设计出成功传达原作神韵的高品质文创产品。

四、情景复原式设计

博物馆文化衍生产品设计的一个关键之处是将古代文化元素融入现代生活，让今人在不断的使用中体味古风雅韵，代入古人的生活场景，从而获得对文物更深层次的理解和认知。情景复原式设计方式正是基于这样的目标，选择能够有效衔接古今生活的文物，通过复制、微缩、放大或是改变功能、将平面文物立体化等方式，延续古老文物在现代的使用功能，有机融入当代时尚生活，令其在当下焕发出勃勃生机。情景复原式设计主要有两种方式，第一种是在不改变文物原有功能的基础上以仿制的形式设计创意产品，产品有着和原型文物一样的外观与使用功能。消费者在实际使用产品过程中仿佛步入了古人的生活场景。如根据古代首饰同比例复刻原型开发的珠宝饰品，或仅在材质及色彩上稍稍融入现代设计，保留文物的整体风貌，即是这种设计方法的体现。另外，博物馆文化衍生产品中占比很高的生活用品一类，有许多是采用这种方式开发的。尤其是各种纹饰精美、质地精良的瓷器，特别适合开发成现代食器、茶器，延续或扩展原有的使用功能。

情景复原式设计的第二种方法，即保留文物的场景原貌，改变使用功能，使之更好融入和适应现代生活。如根据《清明上河图》开发的纸本游戏，以绘画中出现的人物和场景为基本游戏元素，融入任务设置、完成奖赏和失败惩罚等现代游戏设计元素，以生动有趣的形式，让玩家在游戏过程中沉浸式体验了解北宋时期的民俗风情。

五、互动体验式设计

互动体验式设计主要应用于无形文化衍生产品，即各类博物馆开发的应用类和游戏类 App。互动体验式学习是博物馆学习的一贯优势，相比于单向灌输式的书本教育，博物馆以实物的形式为观众提供了多种多样的参与互动的机会。研究表明，互动体验式的学习效果远优于仅动用视觉和听觉的学习方式，对于感性思维为主、好奇心旺盛的青少年来说尤其如此。因此，除了博物馆开发的各类教育项目强调互动体验性之外，博物馆开发文化衍生产品也应充分利用这一优势。

博物馆开发的实体文化衍生产品中，大部分须通过消费者的亲自使用和亲身感受来发挥教育传播作用、达至愉悦身心之目的。大数据、云计算、虚拟现实等互联网技术的兴起，为博物馆开发能够提供更为生动的互动体验的无形文化衍生产品提供了契机，而对这类产品的开发，主要应用的就是互动体验式的设计方法。

目前，博物馆研发的无形文化衍生产品主要有两类，一是各类导览性质的服务型应用程序（App），如大英博物馆、大都会艺术博物馆、卢浮宫等都拥有多个导览 App，实时提供精选展品和参观路线推荐；二是大量出现的旨在传播博物馆和展品文化，以生动趣味的形式展现的游戏类、互动类应用程序。

第三节　博物馆文化衍生产品的设计流程

博物馆文化衍生产品的研发设计遵循一般文化衍生产品的设计流程，都需要经过市场调查、设计展开与实施、市场评估等若干阶段。但由于不同的博物馆在开发模式上存在差异，研发环节中，对展品元素的准确解读、视觉符号转化、文物信息传达等环节难度较高，因此博物馆文化衍生产品的设计流程也具有一定的特殊性，主要表现在设计主体和参与者的多元化。

在设计主体上，根据开发模式的不同，博物馆文化衍生产品研发设计的主体承担者可能是博物馆内部设计人员、设计公司成员或者独立设计师。这三类设计者对博物馆品牌和展品文化价值的认知深度、创意设计能力和经验有所不同，导致在设计过程中主观能动性的发挥有所差异，直接影响产品的质量和创意层次。一般来说，博物馆内部聘用的设计人员长期浸淫于博物馆文化之中，大多拥有考古和文物学的教育背景，对博物馆和展品的历史文化艺术价值了解较深、解读较透彻，在设计中能扎实贯彻博物馆开发文创产品的传播意图和教育目标。但是，这类设计人员从事设计行业的经验较少，设计专业知识偏于狭隘，在设计中不易发散思维、拓宽视野，设计出内涵与外观臻于完善的高质量产品。与内部设计人员不同，专业的设计企业成员和独立设计师拥有一定的从业经验和较好的设计专业背景，对产品的外观美学、功能应用和细节处理把控较好，且能开拓思维，研发出更多符合人体工程学、设计心理学，具有较高美感特质的精致生活化产品。其不足之处在于对博物馆展品文化的了解不深，文物内涵解读和元素提取易流于表面，设计方向易偏离博物馆的目标。

博物馆文化衍生产品研发设计的特殊性还在于参与者的多元化。由于三类设计主体各有优势和缺陷，在设计过程中，博物馆市场营销部门、教育部门和研究部门相关人员的全力配合与参与显得尤为重要。在研发工作的前期阶段，博物馆市场部门应配合研发设计人员进行博物馆观众和目标消费者的市场调查与数据分析，掌握和提供第一手资料，便于确定设计目标和市场定位。在具体的研发过程中，博物馆教育部门应明确告知设计者产品欲达到的传播效果和教育目的；研究部门应提供对博物馆重要展品的研究成果，帮助设计师了解文物蕴含的主要历史文化价值，辨别标志性纹饰、图案和造型特点；市场部门应提供以往博物馆文创产品的销售数据，帮助设计师了解不同种类文创产品的受欢迎程度。在后期的产品评估阶段，博物馆教育部门应采取定性和定量分析相结合的方式评估产品是否达到了较好的教育目的；博物馆市场部门应积极提供试销情况反馈相关数据，便于做出是否推广生产销售的决定。除博物馆相关部门人员参与设计全过程外，应考虑将消费者纳入设计过程，通过调研访谈的方式倾听消费者的设计建议、使用感受和心理预期。博物馆、消费者和设计人员三方投入、参与文化衍生产品的设计过程，是推动产品设计顺利实施、取得良好市场反响和社会经济效益的重要保证。

从具体的设计步骤来看，博物馆文化衍生产品的设计流程可以分为需求分析、设计实施和产品评估三个阶段。需求分析是研发设计的前期工作，分别开展消费者需求分析和博物馆需求分析；设计实施是主要的设计步骤，设计人员确定设计目标后，将设计构想付诸实践，形成设计图稿或者模型，通过博物馆评估后，反复修改形成定稿并投入生产制造；产品评估是研发设计的后期阶段，博物馆试生产少量样品投入市场销售一段时期，市场部门负责监督销售情况并组织消费者购买调查，反馈销售调查情况后，做出是否推广生产、修改设计或终止生产的决定。

一、需求分析是博物馆文化衍生产品的开发基础

需求分析虽然是整个研发设计流程的前期阶段，但却发挥着至关重要的作用，是设计师灵感涌现、创意产生、构思成形的重要阶段，也是设计师、博物馆和消费者彼此沟通、弥合认知差异，从而为之后的设计展开与实施打下坚实基础的阶段。需求分析分为两个层面，一是消费者需求分析，二是博物馆需求分析，两者互相联系、互为补充。

博物馆文化衍生产品的消费群体包括博物馆的参观人群和潜在的消费人群，即有可能通过电商渠道或者馆外分店购买文创产品的群体。不同类型、不同规模、不同地域的博物馆能够吸引到的观众和潜在消费群体是不一样的，其年龄构成、知识背景、经济能力、消费理念、审美偏好呈现差异化和多样化的特点。博物馆研发文化衍生产品如欲取得较佳效果，需要对目标消费群体进行明确定位，有针对性地研发设计产品。市场分析可以采用调查问卷的方式，了解博物馆日常访客的各项数据信息，同时需要博物馆市场营销部门提供利用大数据技术得出的观众分析结果，并深度分析以往博物馆各类文创产品的销售情况，精准把握目标市场、消费偏好和设计需求，体现博物馆文化衍生产品研发的分众原则。举例来说，针对艺术类博物馆观展人群综合素质较高、经济实力较强且女性占比偏高的情况，

主要研发外观审美性强、展现高雅生活情趣、价位偏高的衣物首饰、生活用具类产品和名家画作复制品，产品设计重点在于充分把握精品设计原则、审美设计原则、情感设计原则、特色设计原则；针对自然科技类博物馆以少年儿童和亲子参观者为主的情况，主要研发知识性和趣味性较强的互动体验式展品模型、文具用品、玩具和教学用具，设计重点在于贯彻亲民设计原则、新奇设计原则和教育效果；针对以历史文化类展览为主的综合性博物馆，由于参观人群多样化，产品设计应注意深度设计原则、分众设计原则和系列设计原则，研发具有文化深度、老少皆宜、凸显博物馆品牌文化的产品。

需求分析的第二步是分析博物馆的需求，包括博物馆研发文化衍生产品希望达到的目的，是创造可观的经济效益，还是延伸博物馆的教育功能，或是博物馆的主要品牌策略？在实践中往往三者兼有，但亦可能有所侧重。如经济效益是主要考虑因素，则侧重于开发设计新颖有趣、价位适中、易销的生活风格产品；如主要目的是延伸博物馆和展品的文化价值与教育意义，则产品传达的文化意蕴和内涵深度是设计的重要方面；如主要目的为品牌策略的实现途径，则全体印有博物馆 logo 的设计方式和围绕明星产品进行系列化开发为首选方案。对博物馆品牌特色的识别和解读也须在这一步进行。博物馆有哪些明星展品？往往博物馆工作人员心目中的“明星展品”和大众认知会存在差异。具有很高历史文化价值的“镇馆之宝”和受关注度高的“网红展品”都可以作为研发设计的重要原型。另外，一些并不那么“出名”却具有较大开发潜力的展品，如图案、造型、纹饰辨识度和特征性强，色彩明艳、造型新颖、装饰别具一格的展品，也可作为开发的主要对象，有时甚至会因为衍生品的畅销而成为知名展品。除博物馆拥有的文物资源外，也须分析博物馆的渠道资源。博物馆文物商店的规模、选址、经营年份和经营策略往往对产品销售有重要影响，而电商平台的建设状况也决定了产品面对的潜在消费者的规模和经济能力。

需求分析是由设计师、博物馆工作人员和消费者共同参与的阶段。设计师到博物馆不断“上课”，与博物馆人员和消费者充分沟通，通过观察、分析、思考、归纳，寻找创意灵感，形成初步的设计构思框架。博物馆市场、教育部门提供观众调查和销售数据，组织受众问卷调查，向设计人员阐释展品文化价值。消费者配合问卷调查，主动提供个人信息、消费偏好和对博物馆文创产品的心理期望。

建立设计者、博物馆和消费者三方参与沟通的良性互动机制，为之后的设计实施阶段提供良好保障。

二、确定设计目标并开展博物馆评估

设计的展开和实施是研发设计整个流程中最主要的阶段，是设计师经过前期需求分析工作后，对头脑中捕捉到的创意灵感和设计构想加以具体化，形成并交付设计图稿模型的阶段。按照一般的流程顺序，这个阶段可以分为确定设计目标、形成设计初稿、博物馆评估和修改设计并定稿四个步骤。

第一，设计师和博物馆应在掌握需求分析资料，并充分沟通的基础上，确定设计的基本目标或称设计方案。主要内容有：一是明确需要开发的原型文物，通常包括具有较高文化价值和知名度的“镇馆之宝”，关注度高的“明星展品”，博物馆和地域特色鲜明的展品，大型特展的主题展品，以及具有较强开发潜力的展品。原型文物的确定，除了要符合博物馆和展览主题外，也要考虑开发的难度和设计团队的开发能力，寻找到最合适的一组展品。二是确定研发产品的种类和数量。根据博物馆拥有的渠道资源和以往的市场反馈，并结合原型文物的特点，选择市场认同度高、销量好、容易开发的文创产品种类。一般来说，首次生产数量不宜过多，需经过市场实销和反馈后，决定是否扩大生产。三是确定主要的设计原则和设计方法。原型文物特点不同、待开发产品类型不同、设计团队能力不同，都会影响对主要设计原则和设计方法的选择。四是由设计师和博物馆市场部门共同确定开发产品的目标市场、消费人群、主要营销渠道和定价。如开发以年轻人为主要消费者的时尚创意、流行风格类生活用品和服饰，可以充分利用线上电商渠道，定价亲民、适中为妥。

第二，确定设计目标后，设计师应根据设计目标，将头脑中的创意、构想具体化，绘制详细的设计图稿，或利用 CAD 等电脑技术设计模型。博物馆文化衍生产品设计和一般创意产品的不同之处在于，设计师应花更多时间与精力思考文物元素到视觉符号的转化如何顺利实现。是否能将文物的特殊造型、特色纹饰和特有意蕴巧妙融合于产品设计并准确传达给消费者，是博物馆文化衍生产品成败的关键，也是对设计师设计能力水平和综合素质的挑战。因此，在这一阶段，设计师除了要充分运用联想思维、发散思维、创造思维等多种设计思维方式，聚精会神专注于设计工作外，更要反复研读原型文物背景资料，反复涵泳文物所传达的历史文化价值，确保准确提取文物最有价值和最具特色的特征，融合于产品设计之中。同时，设计师应坚持“以人为中心”的体验设计和人性设计原则，站在使用者的立场，力求将设计产品的便利性、可操作性和审美性臻于完善。

第三，完成设计初稿后，接受博物馆评估是必不可少的环节。博物馆应组织由市场部门、教育部门和研究部门组成的评估小组，对设计师提交的设计初稿进行评估审核。其中，教育部门人员主要从设计原则、设计风格、信息传达等方面审核产品设计是否符合博物馆的教育宗旨和开发产品的根本目标，是否有利于传播博物馆品牌和延伸博物馆教育功能。研究部门人员主要从产品的元素提取、内涵解读、符码转化、视觉含义是否到位与合理，来判断产品是否有助于消费者深化对原型展品的理解，是否准确、有效传达文物信息且不至于引起歧义，产品设计是否符合深度与精品原则，能够揭示博物馆和藏品特色。市场部门人员主要从观众调查和既往产品营销状况等大数据信息，来初步判断产品设计的目标消费群体定位是否准确，定价是否合理。博物馆根据评估结果，提出设计修改建议。

第四，设计师根据博物馆的修改建议，对产品设计稿进行修改和进一步的打磨完善，并再次提交博物馆相关部门审核，反复进行直至设计图稿通过博物馆评估后，确定首批试生产数量，交付制造商生产。

三、市场评估是检验博物馆文化衍生产品开发效果的重要手段

产品市场评估是博物馆文化衍生产品研发流程的后期阶段，也是评判产品设计是否合理，是否推广生产或调整设计方案的过程。产品设计定稿后，博物馆或设计相关方确定首批生产数量，并联系厂家投入生产，将产品进行试销。首批生产数量不宜过多，应根据消费者数据调查确定产品数量和销售周期。不过考虑到博物馆文化衍生产品的特殊性，有别于快销产品周期短、市场大的特点，试销周期不宜过短，以半年到一年为宜，留有充分的时间接受市场检验。

产品试销过程中，应由博物馆市场部门主导反馈和评估。一是组织产品市场调查，主动通过问卷调查的方式了解消费者对产品的视觉效果、使用功能、操作便利和价格等因素满意与否，并请消费者留下经济收入、教育背景等信息，便于分析目标群体。调查问卷可以在购买时进行，予以一定的价格优惠或赠品的方式征求意见；也可以在商品售出一段时间后，进行电话或者邮件跟踪调查，取得消

费者的使用反馈。二是综合产品销售的各项数据后，进行分析，撰写市场评估报告，提出对产品下一步的生产建议。

最后，根据市场反馈和评估情况，博物馆市场部门做出产品是否推广生产的决定。如果市场反响佳、产品口碑好、销量高、消费者反馈良好，则扩大生产销售，将产品打造为博物馆的品牌文创品。如果市场评估具有两面性，消费者反馈尚可但存在较集中的意见建议，博物馆可联系设计师，根据市场反馈调整设计方案后，再投放市场销售，并接受再评估。如果市场反馈产品存在明显缺陷，销量呈总体滑坡趋势，则考虑终止生产。

第九章
艺术营销理论视域下
博物馆文化衍生产品营销策略

第一节　博物馆营销文化衍生产品的市场定位策略

博物馆文化衍生产品的营销是博物馆整体营销战略的重要环节。作为非营利机构主要组成部分的博物馆，在20世纪80年代以前，一向服膺的理论并非主张营销，而是处于其对立面的“捕鼠器”理论（mouse-trap theory）。然而实际情形并非如此，包括博物馆在内的非营利机构，逐渐意识到并承认，只有先了解并满足顾客的需要和愿望，才会吸引顾客上门。来自政府财政拨款和社会捐赠的缩减，也迫使博物馆开门迎客，以吸引观众和赞助者。在此态势下，博物馆的经营模式，也从历史上传统的既有建制模式（museum as establishment）、宝库模式（museum as a treasure house）、慈善机构模式（museum as philanthropy）、程序模式（museum as process）、展演者模式（museum as presenter），逐步为社会企业模式（museum as social enterprise）所取代。无论是出于增加观众数量以应对外在竞争压力的动机，还是自身吸纳资金的需求，在社会企业经营模式主导下，博物馆整体营销战略的确立和实施乃势在必行。

营销实质上是一种社会过程，个人或团体用以交易和交换彼此创造的产品与价值，并满足自身需要。其中，需求、产品、市场和营销者是营销过程完成的基本要素，也是营利和非营利机构运营的基础。成功的博物馆营销应该是全馆整体作业中密不可分的一部分，并非可以单独运作，这项观察和商业营销的经验不谋而合。博物馆等非营利机构营销战略的制定在目标和衡量标准上有别于营利企业：营利企业追求的是“利润”即财政产出（financial outcome）的最大化，非营利机构追求的是某种特殊的社会成果（social outcome）。具体到博物馆情境，则是如何通过文化的推广和生产，增进社会福利，提升生活品质，而不是由拥有和享用物品、财富的多寡决定。因此，对博物馆营销战略的评估，涉及多个面向。观众是博物馆营销的核心，参观人数的多寡是标准之一，而服务品质、研究成果、社会互动、资源利用，都是营销成功与否的评价指标，尤其是博物馆整体形象的营销，不仅是博物馆营运成功与否的关键，也事关社会、国家形象的塑造。博物馆文化衍生产品的营销，也不仅是如何有效地“卖出商品”那样简单，而要将之置于博物馆整体营销战略中通盘考虑，服从并服务于博物馆的核心使命和营销的整体目标。

博物馆整体营销战略涵盖多项内容，主要包括博物馆针对产品组合的综合定位与计划，以及博物馆的市场扩张计划。大型博物馆通常设有专门的市场营销部门，聘有许多专业人士，如市场调查专家、价格专家、产品专家和公共关系专家等。他们所从事的主要工作有营销研究（marketing research）、市场区隔（market segmentation）、营销策略与计划（marketing strategies and plans）。营销计划包括：市场形势分析、市场调查结果、营销目标和财务目标等。许多中小型博物馆由于资源匮乏，无法聘请专职营销人员或专家，不过博物馆可以训练工作人员，让他们了解营销原理与方法，并从参观者与会员的角度来看待博物馆工作。通过营销战略的制定和有效执行，博物馆将获得许多益处，如外在形象的提升、参观人数的上扬、赞助单位的关注和文化产品销量的增长。

博物馆营销的一大关键在于精准定位市场。对于博物馆文化衍生产品的特定营销，其针对的市场比较多元，其一是经常参观博物馆并消费的博物馆“重度使用者”；其二是偶然机遇下前来参观的外地观光游客；其三是很少步入博物馆的人群。如何通过有效的营销策略吸引这部分人群并引导其购物，进而激发其对博物馆展览文化的兴趣，也是博物馆制定营销策略需要考虑的重点。

一般认为，博物馆营销适用市场营销的“4P”和“4C”战略。所谓“4P”战略，指市场营销应围绕产品（product）、地点（place）、价格（price）和推广（promotion）四个要素展开，这一定位更多反映销售者的想法。市场营销的“4C”战略为顾客价值（customer value）、便利性（convenience）、顾客成本（customer cost）和沟通（communication）。在文化艺术领域，有学者基于传统市场营销理论，结合文化艺术市场的传播特性，提出了“3P+C”理论，即产品（product）、价格（price）、渠道（place）与传播（communication）。综合以上观点，考虑到博物馆文化衍生产品作为文化艺术产品的特殊性，本研究认为，在艺术营销理论视域下，博物馆文化衍生产品的营销可以采用四大策略：市场定位策略（market positioning strategy）、分类定价策略（classification pricing strategy）、渠道开拓策略（channel development strategy）、品牌推广策略（brand promotion strategy）。

博物馆开发文化衍生产品及围绕产品开展的一系列营销活动，其核心与关键服务对象是“人”，即博物馆文化衍生产品的既有和潜在消费者，而这部分消费者和博物馆的观众群高度重合。因此，针对博物馆文化衍生产品的市场营销，很大程度上也是博物馆自身的营销。如何制定完善的营销方案，精准定位目标客户，吸引、维持旧有消费群体并开拓新的市场，是博物馆营销文化衍生产品首先需要思考的问题。

一、博物馆开拓产品市场方案

与一般的市场营销策略相仿，博物馆营销文化衍生产品可从以下四个市场开拓方案着手：大众营销（mass marketing）、小众营销（niche marketing）、细分市场营销（segmented marketing）和个体营销（individual marketing）。大众营销方案不加区别地假定每个人都是博物馆产品的潜在消费者，忽略消费者行为和偏好的差异，采取一致的促销和宣传方式进行广泛营销。其缺点在于，由于无法精准定位顾客市场和特定消费群体，可能造成资源浪费，且效果难以预测。小众营销方案有的放矢地聚焦于对博物馆感兴趣的小众群体，调查、分析他们的社会背景和性格偏好，并据此开发产品、布置展览，以求获得最好的营销效果。细分市场营销方案假定市场是由具有不断变化的行为和偏好的不同群体组成，博物馆识别那些试图去争取的群体，并为目标细分市场制定不同的计划，可以覆盖多个分市场。个体营销方案是指博物馆努力寻求对每位消费者的多方位了解，来为其提供更好的服务，通过建立详尽数据库的方式，进行定制营销（customized marketing），为不同的会员量身定制不同的产品和体验。小众营销、细分市场营销和个体营销都有其显著优点。营销者能够对产品进行更好的调整以满足目标消费者的要求，还可以针对每一个目标细分市场调适产品的价格、流通渠道和营销组合（promotional mix）。大型博物馆能够综合使用不同的营销方案，来获取特定的市场和消费者，而不是使用一种“机枪”（shotgun）式的营销方案去吸引所有的潜在消费者。对于中小型、专题性博物馆而言，小众营销和个体营销是更为有效的营销方式，通过建立观众练习册的方式，获得博物馆忠实观众群的基本资料，给予其特殊待遇和定制服务，维持并扩大这一小众市场。

二、博物馆细分产品市场的变量和方法

博物馆采用细分市场策略，需要引进不同的变量，并考察哪些变量最有利于博物馆把握市场机遇。细分消费者市场所使用的主要变量有四类：地理变量、人口统计变量、心理变量、行为变量。

地理变量：根据地理变量，可以将博物馆文化产品所面对的市场群体分为当

地参观者、短途参观者、国内长途参观者和国外参观者。博物馆设想来自不同地域的参观者会寻求不同的产品，有不同的需求。据此，博物馆就可以开发不同项目以吸引来自不同地域的参观者。

人口统计变量：根据年龄、性别、经济能力、教育背景、工作、民族、宗教信仰等人口统计学数据，博物馆将市场细分为不同群体，进行相应的市场分析。该变量是细分市场的常用指标。原因一是消费者的需求、偏好以及产品使用率与该变量联系紧密；二是较之多数其他变量，人口统计数据较易获取并测量。

心理变量：即便是处于同一人文环境中的消费者群体，也可能会有不同的心理构成（psychographic profiles）。因此博物馆可以根据社会阶层、生活方式、个性特点等，把潜在的消费者分成不同的群体。来自不同社会阶层的群体，其兴趣、偏好、习惯和消费观念可能迥异，且这些变量不会轻易变化，具有一定的持续性。即使在一个社会阶层中，消费者也有不同的生活方式，如对于室内或室外活动的偏好，对于艺术的兴趣等方面有所不同。博物馆市场研究者通过考察人们的活动类型、兴趣爱好、观点态度，聚集类似群体，进行分析和定位。消费者也会表现出不同的个性特点，如支配、依赖、外向、内向等。博物馆市场营销人员运用个性变量来细分市场，赋予其产品以品牌个性（brand personalities）或设计出特定的品牌形象（brand images），来适应消费者个性或自我形象。

行为变量：博物馆根据消费者对所购买产品和服务的使用频率、态度和熟悉程度等行为变量来区隔市场，包括购买时机、追求利益和使用者状况等子变量。根据购买时机的不同，消费者可以被划分为若干群体。亲子家庭通常将参观博物馆视为家庭集体休闲娱乐活动，倾向于随机购买具有教育意义的特色文创产品；艺术爱好者可能由于一个特别的展览或项目被宣传而去参观，倾向于购买特展衍生品；有些人去博物馆是为了寻找沉思冥想和激发灵感的私人安静空间，没有强烈的购物动机；外地游客为了解和欣赏当地传统文化和风俗参观博物馆，倾向于购买具有地区文化特质的产品。以“追求利益”来划分消费者群体，也可区分出各种不同的情况。成人的休闲活动有六个动机或者主要追求利益：与人群在一起、做点有价值的事、找个舒服的环境、接受新经验的挑战、寻找学习的机会、获取主动参与感。不同的追求利益将导致对博物馆参观的不同诉求，以及购买产品的不同需求。研究发现，经常参观博物馆并购买文化产品的群体，普遍更为重视“做点有价值的事”“接受新经验的挑战”“寻找学习的机会”等利益诉求。相比之下，重视“与人群在一起”“找个舒服的环境”“获取主动参与感”等休闲要素的人群，更愿意选择运动、郊游和棋牌等活动。根据“使用者状况”子变量，消费者在购买行为上可以分为：博物馆产品或服务的未使用者（unused users）、曾经使用者（previous users）、潜在使用者（potential users）和首次使用者（first-time users），也可划分为轻度使用者（light users）、中度使用者（medium users）和重度使用者（heavy users）。重度使用者在消费群体中可能仅占有很小的比例，但他们的消费量在消费总量中的比例却相当可观。营销人员试图识别这些不同使用者群体的人口统计特点、心理特点和媒体消费习惯。

如果了解消费者（顾客、参观者、使用者）并为之服务是博物馆市场营销的核心，那么营销策划的基本要素之一，就是在一个博物馆制定市场战略的过程中，充分应用市场细分、目标市场选择和市场定位原则。博物馆要建立它的观众群和文化产品消费群，就必须识别那些对博物馆产品感兴趣的个人和群体以及那些可能存在潜在兴趣又能够被博物馆的营销策略有效影响的群体。在第二阶段，博物馆必须决定将重点放在哪些细分市场，既发掘新观众又维持既有观众。如同其他组织一样，博物馆不可能成为所有人的唯一选择，如果它们试图向每一个群体都推销自己，将会导致资源浪费。一旦确认了观众细分市场，博物馆就能够设计出统一的形象和一系列产品来吸引它的目标观众，并使博物馆在应对竞争者时从中受益。

三、博物馆定位产品市场的步骤

博物馆定位产品市场可以按照市场调研、市场分析和市场评估三个步骤来进行。为了获取外部的数据信息，首先需要采用市场调研的方法有效挖掘关于用户和潜在用户特性的信息。市场调研是一项专业化程度较高、细节性较强的工作。博物馆可以聘请经验丰富的专业公司为其搜集市场信息和分析结果，也可以开展较简单的内部市场调研。博物馆通过精心规划，获得充足的信息，便能绘制出更加细化的市场蓝图。定期开展问卷调查可以帮助确认博物馆观众的变化趋势，并解释为什么有些人不来博物馆。市场调研的信息来源多种多样，包括出版物、未公开的报告、观众人数统计数据、对观众在博物馆行为中的观察所得、问卷调查、内部问卷、观众和潜在观众的访谈记录、团体预订信息、留言簿意见、博物馆网站意见、社交网络评论等。

通过市场调研收集到充分的信息后，博物馆市场营销部门会对这些信息和数据进一步分析与研究。在这个过程中，可能会参考其他的信息来源，如中央和地方政府统计的家庭文化服务或文化产品消费数据、市场类刊物提供的关于不同群体的兴趣和态度等信息、地方贸易组织和商人掌握的本地市场信息、学术刊物提供的博物馆案例方面的研究材料、咨询公司关于博物馆未来发展的报告等。博物馆需要将自己希望占有的或实际已经占有的市场份额和其他博物馆进行比较，并与之前年度进行纵向比较，分析各种优势和劣势、面临的挑战及可能的机会，更好明确博物馆该如何在供应和需求这两个方面适应整体市场。

最后，博物馆需要对市场进行评估，以此精准定位客户群体，确定博物馆所需提供的产品和服务。同时，博物馆需要冷静思考目前或规划的情况，检查自身用户产品服务和体验的范围与质量。市场评估结果反馈给博物馆上层和市场营销部门后，将有力促进产品的开发更新与市场开拓。

第二节　博物馆营销文化衍生产品的分类定价策略

一、博物馆开发文化衍生产品的分类方法

博物馆文化衍生产品在开发设计之初，即纳入营销思维，以市场定位为基础，针对博物馆特定观众市场的兴趣偏好、消费能力，开发适于营销的产品类型，因此，必须遵循一定的分类原则，确保博物馆开发的产品类型可以比较顺利地出售，为市场所接受。在分类原则上，最重要的两点，一是开发产品必须与博物馆藏品和展览具有紧密联系，有助于达成博物馆主旨目标和教育功能；二是针对博物馆面对的特定观众市场进行分众化、多样化开发。

（一）与博物馆主题和目标具有相关性

博物馆文化衍生产品有别于普通商品的特殊性在于，其必须承担文化教育、传播和美感延伸的功能，需与博物馆的展品类型、倡导的使命宗旨密切关联，不能以经济利益为唯一追求，应以社会利益为首要目标，发挥“最后一个展厅”的功用。从消费者的角度来看，与博物馆文化和展览主题具有一致性的展品，更能唤起对展览的回忆和期待，激发购买欲望。

作为一种商业形式，博物馆开发文化衍生产品也会面临各种限制和来自竞争者的压力，因为博物馆毕竟是典型的非营利性组织。如美国博物馆的商业竞争者定期会给国内税务局施加压力，要求限制博物馆所享有的免税和慈善捐赠特权，

试图阻止博物馆商店规模的扩大、商品种类的增多及分店的增多。美国税务局也频繁地审计博物馆商店，以确保它们只卖与博物馆展品有关及有一定教育价值的商品。一些博物馆主动为那些与展品或博物馆使命联系不是那么紧密的商品，上缴所谓的不相关产品所得税。

（二）针对分众市场的多样化开发

博物馆针对市场分析定位的特定消费群体，有的放矢地开发文化衍生产品，通常能取得较好的销售业绩。国内外博物馆开发文创产品的类型比较一致，以具有创意性的生活家居用品、文具用品、各类出版物、服装首饰等为主。但是以故宫文创为代表的博物馆，经由网络销售的产品在种类、数量上和大都会艺术博物馆、大英博物馆等国际知名博物馆相比，仍然存在相当的差距，和台北故宫博物院也有一定的距离。

在分众化市场开发上，大都会艺术博物馆和大英博物馆都表现出对亲子家庭这一博物馆重要参观群体的重视，专门开发了“儿童用品”系列产品，包括各种承载教育意义、体现博物馆文化特色的儿童玩具、教具、学习用品等。大都会艺术博物馆还提供了按照年龄搜索的浏览方式，将儿童产品分为“2岁以下”“3—4岁”“5—8岁”“9—11岁”“12岁以上”等五个年龄段适用的产品。大英博物馆的儿童用品则按照主题分为学校用品（school supplies）、彼得兔系列（Peter Rabbit）、儿童服装（kid's clothing）、儿童文具（kid's stationery）、埃及神祇玩偶（egyptian gods soft toys）、儿童书籍（children's books）、演出服装（costumes）、玩具（games/toys）八个类型。台北故宫博物院和北京故宫博物院并未专辟儿童用品的售卖类型，而是混杂于其他类型之中。除了专门销售儿童用品外，大都会艺术博物馆和大英博物馆还为男性和女性分别推荐适合的礼物。

二、博物馆营销文化衍生产品的定价策略

定价策略是主要的市场营销策略之一。博物馆通过制定分层次、多样化的产品价格，结合促销和折扣等通用定价策略，并实行心理定价这一具有博物馆产品特殊性的价格策略，有力推动文化衍生产品的营销推广。

（一）分层定价策略

由于博物馆观众和文化产品消费者市场具有多样化的特点，由不同年龄、性

别、背景的人群构成，具有差异化的兴趣偏好、消费理念和消费能力，因此，博物馆必须为文化衍生产品制定多样化、分层次的价格，以吸引更多消费者。

（二）促销定价策略

许多博物馆商店在推广产品时，都会采用促销策略，富有时效性、主题性，定位明确的促销活动会让顾客感觉物有所值，从而培养长期、固定的消费群体。仍以博物馆网店为例，综合采用节庆促销、主题促销、易卖品促销策略，可以起到积极的营销效果。首先是利用节庆等特殊日子开展主题促销。圣诞节是西方重要的传统节日，各大博物馆商店都会利用这一契机开展主题营销。以大都会艺术博物馆网店为例，在圣诞节正式来临前的一个月，网页上便已经大肆宣传，遴选出一批适合作为节日礼物的商品，并专门定制了富有节日气氛的创意产品，供海内外消费者选购。由于文化类商品的特殊性，利用其中承载的文化情怀进行主题类营销也是常用的一种手段。对易卖品、新品等特殊商品进行促销活动是许多博物馆商店的惯例。

（三）折扣定价策略

博物馆在商品购买淡季，或是针对亟待清仓的商品，采用折扣定价策略可以有效提升销量。而针对博物馆会员提供购物折扣价格，是吸纳会员的一种重要手段。大都会艺术博物馆和大英博物馆的几乎每一件商品，都标有两类价格，一类是针对非会员的普通购物者价格，一类是针对会员的价格，会员通常能享受8—9 折的折扣定价。各大博物馆商店经常推出针对“清仓商品”（clearance goods）的打折出售，力度较大，甚至会给予 5 折以下的折扣。除此之外，博物馆还会不定期给予季节、节庆等折扣，以达到促进销量的效果。如大都会艺术博物馆商店就提供了一种特殊的“输入代码享受折扣”方式。

（四）心理定价策略

博物馆文化衍生产品具有较高的情感价值，除了对制作材料和品质、美感的追求外，人们购买这类产品的动机往往和声望、名誉、地位等相联系，因此，心理定价策略是博物馆给产品定价时的主要策略之一。影响博物馆文化产品价格的诸多因素中，附加其上的文化价值、名人效应、博物馆品牌等无形因素都决定了其定价高于相等品质和功能的普通商品。并且，消费者乐于为博物馆文化产品支付略高于市场价格的费用，由此获得身份感、荣誉感等特殊心理感受，这也是博物馆文化产品独特的体验价值。博物馆利用消费者心理，通过手工定制、限量发售等方式，增加产品的附加价值，以此定价。

第三节 博物馆营销文化衍生产品的渠道开拓策略

博物馆开发文化衍生产品后，选择、设计合适的营销渠道或称为分销渠道出售商品，从而顺利地将产品送达目标消费者，是重要的营销策略之一。博物馆的渠道开拓策略直接影响到其他的营销策略，如分类定价策略取决于博物馆采用的是网络销售渠道还是专卖店等实体渠道，精准的市场定位也决定了采用何种销售渠道更为有效。博物馆市场部门要通过分析消费者需求、确定备选渠道方案、评价主要渠道方案、设计国际分销渠道等步骤来制定渠道开拓策略。总体来说，博物馆文化衍生产品的营销分为实体渠道和网络渠道两大类型。

一、博物馆商店的多重经济属性和成功运营要素

博物馆实体营销渠道一般指博物馆商店。博物馆商店内的消费行为是一种文化现象，是观众和物品进行文化对话的空间。商店是博物馆展厅的延伸，两者既有相关性又存在差别。在展厅内，观众无法触摸展品，只有在商店里才能随意触碰、摆弄与展品相关的物件或者复制品。展品具有稳定性，商店中的物品则具有流动性，通过购买行为，观众可以获取对该物品的所有权。博物馆商店的多重经济归纳为五点：一是财政经济（financial economy），商店为博物馆带来财政收入；二是博物馆学经济（museology economy），商店是对博物馆展览的延伸；三是感官经济（sensory economy），观众通过触摸商品获取在展厅内无法获得的体验；四是所有权经济（ownership economy），观众通过购买获得商品的物品权；五是物质意义经济（material meaning economy），商品打破了作为文化的物品和作为商品的物品之间的二元对立，被赋予了一定意义的叙事和回忆功能。

博物馆商店的合理营运是保证营销策略得以顺利实施的基础。博物馆商店的道德标准应该高于一般商店，因其承担着特殊的社会教育功能。博物馆商店的设立须遵守以下原则：①配合博物馆的整体宗旨和目标。博物馆在设定商店工作目标时，教育使命必须高于经济目标，应当首先协助博物馆达到教育目的，其次是争取最大的财务收益，最后是发挥良好的宣传效果，协助博物馆整体营销战略的

执行。②确保商店仅出售与展览和文物有关的商品，提升大众对展览的认知，达到寓教于乐的目的。③选择适当的地点设立博物馆商店，避免喧宾夺主，妨碍博物馆的正常运行，但也要便于吸引观众入馆内参观。④经济收入应提供相当比例给博物馆，作为推广业务的支持。⑤由专人管理账目、编制预算，并经管理委员会审核通过。就影响博物馆营运管理的主要因素而言，整体环境、路线规划、商品设计、展示陈列、服务人员等都有一定的作用，优雅整洁的环境、设计合理的路线、富有吸引力的商品、美观而便于寻找的陈列方式、亲切礼貌的服务人员等都有助于博物馆商店整体形象的树立，有利于博物馆文化衍生产品的营销。

博物馆必须为每一项商品制作说明书，假如缺乏说明的话，即使是店内最有趣、最具教育意义的商品都会显得黯然失色。博物馆商店可以借由商标、包装纸和购物袋的流通创造强烈的品牌形象，并运用商品的说明卡片、展示板和店面设计提升、强化博物馆整体形象效果。另外，在商品和购物袋等包装上印制博物馆的 logo 标识，也能起到无形的宣传作用。

博物馆商店应设置在参观者必经之处，如出入口附近，使参观者步入商店仿佛是走进博物馆的另一间展室，而这间展室的展品，却是可以携带回家的。如史密森机构中的国家画廊博物馆东西二馆之间的通道是博物馆商店的重要设置点，英国维多利亚与阿尔伯特博物馆商店位于主要出入口的正中央，英国泰特现代美术馆商店分布在一、二、四层楼的主要出入口，法国卢浮宫地下有五十余家艺术商店，蓬皮杜艺术中心、奥赛美术馆等也都以博物馆商店作为观众休闲场所。这些著名博物馆的商店，其参观的人数，有时甚至高于博物馆本身的客流量。建立分店是博物馆商店扩大营销范围的有力手段，但在分店的数量和选址上需要慎重考虑，须综合考虑博物馆资金是否充裕、商店营运团队是否健全、地理环境是否合适等问题。博物馆分店通常设置于购物中心、机场等人流密集区域。如纽约大都会艺术博物馆除了位于第五大道（Fifth Avenue）的总店外，还在纽约、新泽西州和澳大利亚、墨西哥、泰国等地开设了 15 家分店，包括纽约的肯尼迪国际机场分店、麦迪逊大街分店、大都会修道院分馆商店，新泽西州的纽瓦克国际机场分店等国内分店；澳大利亚的墨尔本购物中心分店、悉尼维多利亚女王大厦分店、悉尼国际机场分店，墨西哥的铁宫百货公司所属 5 家分店，泰国的安纳塔拉暹罗曼谷酒店分店、吉安金桂冠楼分店、曼谷文华东方酒店分店等国外分店。

二、新媒体时代中外博物馆网络营销的优势与不足

博物馆的营销目标之一是为参观者提供最大可利用性和便利，将其产品和服务送到远远超越其建筑边界的地方，让最广泛的人群接触、欣赏、购买博物馆产品，这也是博物馆教育任务的核心。如果一个博物馆要寻求以最富效果、最高效率的方式实现资源拓展，需要解决的关键问题有：销售的目的是什么，销售的目标观众是哪些，何种销售方式和途径最适合销售目的和目标观众，销售产品触及了哪些人，如何衡量有效性，各种不同的销售方法和渠道的成本及收益如何。通过对这些问题的考量，即可发现博物馆实体营销渠道的局限性，也为互联网技术支持下的网络营销渠道发挥独特优势提供了可能性。

博物馆商店建设成本高，受到运营时间和空间限制较强，口碑营销功能不足，而互联网渠道能有效克服或者弥补这些缺点。其一，网络销售节省成本。博物馆商店无论设在馆内还是馆外，都需要场地，需要支出租金、水电、服务人员薪资等经济成本。博物馆网店所需的管理服务人员少于实体店，并且没有场地成本。其二，网络销售克服了实体商店的时空限制。博物馆商店经营产品无形中受到博物馆人流量的限制，往往是淡季客流少，晚上需要停止营业。但博物馆文化衍生产品的生产能力并无旺季、淡季之分，公众在任何时间都可能产生购买需求。从空间上来看，实体店只能覆盖部分博物馆观众和机场、购物中心的客流，而博物馆文化衍生产品的辐射力和覆盖面是跨地域、跨时空的。网络营销可以实现 24 小时不间断运营，也不会受制于淡季和旺季的区分。其三，网络渠道的人际口碑营销效果佳。在互联网时代，消费者乐于通过论坛、微博、微信等分享博物馆文化衍生产品的体验心得，形成成本低、速度快、效率高、范围广的口碑传播效应。其四，网络营销用户黏性更强。互联网由于具有高效、快速、超越时空的特点，使网络购买者对其产生了强烈的依赖感，网络消费极具用户黏性，利于培养消费者的忠诚度，制造更多的“回头客”。

博物馆网上商店建设与营销是一项综合性很强的工作，需要品牌宣传、网页设计、运营管理、市场营销等多个专业领域人员的参与，目前国内博物馆网店人才匮乏的现象比较突出，亟待从文博人才培养、队伍建设等源头上予以解决。

在博物馆网店的设计上，应突出强烈的品牌意识，形成特色鲜明、辨识度高的风格，与实体博物馆的整体风格相一致，使用统一的 logo，建立统一的形象识别系统。对产品的介绍要详尽细致，说明其创意来源、与展品的密切联系和设

计上的匠心独运之处，精心设计文案和配图，以富有文化性和审美性的设计吸引消费者。利用网络营销口碑效应强的特点，博物馆网店应在关注产品质量的同时，着重提高线上和线下服务质量，力求获得满意度高的用户评论，为消费者提供完善的购物保障。

另外，在网站建设上，相比于国内的博物馆网店来说，大英博物馆、大都会艺术博物馆更多考虑文创产品的特殊性能和顾客的实际需要，提供多种形式的搜索和排序方式，方便顾客根据自己的喜好进行搜索。除了价格、商品类型等常规搜索方式外，还提供根据风格、展览、收藏、地区等的特色搜索方式。除了开设网上商店外，博物馆还能充分利用微博、微信、移动客户端应用程序（简称“App”）等新媒体工具开展营销。博物馆可以通过官方微博链接到网上商店，在微博上对特色文创产品和文创新品进行发布，添加视频、国产片等内容，全面展示产品信息的同时宣传博物馆文化。

相比于微博，目前的微信覆盖面和营销功能更为强大。博物馆可以建立文创产品微店，也可以借助微信公众号主动推动文创产品信息。顾客只需关注博物馆微信公众号，就可以第一时间获知文创产品动态信息，并在微店购买中意的产品，或者通过微信提供的网店链接进行购物。

博物馆 App 在近年来获得了长足发展，多数是展示文物信息、博物馆导览和部分博物馆游戏 App，利用 App 进行文创产品营销的博物馆还很少。根据台湾学者做的关于博物馆 App 的研究，发现经验型观众期望借助 App 自主参观和学习，以获取信息为主；进阶型观众对 App 提供的文字内容已无法满足，需要更多多媒体内容来吸引其注意力；熟练型观众对 App 的功能要求更高，认为通过 App 进行互动是有必要和具有魅力的。其实博物馆完全可以在 App 中融入文创产品销售，将之打造成全方位的博物馆服务媒介，拓宽营销渠道。

在互联网飞速发展的时代，微博、微信、App 和网上商店等电商渠道，以其突破时空限制、便捷高效的优势，必将成为博物馆文创产品营销推广的重要渠道。技术上的更新和提升是国内外博物馆的当务之急，但与此同时，博物馆作为富有人文情怀的公共文化服务机构，也应更多着力于为消费者提供周到、细致的全方位服务，精心设计文案、配图，重视顾客体验感受，加强售前、售中、售后服务，建立有效的回应反馈机制，方能在提升博物馆文创商品销量的同时切实发挥社会教育、公众服务的核心功能。

第四节 博物馆营销文化衍生产品的品牌推广策略

博物馆的整体品牌形象和宣传推广对文化衍生产品的营销具有不容忽视的关键作用。博物馆品牌定位（positioning）是指设计博物馆的形象、价值和产品的行为，凸显其不同于其他博物馆和休闲、教育机构等竞争者的独特之处，为消费者所了解和欣赏。博物馆能否精准定位并树立有效的品牌形象，依赖于它对自身优势、弱势、特色产品和市场环境的准确分析。每一家博物馆都应该致力于在公众的心目中建立品牌身份，从而使其显著特点清晰化，不会混同于其他博物馆和休闲活动组织。

博物馆树立品牌形象主要采用三种定位战略：属性定位（attribute positioning），如“参观率最高的博物馆”“拥有最古老艺术品的博物馆”等；利益定位（benefit positioning），如“提供互动参与的博物馆”“提供安静的沉思环境的博物馆”“有趣且能学习知识的博物馆”等；使用者定位（user positioning），如“儿童博物馆”“社区博物馆”等。越来越多的博物馆通过提供差异化元素来显得与众不同，从而确立自身形象，如服务差异化（service differentiation，提供高质量的餐饮、购物和便利设施）、人员差异化（personnel differentiation，拥有专业、细心、热忱的服务团队）、技术差异化（technological differentiation，充分利用虚拟互动展示技术）等。正面且富有吸引力的博物馆品牌形象可以从知名度和偏好度两个方面来衡量。博物馆开展针对目标市场群体的调查，请接受调查的人员评价其对博物馆的了解程度（从“完全不了解”到“非常了解”进行打分），如果多数被调查者选择“完全不了解”或“有一点了解”，则说明博物馆在知名度上存在显著的意识问题（awareness problem）；对于选择“了解”博物馆的群体，请其评价对博物馆产品的感受（从“非常不喜欢”到“非常喜欢”进行打分），如果多数被调查者选择“非常不喜欢”或者“无所谓”，则说明博物馆面临着非常严重的形象问题

（image problem）。博物馆开发优质的文化衍生产品，并采取有效的营销策略，可以极大提高博物馆知名度，并树立博物馆的正面形象。

一个组织的品牌形象是经由大量的消费者研究才创造出来的传播和推广工具，以商标等视觉符号的形式传达一目了然的直观信息来吸引注意力，形象信息必须是简单直接、引人注目、充满活力且令人难以忘怀的。这种品牌形象一旦被确立，伴随而来的将是消费者对其一系列积极的想象，如质量、可靠性、信任度和对品质的期待等。博物馆通过文化衍生产品的流通，使商标在购物袋、产品表面、礼品店设计、宣传册、会员卡、信封信纸及其他有关材料上频繁出现，可以使该博物馆品牌形象得到广泛传播。更多的情况下，通过广告和直销等付费推广方式，以及公共关系经营等免费推广方式，能够更为有效地树立博物馆品牌形象，从而推动文化衍生产品的销售。

一、广告营销

作为一种主要的付费推广工具，博物馆发布的广告主要分为常规性广告（博物馆形象的长期营造）、临时产品广告（特别展览或特别藏品的推广）、分类广告（特定事件信息的发布）和促销广告（新的会员制启动宣传等）几类。广告的缺点在于：虽然可以迅速将信息传播给许多人，但无法确保其信息停留于这些人脑海中；目标不够明确，缺少与人直接交流具有的说服力；单线传播的方式缺少反馈和回应；费用较高但实际效果难以评估；等等。因此，虽然发布广告是商业组织通用的营销方式，但资金有限的博物馆无法将之作为唯一或是首选的推广工具。

一项有成效的广告项目的开发运作，包括设定广告目标、决定广告预算、设计广告信息、选择广告媒介、约定发布时间、评估广告成效几个步骤。运作广告项目的第一步是设定广告目标，即确定目标受众（谁是广告希望覆盖的人）、精准定位市场（博物馆能提供怎样的独到价值和竞争力）、预计反响（期望广告得到怎样的观众反应）、确定运营周期（实现广告目标需要的时间有多少）。在设计广告信息步骤时，主要的广告信息要素包括：开端强势、有震撼力、主题聚焦、语言简洁明确、制造画面感、结尾戏剧化、具有创造力和眼球效应。博物馆广告信息主要有六个类型：生活场景式广告信息旨在展现博物馆提供给观众的体验，可以呈现亲子家庭共同参观的画面；生活格调式广告旨在突出参观博物馆作为提升生活品位的价值，可以表现衣着优雅、三五成群的年轻人共同欣赏艺术品的场面；虚拟想象式广告信息旨在为博物馆展览营造神秘气氛或想象空间，如号召观众前来“体验置身于史前恐龙时代的氛围”；情绪印象式广告信息旨在唤起观众心中某种情绪或者意象，如植物园发布情侣携手在花园中漫步遐想画面的广告；专家点评式广告信息直接由博物馆专家、研究人员评论展览和藏品的特点、价值；证书奖状式广告信息通过表现较高的信任感、好评度和来自专家视角的肯定，来推介博物馆提供的展览和服务。广告的效果受到所选发布媒体的影响极大，博物馆必须考虑选择最为有效的媒体。作出这一决定，首先需要研究目标观众的媒介习惯，如以老年观众为主的博物馆，选择报纸发布广告可能取得较好的效果，但这显然不适用于青年观众。其次需要从覆盖面、发布频率和影响力上比较不同媒介的优劣，如艺术类博物馆在高端时尚和商务杂志上发布广告，效果显然会优于以市民新闻和娱乐八卦类信息为主的报刊。预算也是需要考虑的问题。在电视节目上发布广告价格不菲，电台和杂志次之，报纸广告价格相对低廉，博物馆需要量入为出，综合衡量。

广告的发布时间也会影响到实际效果。如果一家博物馆目前没有新展览，那么只需要发布一些常规性广告来维持公众印象，可采用持续型广告方案。但当一项展览即将开幕之际，其广告就会变得复杂而多元起来，因为博物馆希望在展览初期吸引大批观众，占据标题，产生口碑效应，集中于同一时间段连续发布的爆炸型广告方案适用于这类情况。如果博物馆已经到了门庭若市、人满为患的程度，博物馆经营者就会缩减广告开支。间歇型广告方案，即重要展览时采用爆炸型广告方案，其他时间使用持续型广告方案，易于在公众心中留下深刻印象，因而为越来越多的博物馆所采用。

广告效果评估经常被博物馆所忽略，其实亦是广告营销策略实施中不可缺少的一个环节，包括测试文本内容、测试媒体和测试投入产出比例。在广告文案的事前测试（copy pretesting）中，应评估广告文案在吸引力（attention strength）、理解力（comprehension strength）、跟随力（conviction strength）、认知性（cognitive strength）、有效性（effective strength）和行动力（behavior strength）等诸个指标项目上的得分，从而确保广告的播出能够有效激发购买行为。广告播出后，进行信息和媒体的事后测试，测试传播目标是否实现及销售影响，从而评估预期的广告效果是否达到。

二、直接营销

博物馆是直接营销的主要使用者。相较于其他形式的销售，直接营销具有选择潜在受众、个性化定制信息、建立客户关系、灵活安排时间、有效吸引注意力等优势。直接营销主要包括直邮和电话营销两种方式。

直接发送邮件是博物馆保持现有消费者、会员和招募新会员的工具。根据美国进行的一项调查，直邮在使用效果上超过了其他所有营销方式，名列其后的分别是付费广告、免费推广、电话营销、海报传单等。在所有营销方式中，直邮更有针对性，且人们一般会更加关注针对自己的信息。直邮人员需要分析博物馆观众的特点，确定那些最有可能参观博物馆和在商店消费的人群。博物馆从自己建立的观众联系名册，以及和其他文化组织交换或从经纪人处购得的名单中，筛选出潜在顾客的信息，进行测试性邮寄，并予以评估有效性。直发邮件能给各群体传达详细信息，但不能传达每个个体可能需要的精准信息，也无法获取即时反馈。电话营销可以弥补这一不足。电话销售人员用简洁而富有吸引力的语言描述博物馆产品的特点、潜在利益，并解答回应者关心的问题。不管电话营销的结果如何，紧随其后邮寄推销信件都是必要的，因为电话营销往往具有延迟效应，通常，人们并不能在电话中迅速做出决定。信件应该在电话联系后尽快寄出，感谢买家接受电话拜访，并强调所提供的最重要部分和最主要利益。综合运用多种直接营销方式也被证明效果颇佳，多种传播途径、多层次的营销可以达到单一营销无法企及的效果。如采用“带有回应机制的有偿广告—直发邮件—电话营销—不间断地联系”的综合营销方式，便于客户持续受到信息认知与冲击，加深印象，最终做出回应。

三、公共关系经营

公关是规划、执行并评估一种特定活动的过程，此种活动的主要目的是通过良好的沟通，为客户提供关于机构及其产品的可靠资讯与印象，并能满足客户需求、期望、关注点与兴趣，借此鼓励消费并提升顾客满意度，主要包括能够增加机构获利的非广告媒体活动。博物馆公关活动可以是积极主动或被动反应的。积极的公关活动影响公众对博物馆的认知，博物馆借此营造正面形象，宣传推广展览和藏品文化。博物馆公关活动大致分为创造形象、产品宣传、财务公开和内部公关四种类型，以各种不同方式提供有关博物馆与其服务的信息。经营公共关系的主要工具有事件、社区关系、媒体关系、新闻报道、公益广告、采访、演讲和宣传册等。博物馆的所有公关计划必须包含能够帮助博物馆达到目标的策略在内。博物馆公关活动的主要步骤包括：识别与博物馆相关的群体、评估博物馆形象、针对关键市场制定形象营造目标、评估各种策略的成本与效益、为危机公关做准备、选择特定的公关工具、执行行动并评估效果。博物馆的公关人员应该跟社区中有影响的专栏作家、评论员与编辑经常保持联系以建立关系，让他们及时了解博物馆的活动和成果，培养和媒体把关人的长期友好关系，确保博物馆相关新闻稿件的及时发布以及媒体报道的持续性和积极性。

对博物馆来说，公共关系经营和市场营销在职能上是互补的，大型博物馆亦多设有专业的公共关系部门。公共关系通过其所产生的吸引力、显著性及新闻报道，形成了有利于博物馆营销的条件、氛围和环境。公共关系比广告具有更强的可信度，因为它看起来像是新闻，而不像是倡议性的付费信息。专家认为，容易受新闻和社论性文章影响的消费者，比易受广告影响的消费者多五倍。公共关系可以通过信息强化、合法主张以及深度报道，来对广告进行补充，具有很强的编剧潜能，可以通过宣传一个显著事迹来吸引关注。公共关系成本仅为广告成本的一小部分，如果博物馆发掘出一个有趣的报道，就有可能被所有的新闻媒体转载，从而获得大面积的传播效应。由于多数博物馆的预算不及商业组织那样充裕，因此公共关系经营应是其品牌推广策略中的主要组成部分。

参考文献

[1] 黄洋，陈红京．博物馆陈列展览设计十讲 [M]. 上海：上海交通大学出版社，2019.

[2] 陆建松．博物馆建造及展览工程管理 [M]. 上海：复旦大学出版社，2019.

[3] 杰克·洛曼，凯瑟琳·古德诺．博物馆设计：故事语调及其他 [M]. 上海：复旦大学出版社，2019.

[4] 陈履生．博物馆之美 [M]. 桂林：广西师范大学出版社，2019.

[5] 王舒静．圣彼得堡博物馆解读 [M]. 兰州：敦煌文艺出版社，2019.

[6] 胡玺丹，王俊卿，徐佳艺．博物馆拓展类教育活动研究 [M]. 上海：上海科学技术出版社，2019.

[7] 郑茜．人类学视野下的博物馆收藏、展示与诠释：首届博物馆人类学研讨会论文集 [M]. 北京：民族出版社，2019.

[8] 李万万．博物馆的历史：从欧洲原型到本土化发展的中国博物馆 [M]. 北京：人民美术出版社，2019.

[9] 沈恬．新时代博物馆教育活动的策划与实施 [M]. 长春：吉林人民出版社，2019.

[10] 王波．企业博物馆 2.0：从理论走向实践 [M]. 南京：南京出版社，2019.

[11] 张礼智．生存：陕西民办博物馆 20 年发展观察记 [M]. 西安：陕西科学技术出版社，2019.

[12] 吉达·罗巴德．第一次参观博物馆 [M]. 陆莹，译．北京：中国纺织出版社有限公司，2020.

[13] 宋娴等．国内外博物馆科普教育活动案例与评析 [M]. 北京：中国科学技术出版社，2020.

[14] 温京博．数字媒体介入下的博物馆情境设计研究 [M]. 北京：首都师范大学出版社，2019.

[15] 郭骥，李信之．如“数”馆珍：上海高校博物馆数字化建设案例 [M]. 上海：上海大学出版社，2019.

[16] 魏莱，罗兰舟．私人美术馆 [M]. 上海：上海人民出版社，2019.

[17] 俞敏敏，楼航燕．别出机杼：原创性展览的理论与实践研究 [M]. 杭州：浙江大学出版社，2019.

[18] 王波．企业博物馆 3.0：实践中的思考 [M]. 南京：江苏人民出版社，2020.

[19] 崔卉．博物馆教育项目的策划与实施 [M]. 哈尔滨：哈尔滨出版社，2020.

[20] 张昱．中国博物馆职业资格认证制度研究 [M]. 上海：上海社会科学院出版社，2020.

[21] 雷若欣，张方军．文博旅游学 [M]. 重庆：重庆大学出版社，2020.

[22] 戴艳清．基于用户体验的公共数字文化服务营销研究 [M]. 北京：知识产权出版社，2020.

[23] 王春法．中国国家博物馆 [M]. 北京：北京时代华文书局，2021.

[24] 许言．世界奇妙博物馆 [M]. 沈阳：辽宁少年儿童出版社，2021.

[25] 馆长 Alice. 失恋博物馆 [M]. 天津：天津人民出版社，2021.

[26] 李德庚．没有展品的博物馆：张之洞与武汉博物馆的策展与设计 [M]. 重庆：重庆大学出版社，2021.

[27] 伊波利塔·帕西利．马德里索菲亚王后艺术中心博物馆（伟大的博物馆）[M]. 文偲，译．南京：江苏文艺出版社，2021.

[28] 维尔吉妮·阿拉德基迪，艾玛纽埃尔·楚克瑞尔作．我的手绘博物馆恐龙 [M]. 张伟，译．郑州：大象出版社，2021.

[29] 钱凤德．当代博物馆文化信息传达有效性研究 [M]. 北京：光明日报出版社，2021.

[30] 王茜．新媒体概论 [M]. 北京：中国传媒大学出版社，2020.

[31] 唐绪军，黄楚欣，吴信训．中国新媒体发展报告（2020）[M]. 北京：社会科学文献出版社，2020.

参考文献